이번 경제위기 다르다

이번 경제위기 다르다

김인준 · 이영섭 지음

율곡출판사

| 책을 펴내며 |

1997년 한·중 수교 5주년을 기념해 중국 정부를 방문한 적이 있다. 그 당시는 한국의 위상이 상대적으로 높아 중국 정치국원 중 한 사람과 좌담회를 가질 기회가 있었다. 우리는 중국에서 경제 관련 무엇이 가장 중요한가 하고 물었더니 국제금융international finance과 기술technology이라는 답변을 들었다. 제대로 경제의 본질을 꿰뚫고 있었다.

경제가 성장하는 데에는 금융안정과 국가 경쟁력 확보가 절대적으로 필요하다. 그렇지만 이것은 필요조건이지 충분조건은 아니다. 경제위기가 대내외적 요인으로 인해 주기적으로 발생하고 있기 때문이다.

장기간 경제정책을 시행하다 보면 경제적 부작용이 쌓이게 마련이고 이는 경제위기의 원인이 된다. 자본주의와 자유민주주의는 선거에 의해 정권이 바뀌면서 그동안 쌓인 부작용을 걸러내며 위기를 극복하려고 한다. 전체주의 국가들은 부작용을 제때에 걸러내지 못하고 쌓아두었다가 시스템이 붕괴하기도 한다.

글로벌 경제에서 우리와 같은 중견국은 글로벌 충격에서 자유로울 수 없다. 우리 경제도 1970년대 1, 2차 오일 파동 위기, 1997년 외환·금융위기, 2008년 글로벌 금융위기, 2020년 코로나19 위기 등을 겪었다.

그런데 코로나19 위기가 끝난 이후 최근 전개되고 있는 상황은 이전과는 사뭇 다르다. 대내외 경제적 요인뿐만 아니라 정치·사회적 요인이 함께 뒤섞이고 국제정세도 요동치면서 경제적 충격을 가하고 있다. 그런데 문제는 예전과 달리 사람들이 위기의 늪으로 빠져들고 있다는 것을 인식하지 못하고 있다는 점이다.

더욱이 걱정되는 것은 이번 위기가 우리나라의 경제 체질이 역대 최악인 상황에서 진행되고 있다는 점이다. 그동안 위기를 겪을 적마다 지적되었던 부채 문제 등 경제 취약성이 그 어느 때보다도 심각한 데다가 우리 경제의 성장동력이 최저인 상황에서 이번 위기가 전개되고 있어 이전과는 달리 쉽게 반등을 기대하기 어렵다. 게다가 과거에는 위기가 발생했을 때 온 국민이 합심해 위기 극복을 위해 노력했고 성과를 거두었다. 반면, 지금은 국가가 양쪽으로 쪼개져 있어 아무리 좋은 정책이라도 진영 논리에 막혀 위기 대응정책이 먹혀들기 어렵다.

위기 상황 자체를 인지하지 못하고 설령 인지했다고 해도 이전과는 달리 허약한 체질, 양분된 진영 간의 대립으로 위기 극복이 난망하다. 제대로 워닝warning을 하지 않으면, 일본이 겪어오고 있는 것처럼 '잃어버릴 30년 위기'의 전조가 될까 불안하기 그지없다.

위기는 늘 새롭다지만, 이번 경제위기는 이전과는 너무 달라 그 어느 때보다도 더 큰 사명감을 가지고 또다시 새로운 경제위기 저서를 집필하게 되었다. 우리에게 사명감은 단 하나밖에 없다. 우리 후손에게 지금보다 더 좋은 세상을 물려주어야 한다는 것이다. 그 외에 무슨 이념이 있고 무슨 시대적 소명이 필요하겠는가?

이 책을 쓰면서 적어도 세 가지 면에서 기존의 경제위기 저서들과 차별을 두고자 하였다. 하나는, 경제위기 정의와 관련해, 급격한 붕괴 현상이 나타나지 않더라도 후유증을 극대화할 수 있는 상황 또한 위기 상태로 간주하였다. 지금의 경제위기가 이전의 위기에 비해 향후 장기적인 차원에서 훨씬 더 큰 악영향을 미칠 가능성이 높기 때문이다. 또 하나는, 위기의 원인과 관련해, 단순한 구조적 취약성이 아니라 정책 실패가 그 어느 위기 때보다도 컸다는 점을 강조하였다. 특히 분야를 막론하고 포퓰리즘의 퍼주기 정책으로 변질된 것이 무엇보다도 중요한 원인으로 작용하였다. 마지막으로, 정책 처방과 관련해, 경제정책 개혁만으로 충분하지 않고 저변의 정치·사회제도 개혁이 수반되어야 한다는 것을 역설하였다. 팬덤과 포퓰리즘에 기반한 진영 간 대립으로 모든 정책이 무용화되는 상황을 극복하기 위해서는 경제정책이 정치수단화하는 것을 방지할 필요가 있기 때문이다.

이번 위기를 보면서 정말 무엇이 다르고 이전과는 어떻게 달리 접근해야 하는지 새로운 인식전환의 필요성을 절실하게 느끼고 있다. 소리 없는 침묵의 암살자와 같은 이번 위기를 제대로 극복하지 못하면, 서서히 가라앉는 대한민국 경제를 구하기 어려울 것 같기 때문이다. 이번 경제위기에 대한 엄중한 절실함을 담은 이 저서가 우리 경제의 새로운 여정에 도움이 되길 바랄 뿐이다.

매번 글을 쓸 때마다 많은 분들의 도움을 받게 되는데, 이번에도 예외가 아니었다. 홍익대학교 백승관 교수님은 현상 인식을 하는 데 중요한 아이디어를 주셨으며, 국제금융학회 회원들 간의 대화 및 토론 또한 경제 상황을 파악하는 데 큰 도움이 되었다. 서울대학교 박수빈 양은 표와 그림 작업 및 내용 정리를 도와주었다. 예정보다 많이 늦어졌음에도 묵묵히 기다려주신 율곡출판사 박기남 사장님과 꼼꼼히 편집을 해주신 출판부 여러분께도 깊이 감사드린다.

2023년 10월

김인준 · 이영섭

차례

[그림 차례]

[표 차례]

CHAPTER 01

또 다른 경제위기

흔히 위기는 잠재적인 취약성이 누적되는 가운데 예기치 못한 촉발요인이 결합되어 발생한다. 그래서 누구라도 쉽게 위기가 발생했음을 알 수 있고 대응책을 마련할 수 있다.

그런데 이번 경제위기는 촉발요인이 무엇인지 뚜렷하지 않아 지금 위기가 진행되고 있는지 아닌지조차 감지하기 어렵다. 확실히 이전과는 다른 상황이 전개되고 있는 것이다.

우리나라는 오랫동안 경제발전의 기적국으로 칭송을 받으며 부러움을 샀다. 주된 이유로 대부분 성공적인 여정에 초점을 맞추지만, 그보다는 수차례의 위기를 슬기롭게 극복했다는 점이 다른 개도국들의 발전 경험과 중요한 차이이다. 외환위기 때 국가 부도 직전까지 갔었지만 이후의 반등은 세계를 놀라게 했다. 글로벌 금융위기 때도 상당한 어려움에 빠졌지만 거의 상처 없이 지나왔다. 이와 같은 위기들은 원인이 명확하고 돌발적으로 발생해 우리 모두가 위기임을 실감할 수 있었고, 서로 합심해 상당히 성공적으로 대처할 수 있었다. 도전과 위기에 대한 극복 과정이 한국 경제의 새로운 도약의 계기가 되었던 것이다.

그런데 이번 경제위기는 다르다. 그동안 우리가 겪었던 수차례의 위기들은 오히려 경제가 한참 잘 나갈 때 반도체 착시, 조선업 착시 등과 같이 과열의 부작용으로 발생한 측면이 크다. 따라서 위기의 충격이 가시면 잠재된 성장 여력으로 곧바로 회복할 수 있었다. 그러나 지금은 기초 체력이 역대 최저의 수준으로 하락해 있어 과거와 같은 급반등을 기대하기 어렵다. 또한 그동안의 위기에서는 모두가 위기를 극복하기 위해 합심하였고 이에 위기 대응책의 효과가 배가되었다. 지금은 위기가 발생하면 서로를 탓하기 바쁘고 어떠한 대응책을 마련해도 진영논리로 무조건 반대하고 있으니 만병통치약이라도 무용지물이 될 형편이다. 더욱이 위기에 대한 인식조차 없어 도전과 위기에 대한 극복과정이 새로운 도약의 계기가 되기보다 오히려 후퇴시키는 방향으로 전개되고 있는 상황이다. 이전과는 달리 위기가 한국 경제를 침몰의 수렁으로 끌어가고 있는 것이 아닐까 지극히 두렵다.

주식시장의 폭락이나 환율 폭등과 같은 위기의 전형적인 특징이 나타나지 않아 지금은 위기가 아니라고 안위할 수도 있다. 그러나 우리 경제의 현 상황을 세밀히 보면 오히려 과거 위기 때보다 더 취약하고 잠재적인 위험이 훨씬 크다는 것을 알 수 있다. 아주 자그마한 충격에도 무너질 가능성이 농후한 것이다. 더더욱이 큰 문제는 그와 같은 급격한 상황이 벌어지지 않는다고 해도, 이 상황을 그대로 방치한다면 과거 일본이 겪었던 바와 같은 위기가 우리나라에서 발생할 가능성이 아주 높다. 즉, 이번 경제위기가 "잃어버릴 30년 위기"의 서막이 될 우려가 크다는 것이다.

이에 이 책은 두 가지를 주된 목적으로 하고 있다. 하나는, 지금 경제위기가 진행되고 있음을 뚜렷이 인지시키고, 이전의 위기와 무엇이 다른지를 명확히 설명하는 것이다. 다른 하나는, 왜 이와 같은 상황에 처해졌는지 냉철히 분석하고, 일본이 처한 길을 피하면서 위기를 극복하기 위해 이전과는 다른 처방을 제시하는 것이다.

독자들의 편의를 위해 이 책은 전체적인 내용의 요약과 위기 극복 방안을 1장에 먼저 제공하였다. 이번 경제위기가 어떤 의미를 갖는지, 수차례 반복된 위기에도 왜 문제가 누적되는지, 그리고 어떤 대책이 필요한지를 개괄적으로 이해하고, 본문의 세부적인 설명을 읽는 것이 도움이 된다고 생각하였다. 1장 이후의 내용은 크게 세 부분으로 구성되어 있다. 제1부에 해당하는 2~4장에서는 이번 경제위기가 이전의 위기와 어떻게 다른지를 설명하고자 하였다. 제2부는 5장부터 8장을 포함하는데, 가장 대표적인 네 가지 경제정책인 금융정책, 재정정책, 대외경제정책, 산업정책이 어떻게 운용되어 문제를 악화시켰는지를 분석하고 있다. 마지막 제3부는 9장부터 12장으로, 새로운 대처방안을 제시하기 위해 필요한 국제정세에 대한 이해, 그리고 경제 및 정치·사회 분야에서의 핵심적인 방안들을 제시하고 있다.

1. 이번 경제위기 무엇이 다른가?

우리나라는 지난 수십년 동안 많은 경제위기를 겪었기 때문에 지금 진행되고 있는 위기에 대해 만성적인 인식을 할 수도 있다. 그러나 그동안의 위기가 상당한 충격이었음에도 우리를 각성시켜 오히려 재도약의 기회를 주었다면, 이번 위기는 적어도 세 가지 차원에서 이전과는 달라

그러한 긍정적인 기대를 어렵게 만들고 있다.

(1) 과잉부채와 경제취약성 악화

경제위기에 대한 수많은 문헌들을 보면, 위기는 대부분 취약성이 누적되는 가운데 돌발적인 요인이 충격으로 작용해 발생한다. 무엇이 취약성의 주 원인인가에 대해서는 다양한 의견이 있지만, 공통적으로 언급되는 것이 과잉부채의 문제와 금융과잉에 따른 버블의 문제이다. 과거 우리의 위기 경험에서도 가계, 기업, 정부, 금융기관 등 각 부문의 부채가 과도하게 누적된 것, 그리고 과도한 신용팽창으로 자산시장에 버블이 형성된 것이 우리 경제를 취약하게 만든 가장 큰 원인이었다.

그런데 지금 우리가 당면하고 있는 경제위기에서는 부채 및 금융 과잉이 단순히 과도한 정도가 아니라 역대 최악의 수준까지 악화되어 우리 경제의 취약성이 훨씬 심각한 상태이다.

우선 금융규모가 실물경제에 비해 과도한가는 금융자산(혹은 부채)/GDP 비율인 금융심화도深化度로 평가할 수 있다. 이 수치는 2017년 7.8에서 이후 빠르게 증가해 2021년에는 역대 최고인 10.2로서 금융자산(혹은 부채) 규모가 GDP의 10배를 넘고 있다. 불과 4년 만에 무려 2.4배나 금융규모가 GDP에 비해 더 빠르게 커져 금융과잉이 훨씬 악화되었음을 알 수 있다.

또한 민간부문 전체적으로 민간신용 갭(민간신용/GDP 수치의 장기추세와의 격차)이 16.0%를 넘어 역대 최고의 수준이다. 외환위기 및 글로벌 금융위기 당시의 13.2%보다도 훨씬 높은 수치이다. 1970년대 이후 민간신용갭이 10%를 넘어선 적이 1980년대초, 1997~1998년, 2008~ 2009년, 그리고 최근 네 번 있었는데, 최근의 시기를 제외하고 나머지 세 번은 모두 우리나라가 심각한 경제위기를 경험한 시기와 정확히 일치한다. 다행히도 아직까지 외환위기 또는 글로벌 금융위기 때와 같은 금융시장의 붕괴가 나타나고 있지 않지만, 현재의 우리 상황은 그 어느 때보다도 취약한 상태여서 잠재적인 위험이 언제라도 발현될지 모른다는 우려를 금할 수 없다.

가계 부채, 기업 부채, 정부 부채 등 개별 경제주체별로 봐도 각종 지표들이 최악의 수준을 보여주고 있다. 처분가능소득 대비 가계 부채 비율은 2022년 1/4분기 169.2%로 역대 최고를 기록하고 2023년 1/4분기 160.7%로 다소 내려왔으나 여전히 높은 수준이다. 또한 전세보증금을 포함한 가계 부채의 처분가능소득 대비 및 GDP 대비 비율은 OECD 국가 중 가장 높다. 가계 부채 급등은 중장기적으로 성장과 고용을 저해할 뿐만 아니라 금융 시스템의 잠재 리스크를 증대시킨다.

기업 부채는 경기침체에도 급격히 증가해 2023년 1/4분기 말 GDP 대비 119.7%로 역대 최고를 기록하였다. 그동안 저금리로 인해 한계기업에 대한 대출이 큰 폭으로 증가했고 원금상환 연장, 이자지불 유예 등 과도한 혜택의 정책이 유지되면서 경쟁력을 잃은 좀비기업들도 계속 연명해 나가고 있는 상황이다. 금리가 상승하면 기업 부채 문제가 현실화될 우려가 큰데, 예컨대 기업의 이자보상배율(영업이익/총이자비용)은 금리 상승으로 인해 2021년 8.7배에서 2022년 5.1배로 수익성이 급격히 떨어졌다.

정부의 사정도 마찬가지여서 지난 정부 출범 이후 5년 동안 국가 채무(D1)가 400조 원 이상 증가하였고, GDP 대비 비율도 2017년에 36.0%에서 2022년에는 49.6%로 폭등하였다. 여기에 연금, 공기업 부채까지 고려하면 공공부문 부채의 GDP 대비 비율은 거의 70%에 다다른다. 과거 위기 중 정부의 재정건전성이 커다란 완충제 역할을 했었는데, 최근 몇 년새 정부의 부채 문제가 급격히 악화되어 재정지속성에 의구심이 생길 정도이다.

이처럼 경제 각 부문의 부채가 모두 급등해 금리가 상승하면 쉽게 무너질 만큼 취약해져 있다. 여기에 금융 부문의 급팽창은 새로운 차원에서 취약성을 더욱 악화시키고 있다.

우선 비은행금융중개 규모와 비중이 급격하게 커졌다. 비은행금융기관들은 전문화된 금융서비스에 대한 수요를 충족시키고 고수익을 위해 레버리지를 높이고 복잡한 구조의 새로운 금융상품을 만들어 낸다. 그런데 고위험·고수익을 추구하고 거래구조가 복잡한 상품들은 타 금융부문과의 상호연계성이 높아서 금융 시스템 리스크를 유발할 가능성이 크다.

또한 비은행금융중개 확대와 함께 금융권 간의 상호거래 증대도 금융부문의 규모를 팽창시키고 있다. 금융기관 간 상호거래에서 비은행권 내 거래가 59.8%, 은행-비은행권 거래가 35.2%, 그리고 은행권 간 거래가 4.9%를 차지한다. 상대적으로 재무 상태가 좋은 은행권보다 그렇지 못한 비은행권이 압도적인 비중을 차지하고 있다. 금융업권 간 상호거래는 주로 예금, 채권, 주식을 통해 이루어지고 있는데, 최근에는 외환스왑거래 등 파생상품 거래 규모가 대폭 증가하고 있다. 고수익·고위험 투자를 추구하는 비은행금융기관의 역할이 커지는 가운데 파생상품 등 복잡한 구조의 상품거래가 증가하고 금융기관 간 상호연계성이 커지게 되면 외부충격에 대한 익스포저가 확대되고 금융 시스템 리스크에 지극히 취약해지게 된다.

지난 5년 동안 저금리 상황에서 가계, 기업, 금융기관의 부채가 크게 늘었고 또한 금융기관 간 상호연계성이 커져 시스템 리스크 우려를 증대시키고 있다. 금리가 오른 상황에서 경기가 부진하고 금융지원이 끝나면 취약차주 위주로 크게 부실해질 수 있다. 또한 금리 급등과 더불어 부동산 시장 거품이 붕괴하면 부동산 관련 업계가 어려움을 겪게 될 것이다. 부동산 PF 등 부동산 관련 익스포저가 큰 비은행금융기관의 부실위험이 커지고 있는데, 이러한 위험이 시스템 리스크로 확대될까 걱정된다.

미국의 경우 훨씬 공격적인 금리 인상 정책으로 금융시장이 흔들리는 등 부작용이 있었다. 반면 blessing in disguise라는 측면도 있는데, 공격적인 긴축정책을 통해 금융과잉의 문제를 상당 부분 해소할 수 있었기 때문이다. 우리나라의 경우 너무 취약성이 심각해 이러한 효과를 누릴 수 있을까 하는 의문이 든다. 사실 우리나라가 미국보다 금리 인상을 일찍 시작했으나 그 정도가 훨씬 미약했고 또한 미국보다 먼저 추가 인상을 멈추고 있는 상태이다. 지금은 경기침체 우려, 부동산 시장 경착륙 우려 등이 겹쳐 추가적으로 올리기도 어려운 상황이다. 더욱이 코로나19 사태 중 도입된 원금상환 만기 연장, 이자지불 유예 등 금융 특혜정책이 정상화되면 숨겨진 리스크가 그대로 노정될 우려가 있어 더더욱 긴축통화정책을 추진하기 곤란한 상황이다.

그러나 우리와 미국 간의 기준금리 차이가 2%에 달하는 것은 문제가 있다. 자본유출 문제와 함께 가계 부채 관리에 어려움을 줄 수 있기 때문이다. 거래비용 등을 고려해도 그 격차가 1.5% 이상 나는 것은 문제가 있다.

(2) 저성장과 경제 활력 저하

이번 위기 중 한국 경제가 처한 상황도 이전과 상당히 달라서 잠재적인 리스크에 대해 우려하지 않을 수가 없다. 대외적인 측면에서 한·미 간 금리 격차가 역대 최고의 수준이므로 이에 따른 충격도 더 크게 나타날 수 있다. 더욱이 이전과는 달리 세계 경제가 불황인 상황이므로 추가적인 외부 충격이 가해질 가능성이 있다.

그러나 이러한 외적 요인보다도 더욱 큰 문제는 한국 경제의 현실적인 모습이 이전보다 훨씬 열악하다는 것이다. 기초 체력 면에서 이전에 비해 훨씬 약화되어, 잠재성장률이 역대 최저 수준에 이르고 무역수지도 역대 최악으로 나타나고 있다. 즉, 이번 위기의 또 다른 중요한 차이점은 저성장이 고착화되고 장기 복원력이 훨씬 약화된 상태에서 진행되고 있어, 과연 원래의 경제 활력을 회복할 수 있을까 하는 우려감이 이전에 비해 훨씬 크다는 것이다.

우리 경제의 기초 체력이 저하되고 저성장이 고착화되었다는 사실은 장기 성장률 추세의 변화에서 단적으로 나타나고 있다. 지난 50년간 우리 경제의 성장률을 보면 1970년대 9.4%, 1980년대 9.1%, 1990년대 7.2%의 높은 수준을 유지해 왔다. 그런데 2000년대 들어 하락세가 뚜렷해지면서 2000년대 4.7%, 2010년대 2.9%로 상당히 낮은 수준이다.

더욱 큰 문제는 성장률의 장기적인 추세가 앞으로도 계속 하락할 것으로 전망되고 있다는 점이다. 많은 기관들의 장기 전망에 따르면 우리나라의 향후 성장률은 2020년대 2%대 초반, 2030년대 1.5% 내외, 2040년대 1% 미만으로 예측되고 있다. 기간을 좀더 연장하면 2050년대 0.3%, 2060년대 −0.1%, 2070년대 −0.2%로 한 세대가 지난 이후에는 저성장이 아니라 절대 규모 자체가 축소되는 것으로 보고 있다.

무엇이 저성장을 고착화시켰을까? 흔히들 가장 중요한 원인으로 생산인구의 감소를 들고 있다. 물론 생산인구의 감소에 따라 경제성장에 대한 노동투입의 기여도가 1980년대 2.0%에서 2000년대 이후 1% 미만으로 하락하고 있다. 그러나 최근 경제성장률 하락의 주요 원인은 노동투입 감소보다는 오히려 자본투입 증가세 둔화 및 생산성 증가세 둔화로 나타나고 있다. 경제성장에 대한 노동투입의 기여도가 비록 과거에 비해 낮아지기는 했지만 2000년대 이후에는 거의 변화가 없다. 반면 자본투입의 기여도는 1990년대 4.0%에서 2000년대 및 2010년대는 각각 2.0% 및 1.4%로 급격하게 축소되고 있다. 총요소생산성도 1980년대 2.9%, 1990년대 2.3%에서 2000년대 및 2010년대는 각각 1.9% 및 0.7%로 특히 최근에 와서 더욱 급격하게 하락하고 있다.

자본투입의 기여도가 감소하는 추세를 경제발전 및 고령화에 따른 자연스러운 결과라고 오해하고 있다. 지금은 1980년대 중화학 육성책 및 인프라 건설과 같은 대규모 투자 정책이 이전에 비해 크지 않다는 것이다. 또한 인구구조 고령화가 진행될수록 저축률 및 투자율이 감소하면서 자본투입이 감소한다는 것이다. 그러나 세금, 정부의 규제정책, 기업가에 대한 인식 등과 같은 정책적 요인들이 부정적으로 작용해 투자

의욕이 저하되었다는 것이 더 중요한 원인이다. 현재 우리나라의 주력 경쟁력 요소가 대규모의 신규자본 투입을 요구하는 AI, 차세대전지, 우주항공, 중화학 분야 등임을 고려할 때, 자본 기여도의 하락 추세는 한국 경제의 장기 경쟁력에 큰 장애요인이 될 수 있다.

이러한 문제를 더욱 심각하게 보여주는 것은 생산성조차 감소하고 있다는 점이다. 생산성은 제도, 교육, 기술, 사회통합 등 다양한 요인에 의해 영향을 받는다. 여러 요인들 중 R&D 증가 등 기술적인 요인들이 개선되었음에도 제도 및 사회 여건들이 여전히 제약 요인으로 작용하여 생산성이 하락하는 것으로 나타나고 있다. 아직까지도 기업활동에 대한 규제가 개선되기보다는 악화되었고 노동시장의 개혁은 거의 불가능해 생산성 향상 효과가 억제되고 있다. 또한 그 어느 때보다도 심화된 사회 분열은 불안감 및 불확실성을 증폭시켜 기업들의 신규투자 의욕을 저하시키고 결국에는 생산성에도 악영향을 미치고 있는 것으로 보인다.

장기적인 측면에서 저성장을 극복하고 지속적인 성장을 가능케 하기 위해서는 생산성을 향상시켜야만 한다. 향후 인구 감소 및 노령화가 심화될 것으로 전망되는데, 생산성은 노동의 성장에 대한 하방압력을 완화시키기 위해 필수적인 요소이다. 뿐만 아니라 생산성 제고를 위한 지식과 기술의 대대적 확산은 포용적 성장을 촉진시킴으로써 양극화에 따른 문제도 완화시킬 수 있으며, 생산성이 높아질수록 1인당 소득도 증가해 전체적인 삶의 수준과 복지를 향상시킨다. 따라서 생산성이 둔화된다면 단순히 성장률이 저하되는 것이 아니라 삶의 질의 저하 및 양극화에 따른 갈등도 심화될 우려가 있다.

지금 우리 경제가 당면하고 있는 장애 요인들을 극복하지 못하고 장기적으로 성장률이 계속 하락하면 심각한 문제들을 유발할 수 있다. 저성장이 고착화되어 새로운 일자리 창출이 어려워지므로 유휴노동력 증가, 양질의 취업 불가 등으로 인해 노동시장이 불안정해지고, 국민들의 삶의 질이 떨어지게 된다. 또한 장기 성장률 하락 전망은 과거와는 달리 우리 국민들의 미래에 대한 자신감마저 상실해 가도록 만들고 있으며, 저출산의 가장 중요한 원인으로 작용하고 있다. 뿐만 아니라 가계소득의 저하에 따른 세수 감소는 국가 부채를 지속적으로 증가시켜 많은 유럽국가들 및 일본 등이 겪고 있는 재정 문제가 한국에서도 발생할 가능성을 높여준다.

더욱이 장기적인 성장률 저하의 문제는 단순히 국내경제성장률이 감소된다는 것을 의미하는 것이 아니라 한국 경제가 세계 경제질서에서 주변국으로 전락할 수 있는 위험을 내포한다. 지난 수년간 한국 경제가 비틀거리는 동안 중국을 비롯한 경쟁국들은 비약적인 발전을 거듭해 이미 세계 경제에서 중요한 비중을 차지해 오고 있다. 이처럼 우리나라는 성장동력을 상실해 가고 있는 반면 동아시아 경쟁국들뿐만 아니라 BRICs 국가들이 급부상하면서 세계시장에서 우리 경제의 입지는 더욱 좁아질 우려가 커지고 있다.

(3) 양극화와 사회 갈등 심화

한국 경제는 지금 저성장의 고착화와 더불어 소득과 부의 양극화도 악화되고 있다. 진영 논리가 극성을 보이는 가운데 소득과 부의 분배가 악화하면 사회적 갈등이 커지고 사회적 불안은 경제 성장과 안정을 심각하게 훼손할 수 있다.

소득분배는 보통 계층별 분배와 기능별 분배로 나누어 고찰한다. 계층별 소득분배를 보여주는 가장 대표적인 지표인 5분위 배율 및 지니계수 모두 2010년대 초반 잠시 개선되다가 중반 이후 전반적으로 악화되고 있다. 즉, 계층 간의 소득분배는 근래에 들어 나빠지는 추세를 보이고 있다. 한편 기능별 소득분배 측면에서, 소득 원천은 근로소득, 사업소득, 재산소득, 이전소득으로 나뉜다. 근로소득 비중은 2017년 63.9%에서 2022년 64.3%로 다소 증가하지만 큰 변화는 없고, 재산소득 비중도 6.4%에서 6.6%로 거의 변화가 없다. 반면에 사업소득 비중은 다소 줄고 공적이전소득 비중은 다소 늘어났다.

이와 같은 우리나라 소득분배 현황과 관련해 몇 가지 주의 깊게 살펴볼 점이 있다. 첫째, 우리나라는 한국은행 추계에서 자영업자 소득을 근로소득과 자본소득으로 나누지 않고 모두 자본소득으로 간주한다. 그런데 여기에는 자영업자가 제공한 노동의 대가가 포함된다. 우리도 다른 선진국과 마찬가지로 자영업자 근로소득을 가구소득의 5% 정도로 계산하면 우리나라 근로소득도 선진국과 같은 70% 수준이 되고 추세도 큰 변화를 보이지 않고 있다. 이러한 결과는 자본수익률이 경제성장률보다 높아서 소득에서 자본이 차지하는 비중이 계속 증가하며 소득 격차가 커진다는 마르크스나 피케티의 주장이 맞지 않는다는 것을 보여준다. 피케티는 양극화의 근본 요인으로 자본수익률이 경제성장률보다 크다는 기본적인 가정 아래 논리를 전개하였다. 그런데 글로벌 금융위기 이후 저금리 정책이 채택되면서 시중에는 유동성이 넘쳐났고 금리는 경제성장률보다 오히려 낮아서 최근 10년간 소득과 부의 격차를 이 논리로 푸는 데 문제를 드러내고 있다.

둘째, 소득 격차 확대의 원인을 자본가와 노동자라는 계급 간 대립에서 찾는 것은 문제가 있다. 자본소득 내의 분배 문제, 근로소득 내의 분배 문제도 심각한데 계급 간 대립구도에서는 이러한 문제를 파악하기 어렵다. 예컨대 자본소득은 이자와 임대료, 주주로 받는 배당 등이다. 대기업 대주주의 배당 수입과 부동산 다량 보유자 임대료 수입이 엄청난 것을 감안할 때 자본소득의 분배가 근로소득의 분배보다 훨씬 불공평하다는 것은 자명하다.

셋째, 우리나라에서는 노동시장의 구조적 문제로 인해 근로소득의 격차 또한 소득분배 악화의 중요한 원인이 되고 있다. 근로소득은 정규직과 비정규직 간의 고용 형태별, 대기업과 중소기업 간의 기업 규모별, 남성과 여성 간의 성별 등 노동시장의 구조적 문제에 의해 커다란 격차를 보인다. 가장 심각한 문제는 정규직과 비정규직 간의 이중 노동시장 구조에 따라 근로소득 격차가 크게 벌어지고 있다는 점이다. 2022년 8월 현재 정규직은 4,125천 원, 비정규직은 1,925천 원으로 비정규직은 정규직의 46.7% 수준이다. 임금 격차는 고용 형태별뿐만 아니라 기업 규모별로도 크게 영향을 받는다. 300인 이상 대기업 정규직 임금을 100으로 볼 때 300인 이상 비정규직은 65.3, 300인 미만 정규직은 57.6, 300인 미만 비정규직은 43.7 수준에 머물러 있다.

그런데 정규직과 비정규직 간, 그리고 대기업과 중소기업 간 근로소득 격차가 큰 요인 중의 하나는 노동조합의 힘이다. 우리나라 노조원은 대부분 정규직 들이며, 대기업, 금융산업, 공공부문 조합원들이 절대적인 비중을 차지하고 있다. 이에 반해 보호가 더 절실한 소규모 영세 기업의 노조 조직률은 미미하다. 자본소득과 근로소득 간의 양극화 이슈 못지않게 근로소득의 양극화 문제도 심각하다.

소득분배 문제가 심각한 상황이지만 부의 양극화는 더욱 심각하며, 이러한 추세가 지난 5년간 악화되었다. 2022년 3월 부의 5분위 배율은 125.50으로 소득 5분위 배율 11.52보다 압도적으로 높다. 부의 분배를 나타내는 또 다른 지표인 지니계수를 보더라도 2019년, 2022년 각각 0.606, 0.682로 3년 동안 크게 악화한 것을 알 수 있다. 같은 기간 소득분배 지니계수와 비교해도 부의 분배가 소득분배보다 훨씬 나빠졌다.

부의 양극화는 무엇보다도 부동산 시장과 주식시장에서 거품이 발생한 것이 가장 중요한 원인이다. 소득 대비 부의 증가 속도는 명목 GDP 대비 국민순자산 배율을 보면 알 수 있다. 이 수치는 2008년부터 2017년까지 7.7배 수준에서 유지되며 별다른 변화가 없었다. 그러나 2017년 이후 급증하기 시작해 불과 4년 만에 7.8배에서 9.6배로 1.8배나 늘어났다. 글로벌 금융위기 이후 안정세를 유지하던 GDP 대비 국민순자산 배율이 최근 들어와 급등한 것은 대부분 부동산 가격의 급격한 상승이 주요인이었다.

예컨대 아파트 가격은 글로벌 금융위기 이후 계속해서 안정세를 보이다가 2017년 들어와서 본격적으로 상승하기 시작하였다. 2020년 이후 코로나19 사태 속에서도 서울 아파트 가격이 더욱 가파르게 올라서 2017년 11월 100이던 가격지수가 2021년 10월 188.1을 기록해 불과 4년여 만에 90% 가까이 폭등했다. 모순 덩어리의 부동산 정책과 함께 저금리 정책으로 돈이 풀리면서 부동산 시장이 과열 현상을 보여, 아파트 가격 급등세가 서울뿐만 아니라 수도권과 전국으로 확대되었다. 아파트 가격 급등으로 아파트를 소유한 사람과 그렇지 못한 사람 간의 부의 양극화 현상이 심해졌다. 뿐만 아니라 지역 간 아파트 상승 격차가 심해서 서울과 지방의 지역 간 부의 격차도 심해졌다.

이를 통해서 우리는 문재인 정부 5년에 걸쳐 부의 증가 속도가 소득의 증가 속도보다 훨씬 빨라서 부를 통한 불평등이 소득 불평등보다 그만큼 빠르게 진행된 것을 알 수 있다. 그런데 흥미로운 사실은 부동산 가격 안정과 불로소득 회수를 최우선 정책 목표로 삼은 문재인 정부에서 부동산 가격이 가장 큰 폭으로 올랐으며, 부의 양극화 현상 또한 커졌다는 것이다. 이러한 현상은 문재인 정부 부동산 대책의 문제점을 보여주고 있는데, 부동산 정책은 냉철한 머리로 다루어야지 뜨거운 가슴으로 다루는 것이 아니라는 점을 일깨워준다.

한편 부동산 시장과 함께 주식시장의 거품도 부의 양극화를 심화시켰다. 한국의 코스피KOSPI 주가지수는 글로벌 금융위기 이후 2010년부터 10년 가까이 2,000에서 2,200 수준의 터널에 갇혀 있는 양상이었다. 그런데 코로나19 사태가 발생하면서 2020년 3월 1,439까지 떨어졌던 것이 초저금리와 과잉유동성으로 인해 2021년 장중 한때 3,316까지 상승하기도 했다. 코로나19 와중에도 무려 1년 만에 2.5배 가까이 폭등한 것이다. GDP 대비 시가총액 규모 배율인 버핏 지수가 증시 거품의 한계수준인 100%를 훨씬 넘는 128%에 이르렀다. 코로나19 사태로 인해 경제가 침체를 보이는 데도 주식시장에 거품이 끼고 실물경제와의 괴리가 극대화한 것을 알 수 있다. 주식시장 거품이 커지면서 주식을 가진 사람과 그렇지 않은 사람 간 부의 양극화를 심화시켰다.

이처럼 이번 위기 중 저성장 추세가 더욱 심화되는 가운데 경제 전반에 걸쳐 양극화가 진행 및 확산되고 이로 인해 사회통합의 기반이 붕괴되고 있다는 것은 우리 경제가 봉착한 심각한 문제이다. 최근 들어서는 국민들 간의 갈등구조가 첨예화되고 있고 심지어 분열현상까지 보이고 있어 양극화 문제는 그 어느 때보다도 불안한 요인으로 등장하고 있다. 물론 양극화가 최근 새로 나타난 현상은 아니다. 그러나 현재의 상황은 과거 어느 때보다도 심각하게 나타나고 있고 또한 향후에도 쉽게 개선되기 어려울 것으로 보인다.

'저성장 속의 양극화' 기조에서는 성장과 분배의 어느 하나에 치우친 정책적 대응도 여의치 않다. 정책 기조, 정책적 우선순위 설정에서 일종의 교착dead-lock 상태가 우려된다. 불안정한 저성장과 양극화 문제, 그리고 각종 사회적 긴장의 분출 문제에 대한 적절한 대응이 미흡할 경우 사회 불안이 심화되고 '성장과 분배의 악순환 고리'가 고착될 수 있다. 이것이 바로 우리가 두려워하는 한국 경제의 '시스템 위기 시나리오'이다.

2. 주요 경제정책의 현황은?

이번 위기 중 부각되고 있는 취약성, 저성장, 양극화와 같은 구조적 문제들은 물론 예전부터 존재했었다. 그러나 지난 정부 5년 동안의 잘못된 경제정책 운영이 이러한 문제들을 그 이전에 비해 급격히 악화시켰다.

(1) 금융정책

문재인 정부 들어 초기에는 시장 안정 차원에서 금리를 1.25%에서 1.75%까지 올리기도 했으나 경기가 둔화되자 경기 활성화를 위해 곧 금리를 내리기 시작했다. 2020년 초 코로나19 사태 발생 후 한국은행은 기준금리를 더욱 낮추었고 2020년 5월부터 2021년 7월까지 사상 최저인 0.5% 수준을 유지하였다. 이후 자산시장 거품 및 인플레이션을 우려해 금리를 서서히 조정하다가, 2022년 들어 미국 연준이 본격적으로 금리를 인상하자 우리도 빠른 속도로 금리를 올려 2023년 1월 이후 3.5% 수준을 유지하고 있다.

지난 정부 5년간 금융정책의 기본 기조는 경기 활성화 및 코로나19 사태 극복을 위한 저금리 및 유동성 확대였다. 그러나 금융정책 본연의 목표인 물가안정과 금융안정에 두지 않고 선심성 정책을 쓰면서 상당한 부작용을 유발하였다. 무엇보다도 자산시장, 특히 부동산 시장의 버블을 야기해 취약성, 양극화, 그리고 저성장의 배경으로 작용하였다.

금융정책을 택할 때 우리가 더욱 신경을 쓰는 것은 경기 활성화보다도 물가안정과 금융안정이다. 그런데 금융정책은 재화 가격에 영향을 줄 뿐만 아니라 자산 가격에 더욱 큰 영향을 주기도 한다. 그리고 우리가 물가라고 하는 재화 가격의 사이클은 자산 가격의 사이클과 일치하지 않는다. 지난번 글로벌 금융위기나 코로나19 사태를 통해서 우리는 자산 가격의 사이클이 재화 가격의 사이클을 앞서가는 것을 보았다. 두 경우 모두 경제위기를 극복하기 위해서 정부가 통화를 풀고 금리를 낮추고 재정 또한 과감히 푸는 과정에서 발생하였다.

문재인 정부는 코로나19 사태 이전에도 이미 경기 활성화를 위해 확장적 금융 및 재정 정책을 채택하였는데, 코로나19 사태를 맞아 금리를 대폭 낮추고 재정을 더욱 풀어 시중에 돈이 넘쳤다. 그런데 이렇게 풀린 돈이 생산과 투자로는 연결되지 않고 부동산 시장으로 흘러 들어가면서 부동산 시장 과열을 가져왔고 실물경제와 부동산 시장 간의 괴리를 증폭시켰다. 주택 가격 급등과 함께 주택담보대출 및 부동산 관련 기업 대출이 빠른 속도로 늘어나면서 가계와 기업 부채도 급등하였다. 또한 금융권의 PF 대출도 폭발적으로 증가해 금융시장 안정에 가장 큰 위협요인이 되었다.

부동산 시장 과열과 가격 급등은 젊은이들 사이에 부동산을 보유한 '벼락부자'와 보유하지 못한 '벼락 거지'라는 부의 양극화를 신랄하게 비꼬는 신조어를 낳기도 하였다. 또한 아파트를 보유하지 못한 젊은이들이 모든 자산을 집어넣어 아파트 구매에 뛰어들면서 이들의 부채가 급등하고 '영끌'이라는 신조어도 낳았다.

아울러 비생산적 서비스업인 부동산 및 임대업에 대부분의 대출이 집중되고 있고 금융, 물류, 정보통신 등 생산적 서비스산업에 대한 대출이 미미해 서비스산업 및 연관 산업의 생산성이 동반 성장하기 어려운 상황이다. 과도하게 부동산 및 임대업에 몰린 대출은 지난 몇 년간 초래된 부동산 버블과 직결되어 있다. 이러한 대출은 긴축 기조로 전환한 이후 이어지는 부동산 가격의 하락과 증폭되는 불확실성 때문에 부실채권이 될 가능성도 높아 성장을 저해하는 또 다른 요소로 작용할 수도 있다.

부동산 가격의 폭등은 문재인 정부의 금융정책 및 부동산 정책 실패를 보여준다. 아파트 가격 폭등 원인 진단, 정책 목표, 정책 수단, 순서,

그리고 타이밍 모두가 잘못되었다. 가격 폭등의 기본적인 원인은 돈이 과도하게 풀린 상태에서 서울과 수도권 아파트 공급 부족과 신뢰를 잃은 정부 정책에 투기가 가세한 것이다. 그런데도 문재인 정부의 부동산 정책은 투기를 막고 불로소득을 환수하며 임차인의 권리를 강화하는 주거 정의 차원에서 부동산 이슈에 오로지 이념적으로만 접근하였다.

2022년 들어와 한국은행 및 미국 연준을 비롯해 각국의 금융정책 기조가 긴축으로 선회하면서 이러한 구조적 문제들의 후유증이 현실화되고 있다. 저금리 및 과잉유동성에 따른 부작용을 억제하기 위해 단기에 금리를 제로 수준에서 급격히 올리고 통화량을 줄이는 정책이 성장, 물가, 환율 등 거시경제에 미친 충격보다 자산시장과 금융산업에 미친 충격이 더욱 클 수 있다. 그것은 단기간 금리 급등이 금융 시스템 위험을 초래할 가능성이 있기 때문이다.

우선 긴축금융정책으로 금리가 급등하면 채권 가격이 급락하고 채권시장이 유동성 경색 현상을 일으킬 수 있다. 채권시장에서 신용도가 낮은 기업들의 금리는 상대적으로 더욱 빠른 속도로 상승하며 이들 기업이 채권 발행을 통해 자금을 확보하는 데 어려움이 커진다. 최근 발생한 강원도 레고랜드 사태와 흥국생명의 콜 옵션 포기에 따른 사태는 이러한 우려를 단적으로 보여주고 있다.

금융정책의 긴축 선회로 채권시장뿐만 아니라 주식시장도 크게 요동쳤다. 코로나19 사태를 겪으면서 어느 나라보다도 빠르게 오른 주가는 2022년 들어 하락하면서 그동안 대폭 올랐던 상승분을 대부분 반납하였다. 주가수익비율PER과 주가순자산비율PBR을 보더라도, 주식시장 거품이 꺼지면서 이 수치들이 크게 떨어져 2017년 수준보다 오히려 낮아졌다. 그런데 문제는 주식시장 거품 상황에서 개인투자자의 투자 금액과 수가 너무 급속히 늘어, 주가 하락에 따른 부작용이 커지고 있다는 점이다. 개인투자자들의 주식 매입의 상당 부분이 가계대출, 즉 빚으로 충당되었는데, 하락장에서 가계의 손실 부담이 그만큼 더 커졌으며 가계 부채 문제가 더욱 심각해졌다.

금융정책 변화는 부동산 시장에도 커다란 영향을 미쳐 한국은행이 금리를 빠른 속도로 올리면서 부동산 시장 경착륙이 우려되고 있다. 지난 정부 5년간 부동산 시장 거품 현상은 다양한 지표에서 명확히 나타난다. 공동주택 실거래가격 지수가 2021년 10월 역대 최고를 기록했으며, 자가가구의 연소득 대비 주택가격 배수PIR도 역대 최고 수준에 도달했다. 다른 국가의 주요 도시와 비교해봐도 OECD 주요 국가 중에서 서울의 PIR이 가장 높게 나타나고 있다.

부동산 매입은 보통 매입 부동산을 담보로 일정 부분 금융기관 대출을 받아 이루어지므로 부동산 시장 거품 붕괴는 금융시장 불안정으로 이어지기 쉽다. 부동산 관련 금융기관과 보증기관의 대출 및 금융투자상품 합계를 부동산금융 익스포저라고 한다. 2022년 9월 말 현재 부동산금융 익스포저는 2,696.6조 원으로 GDP보다 큰데 이들 상품의 건전성은 부동산 시장의 안전성과 직결된다.

금리 급등과 부동산 가격 급락은 금융 안전성을 해칠 우려가 크다. 부동산 가격이 큰 폭으로 조정될 때 가계, 기업, 금융기관의 재무 건전성은 크게 악화할 것이다. 주택담보대출을 받은 가구는 당연히 금융부채 보유 가구이다. 금리 급등으로 주택 가격이 급락한다면 가계대출 부실이 발생하고 대출 금융기관들의 재무 건전성도 덩달아 악화할 것이다.

한편 부동산 경기 둔화는 부동산업과 건설업 등 관련 업종의 수익성 저하와 부실로 이어지면서 부동산 관련 금융기관의 부실 위험이 커지고 금융 시스템의 안정을 위협할 수 있다. 부동산 시장의 거품이 붕괴하고 경착륙한다면 취약한 부동산 관련 기업들과 함께 PF 대출과 PF 유동화증권을 다룬 금융기관들의 부실이 우려된다.

부동산 시장의 급등과 급락은 잘못 다룰 때 경제 양극화와 금융위기 원인이 된다. 부동산 시장의 안정은 경기 안정, 금융안정, 주거 안정과 직결되기 때문이다. 그동안 부동산 가격이 비정상적으로 급격히 오른 지역에서 고점 대비 상당한 수준의 부동산 가격조정은 불가피할 것이다. 다만 금융안정과 경제안정을 해치지 않도록 부동산 시장의 경착륙은 막아야 한다. 부동산 시장 연착륙 달성과 금융 시스템 안정은 물가안정과 함께 우리 금융정책의 중요한 목표가 되어야 할 것이다.

(2) 재정정책

지난 정부 초기 2년 동안에는 정부의 재정수지가 개선되는 추세를 보였었다. 그런데 2019년 이후 확대재정정책을 택하면서 코로나19 사태가 발생하기 이전부터 이미 재정상태가 급격히 악화되기 시작했다. 관리재정수지 적자가 2017년 18.5조 원에서 2022년 117조 원으로 5년만에 거의 100조 가까이 증가했고, GDP 대비 재정적자 비율도 동 기간 1.0%에서 5.4%로 급등하였다.

과도한 재정적자가 누적되면서 우리나라 국가 부채는 최악의 상황으로 빠져들게 되었다. 우리 국가 부채가 대폭 증가한 것도 문제지만 증가 속도가 너무 빠르다는 점이 더 큰 문제이다. 지난 정부 출범 당시인 2017년 660.2조 원이었던 국가 채무(D1)가 2022년에는 1,068.8조 원으로 5년 동안 400조 원 이상 증가하였다. 이는 역대 어느 정부보다도 증가속도가 빠르다.

이처럼 재정 상황이 급격히 악화된 이유로 물론 코로나19 사태에 대처하기 위한 재정지출을 들 수 있다. 그런데 문제는 이러한 정책들이 위기 대처 방안을 넘어 포퓰리즘의 퍼주기 정책으로 진행되어 버렸다는 것이다. 재정의 지속 가능성보다는 기본소득제 등 선심성 재정지출 정책에 보다 관심을 가졌던 것이다. 코로나19 사태 극복을 위한 재정지출 확대가 불가피한 측면이 있지만 재정건전성을 고려하지 않은 확대 재정 정책은 문제가 있었다.

우리는 코로나19 사태 속에서 재정 제약이 없는 것처럼 정치권이 선심성 정책을 남발하는 것을 보았다. 손실 보상 방안, 재난지원금 방안, 기업 간 이익공유제 방안 등 포퓰리즘 정책이 난무하였다. 예컨대 코로나19 사태를 겪으면서 고통을 겪는 국민한테 재난지원금을 보편적으로 지원할지 선별적으로 지원할지가 뜨거운 이슈로 부상하였다. 2020년 총선 때 결국 전 국민 재난지원금이 지급되었는데 그 위력은 대단하였다.

그런데 전 국민 재난지원금의 위력을 본 뒤 정치권 일부에서 새로운 복지 체제로 기본소득제를 들고나왔다. 위기 시 등장하는 전 국민 재난지원금과는 달리 기본소득제는 재산이나 소득과 관계없이, 그리고 취업 의지와 관계없이 정부가 같은 금액을 온 국민에게 지급하는 것이다. 기본소득제는 재원과 관련해 지속 가능성이 희박하고 아울러 심각한 도덕적 해이 문제를 야기할 수 있다. 그러나 이러한 기술적인 것보다도 더 큰 본질적인 문제는 포퓰리즘에 기초해 기본소득제라는 이름 아래 용돈 수준의 현금을 퍼주기하는 것이다. 여기에 재원의 한계를 이유로 상위 소득 20%와 나머지 80%를 갈라치기 해 국민적 분열을 야기하는 것도 문제이다.

코로나19 사태로 인해 재정적자가 눈덩이처럼 늘어나는 상황에서 전 국민을 상대로 한 이와 같은 포퓰리즘 지원은 바람직하지 않을 뿐만 아니라 재원의 낭비다. 코로나19 사태 이후 방만한 재정, 금융정책의 부작용으로 인한 부동산 가격과 주가 상승으로 자산시장 거품이 발생해 부의 양극화가 오히려 더욱 진행되어 버렸다. 전 국민 무차별 지원은 경기 부양 효과도 미미할 뿐만 아니라 또 다른 포퓰리즘을 낳고 재정 상황만 더욱 악화시켰던 것이다.

정부는 코로나19 사태를 극복하기 위해 책정한 사상 최대의 적자 예산 필요성과 동시에 앞으로 상환 계획을 솔직히 설명하고 이해를 구해야 했었다. 한 번 늘어난 재정적자를 줄이기는 쉽지 않다. 국가 부채 관리를 위해서는 긴축재정정책이 뒤따라야 하는데 긴축재정정책은 고통이 수반되고 인기도 없는 정책이기 때문이다.

수차례 경제위기를 경험한 우리나라의 경우 재정건전성 유지는 외환보유고의 충분한 확보와 함께 경제위기를 사전에 방지하기 위해서 절대적으로 필요하다. 쌓이는 국가 부채는 미래 세대의 부담이다. 선심성 지출 확대는 득보다 실이 크며, 생산적인 재정지출과 조세 개혁을 통해 경제의 활력과 성장잠재력을 높여야 할 것이다.

재정정책은 경기 조절 기능을 담당하므로 재정은 단기적으로는 적자를 볼 수 있다. 그렇지만 정부 재정은 지속 가능하고sustainable 장기적으로 균형을 이루는 것이 바람직하다. 그럼에도 언젠가부터 우리나라 정부의 재정정책 운용은 장기적인 관점보다 단기적인 인기만을 추구하는 포퓰리즘 정책처럼 보이기 시작했다. 그 결과 역대 어느 때보다도 재정 상황이 취약해져 있다. 만일 또 다른 위기가 닥친다면 과연 이에 대처할 수 있는 여력이 있을까 하는 의구심을 지울 수 없다.

따라서 우리에게 가장 필요한 것은 건전재정 기조 유지와 국가 부채의 적절한 관리이다. 현 정부가 재정 정책의 기본 방향을 건전재정 기조로 전환하고 그에 따라 관리재정수지 적자 폭 및 국가 부채 수준을 관리할 계획을 세운 것은 그나마 다행이다.

그런데 여전히 남아있는 문제는, 선거 등 정치적인 쟁점이 대립할 때 여와 야 어느 한쪽이 선심성 정책을 들고나오면 다른 한쪽은 더욱더 큰 선심성 정책을 남발하는 포퓰리즘 경쟁이 등장할 우려가 있다는 것이다. 포퓰리즘 정책의 또 다른 문제는, 단기성 인기 정책으로 인해 장기적으로 커다란 부작용을 낳으며 부작용 해결은 고통이 뒤따르는데 아무도 이를 인정하지 않는다는 것이다. 특히 경제위기 상황이라 정책적 재량권이 크게 주어진 상황에서는 이러한 문제가 더욱 두드러질 수 있다.

포퓰리즘에 휘둘리지 않고 건전재정 기조를 확립하기 위해서는 재정 준칙fiscal rule의 법제화가 필요하다. 재정 준칙의 실효성을 담보하기 위해서는 여야 합의를 통한 국회에서의 법제화가 필요하다. 재정 준칙이 갖추어야 할 3대 특성은 간결성simple, 집행성enforceable, 유연성flexible이며 이들 간 균형을 이루는 것도 필요하다. 또한 준칙 근거를 법률에 규정하고 즉시 적용하도록 하여 집행력을 확보하도록 해야 할 것이다.

장기적인 재정 지속 가능성을 마련하기 위해서는 재정관리와 더불어 국민연금 관리도 반드시 고려해야 한다. 국민연금은 지금 그대로 가면 2050년대 중반쯤 완전히 고갈될 것으로 예상된다. 지금 20대가 은퇴할 때 국민연금이 고갈된다는 것인데, 그렇다면 이들은 받지 못할 미래 국민연금을 위해 현재 보험료를 내야 할 이유가 없을 것이다.

청년들 관점에서 연금제도를 고쳐야 하며 이제는 민간 주도의 개인연금과 직장 연금을 강화해야 한다. 개인과 직장 연금의 노후 준비 비중을 높이고 국민연금의 사회안전망 기능을 중시할 필요가 있다. 연금 고갈을 막기 위해서는 국민연금을 덜 받는 쪽으로 구조조정하고 보험료를 인상하며 가입연령 상한을 올려 납입 기간을 늘려야 할 것이다. 국민연금의 수익률 극대화를 위해서는 국민연금 지배구조 개혁을 통해 전문성과 독립성을 확보하고 자율성을 보장해야 할 것이다. 이를 위해서는 무엇보다도 국민연금의 탈정치화가 필요하며 국민연금 기금운영위원회의 독립성을 보장하고 수익률 제고를 위한 경영진에 대한 인센티브 시스템 도입도 검토할 필요가 있다.

(3) 대외경제정책

지난 수십년 동안 우리 경제를 이끌었던 대외경제 부문이 최근 극심한 불안을 보이고 있다. 2000년대 이후 지속적으로 흑자를 기록해 온 무역수지는 2017년을 정점으로 하락세로 전환하더니 2022년 −478억 달러에 달해 사상 최대의 적자를 기록했다. 또한 글로벌 금융위기 이후 1100원 수준에서 등락하던 원−달러 환율은 2020년 말부터 급격히 상승해 2022년 9월 1400원을 넘어섰고, 10월에는 1444.2원에 이르러 2009년 4월 이후 가장 높은 수치를 기록했다. 우리나라 무역수지가 연간 적자를 낸 건 글로벌 금융위기가 극심했던 2008년 이후 14년 만에 처음이고 또한 환율이 1400원을 넘어선 것도 글로벌 금융위기 이후 처음이다.

이와 같은 기록적인 대외경제 불안에 대해 흔히 2022년의 특수한 상황이 주된 원인이라고 언급하고 있다. 예를 들어 에너지 가격 급등, 우크라이나 전쟁, 중국의 봉쇄정책 등으로 수입이 급증한 반면 반도체 불황과 대 중국 수출 격감으로 무역적자가 초래되었다는 것이다. 또한 미국의 공격적인 금리 상승, 국제정세의 불안, 국내경제의 침체, 원화와 동조성이 높은 중국 위안화의 약세 등이 환율 상승을 초래했다는 것이다.

그러나 최근의 대외경제 불안은 지난 수십년 동안 수차례의 위기 때 보았던 상황과는 양상이 상당히 다르다. 우선, 이전에는 경기침체 때 보통 불황형 흑자 현상이 나타난 반면, 이번 위기에는 과거와 달리 경기부진과 함께 무역수지도 악화되는 이중고의 현상이 나타나고 있다. 더욱이 무역수지 적자가 일시적인 현상이 아니라 장기적인 추세전환의 조짐으로 나타나고 있다는 것이다. 또한 순대외자산이 계속 증가함에도 원화가치가 급격하게 약화된 것은 좀처럼 보기 드문 현상이다.

이번 위기 중 무역수지가 급격히 악화하고 환율이 과도하게 변동하는 등 새로운 양상이 나타나는 가장 큰 이유는 한국 경제의 구조적 취약성 때문이다. 우선 무역거래에서의 취약성은 편중화로 대변되는데, 이는 크게 지역적 편중화와 거래상품의 편중화로 구분할 수 있다.

우리나라 지역적 편중화의 문제점은 무엇보다도 우리나라 수출시장이 너무 과도하게 중국에 의존하고 있다는 것이다. 우리나라 전체 수출에서 중국시장의 비율은 2010년대에 들어서면서 약 25% 정도를 차지하고 있다. 그런데 더욱 큰 문제는 중국이 추격하면서 한국 경제의 경쟁력이 하락한다는 데 있다. 2000년대 들어서면서 중국이 한국과의 기술 격차를 좁히고 일부 분야에서는 오히려 앞서고 있다. 이로 인해 세계시장에서 우리나라의 전체적인 수출 경쟁력이 감소할 뿐만 아니라, 중국시장 자체도 상실해가고 있다. 따라서 과거에는 중국의 대외수출이 증가하면 한국 경제에도 도움이 되었지만, 지금은 오히려 부정적인 영향이 더 크게 나타날 수 있다. 1990년대 중국의 대외수출 증가가 동남아시아 국가들의 해외시장을 잠식해 그들에게 부정적 영향을 주었었는데, 동남아시아 국가들이 겪었던 문제를 지금은 한국이 겪게 되었다는 것이다.

이처럼 과도한 중국 편중화를 가져온 이유는 중국 경제가 워낙 빠른 속도로 장기간 성장해 왔고 또한 상당 기간 중국의 인건비가 저렴했기 때문일 것이다. 그러나 우리 정부의 대외경제 정책의 실패도 지적하지 않을 수 없다. 우리 정부는 그동안 경중안미經中安美(경제는 중국, 안보는 미국)라는 전략성 모호성을 유지해 경제에 관한 한 중국과의 관계를 더욱 증대하려고 했다. 특히 그동안 우리에게 매력적이었던 중국 경제의 투자환경, 인건비 등이 점차적으로 악화됨에도 지난 정부로서는 특별한 대외경제정책 없이 중국만 바라보고 있어 중국 편중화를 심화시켰던 것이다.

또한 경기 활성화를 위해 내수 확대 전략에 의존한 것도 이러한 문제를 더욱 악화시켰다. 지난 정부의 대표적인 내수 확대 전략으로 소득주도성장 전략을 들 수 있다. 내수 확대 전략을 추구하다 보니 새로운 시장에 대한 개척을 소홀히 하고 기존 시장만 유지되면 된다는 소극적인 대외경제 기조를 취하게 되었다. 특히 중국 경제가 확대되는 과정에서 중국 시장이 우리 경제를 살려준다는 안이한 생각을 갖게 되어 중국에 대해 과다 의존하는 경향이 더욱 심화되었고, 중국의 오만을 자초하게 되었다.

우리나라 대외부문 취약성은 지역적 편중화 못지않게 무역품목 편중화에도 기인하고 있다. 수출의 경우 2000년대 이후에는 반도체, 조선, 석유화학, 자동차 등이 큰 비중을 차지하고 있다. 그런데 흥미로운 특징 중의 하나는 이들 품목들이 상대적으로 경기변동에 민감하고 등락폭이 크다는 것이다. 따라서 반도체, 조선 등 일부 품목들만 영향을 받아도 우리나라 전체 수출실적 및 국가경제 전체가 영향을 받게 되는 약점을 안고 있다. 이러한 문제점은 반도체 착시, 조선업 착시 등 외환위기 및 글로벌 금융위기의 원인과 관련해서 이미 노정된 바 있다. 2022년 무역수지가 사상 최악의 적자를 보인 것은 수년간 우리나라의 반도체 수출이 상당히 호조를 보이다가 2022년 급감한 것이 상당히 중요한 역할을 하였다.

한편 무역품목 편중화 현상은 수입 부문에서도 여실히 나타나고 있다. 우리나라 전체 수입에서 3대 에너지원이 차지하는 비중은 25%에 달하고 있다. 수입 전체에서 일부 품목의 비중이 과도하게 크다 보니, 이 품목들의 가격변동에 따라 우리나라 대외무역 및 경제 전체가 영향을 받는다. 1970년대 두 차례의 석유위기, 2010년대 중반 등 에너지 가격의 등락에 따른 대외부문 격동, 2022년 최악의 무역수지 적자 등은 이러한 문제를 잘 보여주는 대표적인 사례이다.

우리나라 경제구조 특성상 3대 에너지원을 전적으로 외국으로부터의 수입에 의존해야 하기 때문에 불가피한 측면이 있는 것은 사실이다. 그러나 이러한 문제를 가중시킨 것 또한 정부정책에 기인한 바가 크다. 대표적으로 지난 정부에서 탈원전 정책을 표방해 에너지원에서 원전의 비중을 축소시키려고 하였다. 이에 따른 부족분이 청정에너지로 충분히 대체될 수 있다면 문제가 완화될 수도 있었겠지만, 현실은 그와 정반대의 결과를 초래했다. 오히려 원전 등을 발전시키면 수입부문에서 지나친 에너지원 편중화도 어느 정도 완화시킬 수 있을 것이고, 동시에 원전 수출 등을 확대해 수출 부문에서의 품목 편중화도 어느 정도 개선시킬 수도 있을 것이다. 따라서 정책적인 실패가 무역거래의 취약성 및 최근 불안을 가중시킨 측면이 크다.

우리나라 대외부문의 취약성은 환율의 움직임에도 여실히 반영되고 있다. 최근 환율 변동성이 점증하고 주변 다른 국가들에 비해 더욱 큰 이유는 우리나라의 기초체력에 대해 국제금융시장에서 불안 및 의구심을 나타낸 것이라고 해석할 수 있다. 물론 무역거래가 지나친 변동성을 보이고 있고, 또한 북한이라는 특수 요인 때문에 지정학적 위험이 큰 것도 중요한 이유가 될 것이다. 그러나 이와 더불어 더욱 중요한 이유는 금융시장의 효율적 기능과 관련된 취약성 때문이다.

우선 우리나라 외환시장은 거래규모에 비해 시장구조가 충분히 발달하지 못하여 충격흡수 기능이 미흡한 실정이다. 또한 각 금융시장이 효율적으로 기능하지 못하고 그들 간의 연계도 긴밀하게 이루어지지 않아 외부적인 충격이 있을 때 과민반응을 보이곤 한다. 가장 대표적인 사례로, 글로벌 금융위기 당시 우리나라의 CDS 프리미엄이 필리핀과 거의 비슷한 수준까지 폭등했었다.

외환시장의 구조적인 문제점 외에도 지난 수년간 진행되어 온 위기 대응정책도 오히려 잠재적인 불안을 가중시킨 측면이 있다. 코로나19 사태 중 도입된 원금상환 만기 연장, 이자지불 유예 등 정책 금융 지속으로 인해 기업부도율이 아주 낮은 수준이고 은행들은 역대 최대의 호황을 누리고 있다. 그러나 국제금융시장에서는, 이러한 정책들이 정상화되면 숨겨진 리스크가 그대로 노정될 우려가 있어 현재의 모습을 그대로 받아들이지 않고 있다. 한·미 금리차 역전 확대, 지정학적 갈등 등 대외적인 환경도 녹녹치 않은데, 이전에 비해 훨씬 부실해진 한국 경제의 기초 체력 및 잠재된 리스크 등으로 인해 국제금융시장의 신뢰를 확보하기가 쉽지 않은 상황이다.

(4) 산업정책

이번 위기 중에는 이전에 비해 전체적인 산업 경쟁력 회복이 저하되고 산업 간 격차도 더욱 악화되고 있다. 세계 경제에서의 산업 경쟁력을 전반적으로 잘 나타내주는 것은 수출 경쟁력 관련 지표인데, 우리나라가 지난 5년 동안 세계 수출 1위를 유지한 품목은 총 41개로 화학 및 철강이 주를 이루고 있다. 그러나 우리나라 최대의 수출 품목인 메모리반도체의 경우 점유율이 소폭 하락해 중국에 1위 자리를 내주었다.

문제는 세계 수출 1위 품목 중 많은 품목에서 수출 강국들과 치열하게 경합 중으로 앞으로 1위 유지가 쉽지만은 않은 상태라는 점이다. 우리나라 1위 품목의 수출액은 전년 대비 역대 최대인 479억 달러나 감소했으며, 총수출액에서 차지하는 비중도 12.4%로 급락해 2016년 이후 처음으로 20% 이하로 내려갔다. 점점 거세지는 국제경쟁과 특히 후발주자들의 약진은 한국에게 큰 위협이 되고 있다.

경쟁국들의 추격을 뿌리치고 지속적인 수출 증대를 위해서 정부와 기업 모두가 다양한 노력을 기울여야 할 것이다. 산업구조의 고도화는 산업의 외형적 성장뿐만 아니라 생산성 향상이라는 질적 향상도 함께 따라야만 한다.

여기서 우려되는 것은 우리 정부가 경쟁력 제고를 위해 산업정책을 적극 추진할 의지가 과연 있는가 하는 점이다. 최근 미·중 간의 갈등을 포함한 국가들 간의 글로벌 경쟁은 코로나19 사태 이후 더욱 첨예화되고 있는데, 이를 가장 단적으로 보여주는 사례가 글로벌 반도체 패권 경쟁이다. 특히 미국과 중국은 반도체 패권이 향후 국제질서의 패권을 좌우할 수 있으므로, 글로벌 반도체 패권 장악에 드라이브를 걸기 시작했다. 미국, 중국뿐만 아니라 일본, 대만, 유럽 국가들도 노골적으로 반도체를 비롯한 기술 주도 분야에 산업정책을 통해 지원을 하면서 기술 패권 경쟁에 뛰어들고 있다.

반면 우리나라는 그동안 별다른 대응책 없이 방관하면서 기업들만 옥죄는 시대를 역행하는 정책을 하고 있다. 기술 경쟁력 지원을 위한 산업정책이 늦어질수록 결국 국가 간 기술력의 차이로 돌아오게 될 것이다. 이는 곧 우리나라 전반적인 산업 경쟁력이 약화되는 심각한 결과를 초래할 것이다.

이를 잘 보여주는 사례가 2010년대 중반 이후 대만과의 전세 역전이다. 대만은 2000년대 초반 이후 1인당 소득이 한국보다도 낮아지면서 경쟁력이 소실되었다는 평가를 받았다. 이에 대만 정부는 기술력 확보만이 글로벌 경쟁에서 우위를 점할 수 있다고 인식하고 적극적인 산업정책을 추진한다. 이러한 산업정책의 결과는 고스란히 대만의 경제성과에 반영되고 있다. 최근 5년간 대만 1인당 국내총생산GDP은 연평균 7.2%씩 급증하면서 2022년 3만 5,513달러를 기록해 20년 만에 한국(3만 3,592달러)을 추월하였다. 또한 2021년 기준으로 매출 10억 달러를 넘은 반도체 대기업이 한국은 12곳인 데 비해 대만은 28곳으로 2배가 넘는다. 한편 최근 5년간 한국의 수출액은 연평균 2.9%씩 증가한 데 반해 대만의 수출액은 연평균 9.1%씩 급증해 훨씬 뛰어난 성과를 보여주고 있다.

대만은 이처럼 글로벌 경쟁에서 기술우위를 확보하고자 반도체 산업 지원 정책에 관해선 여당이든 야당이든 한 목소리를 내고 적극 추진하고 있다. 그러나 우리나라는 반도체 업계 지원을 위한 규제 개선, 세액 공제 등 적극적인 투자 정책이 지난 수년 동안 납득할 수 없는 정쟁으로 미루어져 왔다. 국내 메모리 생산을 위한 용인 반도체 클러스터는 몇 년째 난항을 겪다가, 삼성전자를 앞세워 2042년까지 총 300조 원을 들여 세계 최대 규모의 첨단 시스템반도체 클러스터를 조성하겠다고 2023년 3월에야 정부가 밝혔다. 2022년 8월 발의된 K-칩스법 또한 여·야당 간 이견 차이로 국회에서 계속 표류하다가 최근에야 겨우 통과되었다.

우리나라는 산업정책에 대한 소홀도 문제지만, 산업정책에 대한 무지 또는 오용을 통해 국제 경쟁력을 더욱 악화시키고 있다. 지난 수년간 산업정책이 선도산업 육성정책이 아니라 포퓰리즘 지원정책의 일환으로 기업 간섭정책, 후진산업 지원정책으로 전락되어 우리 경제의 산업 경쟁력을 지극히 위축시키고 있다.

흔히들 기업들이 장기 비전이 부족하고 세상의 흐름을 이해하지 못해 최적의 전략을 마련하지 못한 게 전반적인 경쟁력 하락의 주요 원인이라고 기업을 나무란다. 그러나 기업을 나무라기 전에 그 이상으로 국가와 정부의 정책 부족을 탓하는 것이 맞다. 산업정책은 홀로 이루어지는 것이 아니라 정부–민간의 융합적인 노력의 결과이다. 기업가정신은 맨 땅에서 나오는 것이 아니다. 무모한 도전을 할 수 있는 환경이 조성되어야 기업가정신도 나온다. 현재는 어떤가? 정치, 관료주의, 온갖 규제 및 징벌로 정상적인 도전도 어렵게 만들고 있어, 그나마 남아있던 기업가정신도 사라질 지경이다.

산업정책은 경쟁력 향상뿐만 아니라 산업 간 격차를 완화시키기 위해서도 필요하다. 산업 간 격차의 대표적인 예로 제조업 대비 서비스업의 상대적인 부가가치 생산성을 살펴보면, 양 산업 간의 격차가 계속 확대되고 있으며 최근에는 이전에 비해 더욱 크게 나타나고 있다. 그러나 한국 서비스산업의 큰 약점은 서비스산업 내에서도 부가가치가 낮은 분야의 비중이 과하게 높고 고부가가치창출 분야가 상대적으로 취약해 생산성 격차 문제가 개선되기보다 악화될 가능성이 크다는 것이다.

서비스산업 내 노동투입 규모를 보면 도·소매업, 숙박·음식업이 절대적인 비중을 차지하고, 운수업, 금융·보험업, 정보통신업의 비중은 미미하다. 또한 서비스산업 내의 대출구조를 보더라도 부동산임대업, 도·소매업에 대부분의 대출이 집중되고 있고, 운수업, 금융·보험업, 정보통신업은 낮은 비중을 차지하고 있다. 즉, 서비스산업 구조가 제조업에 대한 파급효과가 작은 비생산적 분야에 치중되어 있다는 것을 의미한다. 이는 서비스산업이 효율성이 떨어지는 구조로 되어 있어 제조업과의 격차가 확대될 수 있고, 아울러 파급효과가 미미하여 전체적인 경제성장에 장애요소로 작용할 수 있음을 보여준다.

산업 양극화가 심화되면 여러 가지 부작용이 나타날 수 있는데, 특히 저성장을 더욱 악화시키고 전반적인 경제 양극화로 확산될 수 있다는 것이다. 무엇보다도 산업 간 격차가 커지면 산업연관 효과를 누릴 수 없어 전체적인 생산성이 악화될 수 있다. 아울러 산업 간 성장연관 효과 감소 및 고용이 뒤따르지 않는 성장으로 인하여 노동집약도가 큰 서비스산업 종사자들의 소득이 정체됨으로써 산업 간 격차가 소득 격차 및 전반적 경제 양극화로 확산될 수도 있다.

여기서도 강조하고 싶은 점은 산업 양극화를 개선하기 위해 산업정책을 단순히 낙후산업 지원정책으로 전락시켜서는 안 된다는 것이다. 산업정책 차원에서 최우선 방향은 낙후산업에 대한 지원이 아니라 산업정책 본연의 목적인 혁신과 구조조정을 통해 전반적인 산업 경쟁력을 제고하는 것이다. 아울러 산업연관 관계가 보다 강화될 수 있도록 제도적인 지원도 마련해야 한다.

물론 낙후 산업 및 기업이 생산성과 경쟁력을 높일 수 있도록 기술개발, 저임금 노동력 확보 등을 적극 지원할 필요가 있다. 그러나 보호 또는 보상 차원에서의 지원보다는 경쟁력을 강화할 수 있는 방향으로의 정책지원이 더 필요하다. 그리고 무엇보다 중요한 것은, 한계기업을 보호하기보다는 시장기능에 의해 상시 퇴출될 수 있도록 하는 것이 바람직하다.

그동안 산업정책이 본연의 목적을 상실하고 낙후 산업 및 기업을 보호하기 위한 퍼주기 정책으로 변질되어, 전반적인 경쟁력 저하뿐만 아니라 산업 간 양극화를 오히려 심화시켰다. 코로나19 사태 이후 이자지불 유예, 원금상환 연기 등의 지원정책은 극심한 어려움에 있는 기업들의 숨통을 트이게 했다. 코로나19 사태 동안 정부의 행정명령으로 영업을 하지 못했던 자영업자나 소상공인에 대한 지원은 당연하다. 그러나 장기적으로 좀비기업을 연장시켜 전반적인 산업 경쟁력을 약화하는 방향으로 나가서는 안 될 것이다.

이와 유사한 문제가 1997년 외환위기 때도 발생했었다. 외환위기를 극복하기 위해 정부가 대기업에 대해서는 과감한 구조조정을 추진했던 것과는 달리 중소기업의 구조조정에는 큰 관심을 보이지 않았다. 정부는 중소기업의 구조조정 추진보다는 중소기업의 파산을 막고 고용을 유지하기 위해 필요한 유동성을 공급하는 데 주력하였다. 정부는 중소기업의 성과가 재벌과 대기업의 성과에 연동된 경우가 많다고 보았다. 이에 따라 대기업의 문제를 해결하면 자연히 중소기업의 문제도 해결될 것이라는 판단하에 중소기업의 개혁 문제를 상대적으로 소홀히 해 오히려 경쟁력을 약화시킨 측면이 있다.

이러한 사례는 산업정책의 본질을 망각하고 단순한 보호 기조를 유지하는 경우 보호하려는 산업 및 기업의 전반적인 경쟁력 저하뿐만 아니라 양극화 문제도 심화될 수 있음을 잘 보여주고 있다.

3. 향후 우리 경제가 나아갈 길은?

그동안 수많은 나라들의 발전 경험을 통해 알 수 있는 것은 국가의 발전은 외부환경과의 상호작용을 통해 진행된다는 점이다. 따라서 우리 경제가 앞으로 나아갈 길을 제시하기 위해 무엇보다도 중요한 것은, 메가트렌드의 변화를 정확히 파악함으로써 도전과 기회의 측면을 잘 포착하고, 이를 바탕으로 지속적인 발전을 실현할 수 있는 전략을 주도적으로 추구해 가는 것이다.

(1) 국제정세의 변화 전망

향후 중요하게 부각될 글로벌 이슈들 중 우리에게 직접적이고 심각한 영향을 미칠 수 있는 것들을 크게 글로벌 경제 패러다임의 변화와 국제정치질서의 변화로 나누어 볼 수 있다. 글로벌 경제 패러다임의 변화와 관련된 이슈로서는 글로벌 경기침체의 도래, 신보호주의의 부상, 그리고 AI 등 신기술의 발전과 디지털 전환 등을 들 수 있다. 국제정치질서의 변화와 관련해서는 단연 미국과 중국 간의 패권 경쟁과 지정학적 갈등이 가장 중요하다.

첫째, 글로벌 경제 차원에서 우선적으로 주시해야 할 글로벌 경기침체의 문제는 단기적으로 도래할 뿐만 아니라 장기적으로 이어질 수 있다. 코로나19 사태 이후 폭발적으로 증가한 과잉 유동성이 공급망 장애 및 우크라이나 전쟁으로 인한 에너지 가격 급등과 결합해 석유파동 이후 가장 높은 인플레이션을 유발했다. 이에 대응하기 위해 주요국 중앙은행들이 강력한 긴축정책을 지속함으로써 글로벌 경제는 40여 년 만에 또 한번 스태그플레이션 상황에 접어들게 되었다.

그런데 장기 전망을 더욱 어둡게 만드는 것은, 긴축정책의 영향 외에 구조적인 요인들이 낙관적이지 않다는 것이다. 무엇보다도 글로벌 경제의 부채가 사상 최대인 가운데 각국이 동시다발적인 긴축정책을 단행하면서 예상하지 못한 문제가 발생할 수 있다. 고금리 정책이 장기화되는 경우 지금까지 유예되었던 민간의 부채부담이 그대로 현실화되어 경기에 부작용을 초래할 수 있다. 또한 국제금융시장에서 금리가 상승하면 개도국의 고질적인 부채위기가 또다시 발생할 우려가 있다. 더욱이 대부분의 국가가 과도하게 팽창된 부채 규모를 가진 현 상황에서는 이러한 잠재적인 위험이 개도국을 넘어 선진국 시장에서도 나타날 가능성도 크다. 이처럼 긴축정책으로의 기조 전환 및 글로벌 부채 관리는 위기 이후의 후유증을 해소하기 위한 차원임에도 상당히 장기적인 영향을 글로벌 경제에 미칠 수 있다.

그러나 글로벌 경제의 장기 추세를 더욱 침하시킬 수 있는 요인은 잠재 성장동력이 이전에 비해 전반적으로 약화되었다는 것이다. 장기 전망 자료들에 따르면, 글로벌 경제가 2021~2030년에는 연평균 2.7~2.8%, 2031~2040년에는 2.4~2.5%, 그리고 2041~2050년에는 2.1~2.4% 성장할 것으로 예상하고 있다. 이는 글로벌 금융위기가 발생하기 이전 2000년대의 연평균 3.6% 및 코로나19 사태 발생 이전 2010년대의 3.2%에 비해 상당히 둔화된 수치이다. 글로벌 경제의 장기 둔화 추세는 인구 증가율의 둔화를 반영하고 있지만, 그 보다 탈세계화에 따른 보호주의 강화, 지정학적 갈등으로 인한 불확실성 증대, 기후변화와 자연재해 증대 등 생산성 제고의 장애 요인이 더 크게 작용할 것으로 보인다.

둘째, 코로나19 사태 이후 지정학적 갈등과 더불어 강화된 탈세계화와 자국 우선주의 경향도 글로벌 경제 차원에서 새롭게 주시해야 할 중요한 변화이다. 지난 수십년간 세계화가 확대되면서 글로벌 경제의 성장과 각국의 상호교류에 커다란 기여를 하였다. 2008년 글로벌 금융위기는 세계화 흐름에 엄청난 충격을 주었다. 글로벌 경기가 침체되고 실업률이 급증하면서 이민자에 대한 반감이 커졌고 유럽에서는 난민 문제까지 겹치면서 외국인에 대한 인식이 급격히 악화되었다. 이런 분위기에 편승해 2016년 영국에서 브렉시트가 가결되고 미국에서 트럼프 대통령이 당선되면서 반세계화 움직임은 거대한 흐름이 됐다. 이러한 가운데 코로나19의 대유행, 우크라이나 전쟁, 그리고 코로나19 사태 이후 더욱 격화된 미·중 패권 전쟁으로 세계화는 또 한 번 결정적인 타격을 입게 되면서, 탈세계화가 뉴노말로 자리 잡고 있다.

탈세계화와 더불어 자국 우선주의와 보호무역주의, 글로벌 공급망 재편, 그리고 각국 내 공격적 산업정책의 추세가 확산될 것으로 보인다. 보호무역주의로 인한 관세 및 비관세 장벽 도입으로 거래비용이 상승하게 되고, 글로벌 공급망 교란으로 국제적인 분업체제가 약화되고, 무역갈등이 심해져 세계 경제의 비효율성이 증가하면서 글로벌 경제의 구조적인 하방 리스크가 커질 우려가 있다.

글로벌 경기침체 및 불활실성 증대에 대비해 각국이 독자적인 경제정책을 추구하면서 국가 간의 경제적 격차가 더욱 커졌다. 최근 심화된 인플레이션에 대한 대처도 자국만의 사정을 고려해 추진되면서 국가별 경제 상황이 큰 차이를 보이고 있다. 이에 글로벌 경제가 구조적 침체secular stagnation에 직면한 가운데 국가 간 빈부 격차가 확대되고 경제 민족주의가 더욱 확산되는 형상을 보인다. 코로나19 사태, 우크라이나 전쟁의 후유증 퇴치와 글로벌 경제의 회복을 위해서는 국제적인 차원에서의 협력이 무엇보다도 필요하다. 그런데 현실은 이를 기대하기 힘들다.

셋째, 글로벌 경기침체, 탈세계화와 자국 우선주의 강화 등은 글로벌 경제에 대해 어두운 전망을 주고 있다. 이에 반해 신기술 발전에 기초한 제4차 산업혁명은 새로운 기회를 창출해 글로벌 경제의 성장동력을 제고시킬 수 있는 긍정적인 전망도 가능케 한다.

21세기 들어 AI 등 신기술 발전과 더불어 디지털 전환이 거대한 물결로 진행되어 오고 있었는데, 코로나19 사태를 계기로 대전환의 기폭제로 작용하였다. 비대면 환경에 대응하기 위한 디지털 활용은 기술 확산 속도를 증가시켰으며, 비대면 생활 및 경제활동이 일상화되어 국민의 삶의 방식 자체를 바꿀 정도로 파급력을 발휘하고 있다.

이와 같은 대대적인 혁신의 배경은 크게 사회경제적 요인과 기술적 요인으로 나누어 볼 수 있다. 사회경제적 요인들은 글로벌화와 더불어 장기 메가트렌드를 형성하는 기후변화, 인구구조 변화, 그리고 각국 내에서의 사회구조 변화 등이다. 이러한 변화에 대응하기 위해 이전과는 다른 인식뿐만 아니라 이를 뒷받침할 수 있는 기술적인 수단에 대한 수요가 급증하고 있는 것이 혁신을 촉진하는 주요 배경이 되고 있다.

그러나 최근의 혁신을 주도한 보다 중요한 요인은 기술적 요인이다. ICT 기술 발전과 더불어 새로운 변화의 트렌드가 형성되면서 다양한 영역에서 고객의 요구를 충족시키기 위한 신기술들이 폭발적으로 증가하기 시작했다. 이러한 기술들은 사회를 변화시키면서 새로운 수요를 창출하고 그에 따라 또다시 신기술이 발전하는 상승작용을 일으키고 있다.

디지털 대전환에 따른 미래 사회는 기술발전에 따른 생산성 향상 등 긍정적인 변화도 존재하는 반면, 일자리 감소 등과 같은 부정적인 변화도 존재한다. 새로운 기술변화를 따라가지 못하는 경우 우리나라는 국제경제 질서에서 또다시 주변국으로 전락할 수 있으므로 이를 적극적으로 받아들이는 정도를 넘어 기술개발을 주도할 수 있어야 할 것이다. 이와 동시에 새로운 변화에 따른 부작용을 해소하지 못하면 기술발전이 축복이 아니라 재앙으로 다가올 수도 있다. 따라서 미래 사회의 다양한 변화를 정확하게 이해하고 우리에게 현실적이고 타당한 대응 방안을 마련하는 것이 필요하다.

넷째, 최근 국제정치 분야의 최고 이슈는 당연히 미·중 패권 경쟁이다. 제2차 세계대전 이후 미국 패권에 대한 도전은 여러 번 있었다. 공산권 국가들의 맹주로서 한때 소련이 미국을 위협하기도 했고, 일본이 급성장을 하면서 미국의 경제력에 버금가기도 했으며, EU가 단일시장을 완성하면서 미국에 대항하는 블록으로 자리 잡기도 하였다. 그러나 지금 진행되고 있는 중국의 도전은 그 이전의 어느 것보다도 훨씬 거대하고 충격이 커서 팍스브리태니카, 팍스아메리카나에 이어 팍스시니카에 대한 전망이 나올 정도이다.

미·중 간의 패권 경쟁이 어떻게 발전할지 그 누구도 예측할 수 없다. 경제적 이해관계를 떠나 정치적 고려가 작용하고 국가적 자존심이 작용한다면 사태는 걷잡을 수 없을 정도로 악화될 수 있기 때문이다. 현대에 들어와 강대국 간의 군사적 대결은 양국 모두 자멸을 의미하므로 강대국 간 대결이 경제 전쟁 양상으로 나타나고 있었다. 그러나 미·중 간의 경쟁은 또 다른 모습을 보일 우려도 있다.

미국과 중국은 코로나19 사태가 발생하기 전부터 무역 분쟁에 휩싸여 있었으나 무역 분쟁이 환율전쟁으로, 그리고 패권 경쟁으로 발전하면서 양국 충돌이 기술·군사·이념 등 전방위로 확대되고 있다. 코로나19 사태 이후 경제·금융 부문을 넘어 대만·홍콩 관련 충돌, 국제기구 지배구조 충돌 등 정치·외교 부문에서 양국 간 갈등이 더욱 격화되고 신냉전을 초래하고 있다.

어떤 양상으로 전개되든 미·중 간 패권 경쟁은 특히 우리에게 심각한 피해를 줄 수 있다. 미국은 안보적 차원에서 우리의 동맹국이며 중국은 수출에 크게 의존하는 우리의 최대 시장이기 때문이다.

(2) 경제정책

(기본 방향)

정부의 기본적인 역할은 혁신, 안정, 포용의 3대 축이 조화를 이루면서 국가 경쟁력을 증대시키는 데 맞추어져야 한다. 즉, 경제주체들이 끊임없는 혁신을 통해 발전할 수 있도록 안정된 환경을 보장해 주어야 하며, 발전과정에서 소외되는 그룹들을 다양한 정책수단을 동원해 보호해 주어야 한다. 따라서 모든 경제정책을 퍼주기에 맞추어서는 안 되며 본연의 정책 목표에 맞게 추진해야 한다.

이와 더불어 경제정책의 기본적인 방향을 설정할 때 몇 가지 근본적인 인식의 전환이 필요하다. 첫째, 금융정책 및 재정정책과 같은 거시정책은 다른 무엇보다도 안정화에 초점을 맞추는 것이 바람직하다. 즉, 금융 및 재정 정책은 기본적으로 거시경제의 안정화를 추구하는 것이므로 물가안정 및 금융안정에 초점을 맞추어야 한다. 과거 정부들이, 장기적인 관점에서 성장을 이끌 만한 동력을 찾기 어려워지자 부동산 시장을 자극해 경기를 부양시키려고 거시정책을 동원했었다. 그러나 결과적으로는 부동산 버블만 형성하고 실질적인 경기부양 효과는 거의 거두지 못했다. 부동산 시장 연착륙이 이루어지지 않은 상황에서 경기침체 우려로 거시정책을 경기부양에 동원해서는 안 될 것이다.

반면에 대외경제정책 및 산업정책은 기업의 혁신을 통한 경쟁력 강화를 위해 적극적으로 활용할 필요가 있다. 무엇보다도 극심한 대외경쟁에서 우리 기업들이 불리한 여건에 처하지 않도록 국가의 역할을 강화해야 한다. 최근 국제무역 분쟁, 기술 패권 갈등 사례에서 보았듯이 지금은 그 어느 때보다도 강화된 국가의 역할이 요구되고 있다. 기업의 입장에서는 대내적으로 원치 않는 규제를 피하고자 당연히 시장 이념의 중요성을 강조하지만, 국제정치경제 질서에서는 기업 역시 정부의 보조금, 우호적인 규제 환경, 연구지원, 지적재산권 보호를 포함하는 정부 정책을 필요로 한다. 따라서 정부는 빠르게 변화되고 있는 환경에 따른 도전의 본질을 인식하고 자국 기업의 글로벌 경쟁력 강화를 위한 지원을 모색해야 한다.

둘째, 중장기적인 차원에서 전체적인 경제정책 방향을 설정할 때 장기 성장률에 대한 인식을 새롭게 할 필요가 있다. 우리나라의 잠재성장률은 지속적으로 하락해 오고 있으며, 앞으로도 더욱 하락할 전망이다. 따라서 저하된 경제 활력을 되살리고 지속적인 성장을 가능하게 만들기 위해서는 무엇보다도 둔화된 잠재성장률을 높이는 것이 필요하다. 그런데 이미 선진국에 진입한 한국 경제의 현실 및 세계 경제의 장기 전망 등을 고려해 볼 때, 잠재성장률 제고를 과거처럼 고속성장을 지속한다는 의미로 설정해서는 안 된다. 지극히 현실적으로, 그리고 지속 가능성을 고려해 연평균 2% 이상의 성장률을 한 세대 이상 장기간 유지하겠다는 것을 목표로 설정하는 것이 필요하다. 한국 경제가 1990년대까지 30여 년 동안 연평균 8% 수준을 달성했다는 것도 기적이지만, 미국이 200여 년 동안 연평균 2% 수준으로 성장하고 있다는 것은 더욱 어려운 기적이라고 볼 수 있다. 따라서 선진국에 들어선 우리나라도 이제는 과거와 같은 고속성장을 지향하기보다 장기간 지속할 수 있는 일정 수준 이상의 성장을 목표로 삼는 것이 바람직하다.

(단기 대책 : 금융안정화 대책)

지금 우리가 당면하고 있는 위기를 극복하고 장기적인 발전을 도모하려면 단기적인 접근과 중장기적인 접근을 구분해 처방을 제시해야 한다. 우선 단기적으로는 급격한 금리 급등에 따른 경제적 충격을 완화하고 금융안정을 달성해야 한다.

급격한 금리 인상이 여러 충격을 가져오면서 2023년 들어와 글로벌 금융위기에 대한 우려가 커지고 있다. 미국 실리콘밸리은행, 시그니처은행이 연이어 파산하고 유럽 글로벌 대형 은행 중의 하나인 크레디트스위스 은행 도산 우려가 커지면서 UBS에 인수되는 상황이 나타났다.

이처럼 은행 위기가 중소형과 대형 은행, 그리고 미국과 유럽에서 동시다발로 발생하면서 각국은 위기 대책을 서둘러 내놓게 되었다. 미국 금융당국은 SVB와 시그니처은행 예금 전액을 보증하는 등 예상보다 파격적인 조치를 취하였다. 또한 스위스 정부는 UBS로 하여금 크레디트 스위스 은행을 인수하도록 적극적인 지원을 하였다. 그럼에도 여전히 각국 은행권의 불안은 잠재된 상태이며 구조적으로 취약한 글로벌 은행들도 주가가 급변하면서 유동성 위기에 노출될 수 있다. 특히 미국의 경우 상업용 부동산 불안, 고금리에 따른 신용 위축과 경기침체 우려, 통화정책의 불확실성 확대 등 기존의 불안요인이 사라진 것은 아니다.

우리 또한 금융 불안 요인이 적지 않으므로 이에 철저히 대비하면서 미국과 유럽의 금융 불안 사태가 우리에게 전염되지 않도록 예의 주시해야 할 것이다. 우리의 가장 큰 불안요인은 고금리와 부동산 거품 붕괴 상황에서 부동산 금융 익스포저가 매우 크다는 점이다. 특히 비은행권의 PF 대출이 워낙 비대해져, 부동산 시장 거품 붕괴에 따른 금융 불안이 비은행권 중심으로 확대 전염될 가능성이 있다.

그동안 부동산 시장의 거품이 워낙 컸기 때문에 주거 안정을 위해서는 실질 주택가격이 2017년 수준으로 돌아가는 것이 바람직하다. 주택 가격이 중산층의 소득으로 감당할 수 있는 수준이 되어야 한다는 의미이다. 금융안정을 위해 부동산 시장의 경착륙은 막아야 하겠지만, 주거 안정을 위해서는 부동산 가격 하락을 인위적으로 막으려 하면 안 될 것이다. 단기적으로 고통이 따르더라도 안정화를 지향해 "blessing in disguise"가 실현될 수 있도록 하는 것이 바람직하다. 따라서 금리 결정과 관련해 긴축 종료 메시지를 주기보다는 추가 인상 가능성을 열어놓음으로써 금융시장의 쏠림을 방지하고 불확실성의 현실화 가능성에 대비하는 것이 바람직하다.

이 과정에서 비은행권 중심으로 단기적인 충격이 발생할 수 있을 것이다. 긴축정책 전환, 한미 금리 격차 확대, 대외불확실성 등으로 금융시장이 요동치고 금리 변동성이 확대되는 등 금융 불안 현상이 나타난다면 금리정책으로 대응하기보다 관련 분야 금융중개지원대출과 유동성 공급 확대 등을 통해 시장을 안정시키는 것이 더 효과적이다.

부동산 거품을 초래한 데에는 문재인 정부의 잘못된 정책과 함께 장기간 저금리 정책으로 인한 한국은행의 과도한 통화공급도 그 원인이다. 한국은행의 정책 목표 중 금융안정에는 금융 시스템 안정과 자산 가격 안정도 포함된다. 한국은행은 물가안정과 금융안정에 정책 목표를 집중하여야 하며 구조조정과 혁신은 한국은행의 소관 사항이 아니다.

한편 글로벌 수준 금융위기가 10년 단위로 발생하는 현실 속에서 우리는 미국에게 통화스왑을 요구할 필요가 있다. 미국은 G7 국가들과 통화스왑을 한 상태인데 10위를 넘나드는 우리 경제력을 감안할 때 미국에 대한 통화스왑 요구가 과도한 것은 아니라고 본다.

(중장기 대책 : 저성장-양극화 대책)

중장기적으로 경제 체질을 강화해 저성장, 양극화 현상을 극복하기 위해서는 경제안정 달성과 함께 크게 두 가지 측면에서 노력이 이루어져야 한다. 하나는 고질화된 구조적 장애요인을 타파할 수 있도록 산업, 노동, 교육 분야에서 구조 개혁이 이루어져야 할 것이다. 다른 하나는 거대한 패러다임 전환에 대응해 새로운 발전 동인을 개발하고 그에 따른 열매를 모두가 공유할 수 있도록 대책을 마련하는 것이다.

저성장과 관련해 한국 경제가 당면한 가장 구조적인 문제는 저출산·고령화 현상이 진행되면서 인구가 감소한다는 것이다. 저출산 문제를 극복하기 위해 정부는 세제 혜택, 출산 지원 등 다양한 정책을 적극적으로 추진해 왔다. 그러나 15년간 280조 원이라는 엄청난 예산을 사용하고도 성과는 전혀 거두지 못했다.

출산율이 낮아지고 있는 가장 큰 요인은 젊은이들이 육아, 교육, 주거 문제로 결혼과 자녀 낳기를 꺼리기 때문일 것이다. 따라서 저출산을 극복하기 위한 핵심 과제는 일과 가정의 양립, 주거 문제, 아이들의 보육 문제를 해결하는 것이다. 예컨대 지금까지처럼 퍼주기 지원책보다는 영·유아 의무보육, 보육기관 공립화, 정부 간 계약에 따른 베이비시터 수입 등이 오히려 더 효과적일 것이다. 특히 우리나라의 경우 미혼, 비혼 출산 및 동성결혼을 금기시하는 등 아직도 상당한 유교주의 유산이 사회적인 제약요건으로 작용하고 있어 이러한 사회적 인식을 극복하는 것이 필수적이다. 저출산 대책 외에도 이민정책을 도입할 필요가 있다.

그러나 여기서 한 가지 알아야 할 것이 있다. 인구 감소 문제를 먼저 겪었던 유럽, 일본 등에서도 1990년대 이후 출산율 감소를 막기 위해 갖은 노력을 기울였다. 엄청난 예산을 가족 및 육아 정책에 할애해 육아휴직, 가족수당, 조기 보육 시스템 등을 도입하였다. 또한 사회적 제약요인들을 해소하기 위해, 다양한 가족 형태를 인정하고 혼외 자녀를 가질 수 있도록 하였으며 일·가정 양립이 비교적 용이하게 만들었다. 하지만 현실은, 이런 노력들이 있었음에도 떨어진 출생률을 충분히 회복하진 못했다는 점이다.

이러한 결과는 인구정책에 대해 중요한 의미를 준다. 즉, 저출산 현상을 바라보는 인식 자체를 바꿔야 하고, 인구 증가를 통해 잠재성장률을 향상시켜 사회복지문제를 해결하겠다는 생각을 바꿀 필요가 있다.

저출산은 저성장의 원인이라기보다 오히려 결과 변수이다. 미래 전망이 어두워서 저출산 문제가 생긴 것이지 저출산 때문에 미래 전망이 어두워진 것이 아니다. 따라서 현실적으로 인구 감소는 장기적 대세라는 인식하에 급속한 감소를 방지하면서 적정한 인구 규모에 안착할 수 있는 대책을 마련하는 것이 바람직하다. 특히 장기 지속성 차원에서는 전체적인 경제 규모 증대가 아니라 1인당 소득을 포함한 삶의 질을 향상시키기 위한 생산성 증대 방안에 초점을 맞추어야 한다.

저성장의 고착화를 해결하기 위해서는 인구 증대보다 기업들의 투자 촉진 및 생산성 향상에 주력하는 것이 현실적인 대안이다. 이를 위해서는 지금까지 기업들의 투자 의욕을 저하시키고 우리 경제의 효율성을 악화시킨 요인들을 해소하기 위해 전방위적인 개혁을 추진해야 한다.

그런데 산업, 노동, 교육 개혁 어느 하나 쉬운 것이 없다. 그중 하나만 달성해도 큰 업적일 것이다. 우리나라 기업들을 대상으로 기업 운영에 가장 큰 장애요인을 물어보면 노동문제와 세금문제를 지적한다. 따라서 국가 경쟁력 제고의 핵심인 기업의 혁신을 유도하기 위해서는 쓸데없는 간섭은 지양하고 장애요인을 제거하는 데 주력해야 한다. 특히 노동문제는 저성장뿐만 아니라 소득분배 왜곡의 중요한 원인이 되고 있어 가장 개혁이 필요한 부분이다.

현시점에서 큰 틀의 노동구조 개혁은 사회적인 합의를 바탕으로 기업구조 개혁과 동시에 진행되어야 가능할 것이다. 네덜란드에서 1982년에 체결된 바세나르 협약과 같은 노·사·정 간의 대타협이 이루어져야 할 것이다. 노·사·정 간의 대타협은 정부와 기업만이 아니라 노동단체의 양보와 희생이 필요하다. 우리의 노·사·정 대타협은 재벌들의 지배구조 개혁과 ESG 경영 추구, 신산업정책 채택과 함께 산업구조와 기술변화에 따른 노조 운동의 유연화와 혁신에서 시작되어야 할 것이다.

노동 개혁과 더불어 필요한 것이 교육 개혁이다. 한 국가의 미래를 결정하는 인재 양성은 어린 시절 교육 기회의 평등과 양질의 교육 제공으로부터 시작되어야 할 것이다. 양질의 교육이 어려서부터 제공되면 그만큼 진흙에서 진주를 캘 기회가 커지며 그 나라의 성장잠재력과 국제경쟁력을 높이는 계기가 될 수 있다. 양질의 교육 서비스 제공은 소득과 부의 분배 개선에도 결정적 역할을 하며, 또한 소득과 부의 양극화가 해결될수록 사회적 갈등이 줄어들고 포용적 경제성장이 가능해진다.

교육 개혁의 문제도 첩첩산중인데, 두 가지만 강조하고자 한다. 하나는, 대학 이전의 교육은 그 목표를 다양성에 두어야 할 것이다. 다양성 강화를 위해서는 여러 형태의 중·고등학교를 도입하여 학생들의 다양한 재능을 수용하고 그들의 선택 폭을 넓히도록 해야 한다. 그동안 차별적 기회를 없앤다는 명분으로 자사고, 외고, 특목고 등을 없애면서 하향 평준화 정책을 채택해 왔다. 잘못된 정책 방향이다. 다른 하나는, 우리나라의 국제 경쟁력은 대학의 경쟁력에서 나온다는 자세로 대학을 구조개혁해야 한다. 교육부에서 대학과 관련된 업무를 분리해 과학기술 업무와 합쳐서 총리실 산하에 두거나 (가칭) '교육 과학 전략부'를 새로 만들어 교육과 과학의 장기적 전략을 세우고 추진해 나가는 것도 바람직할 것이다. 이를 위해 대학이 자신에게 필요한 학생을 선발하고 스스로 경쟁력을 키워갈 수 있도록 맡겨두는 것이 필요하다.

구조 개혁과 더불어 새로운 발전동인을 마련하기 위해서는 산업정책의 방향 설정을 제대로 할 필요가 있다. 우리는 앞으로 기술 경쟁력이 경제안보와 직결된다는 인식 아래 산업정책에 대한 전략적 접근을 해야 한다.

그동안 우리 정부는 산업정책을 소홀히 하거나 낙후산업에 대한 포퓰리즘 지원정책의 일환으로 동원해 결국 산업 경쟁력을 약화시켰을 뿐만 아니라 산업 간 양극화도 심화시켰다. 이에 따른 당연한 결과는 기술패권 경쟁에서 우리나라의 지위가 더더욱 약화되고 있다는 것이다. 이 문제를 해결하기 위해서는 지금까지 산업정책에 대한 소홀로 인해 다른 나라 기업들에 비해 우리나라 기업들이 입은 상대적인 손해를 극복할 수 있도록 적어도 대만 수준 이상으로 적극적인 산업 지원을 해줄 필요가 있다.

한편 산업정책은 홀로 이루어지는 것이 아니라 정부-민간의 융합적인 노력의 결과임을 깨닫고, 정부와 기업의 협력적 파트너십을 구축해서 시장과 정부의 상호 보완기능을 강화해야 할 것이다. 첨단 산업 분야인 AI, 반도체, 배터리, 전기차, 생명공학, 양자 컴퓨터 분야는 대규모 투자가 필요할 뿐만 기업 차원에서 리스크를 모두 감당하기 힘든 측면이 있어 정부와 협력이 필요하다.

여기서 한 가지 추가로 강조하고 싶은 것은, 산업정책이 새로운 성장동력을 찾아 육성시키는 데 그쳐서는 안 되고 기존 산업들의 향후 발전 방향도 동시에 모색해야 한다는 것이다. 예를 들어 과거 단순한 식량확보 차원에서의 농업이 이제는 종자산업, 그린바이오산업 등으로 발전하듯이, 기존 산업 내에서 미래의 성장동력을 찾아내는 것도 중요한 과제이다.

한편 양극화 문제를 완화하기 위해 정부는 공공부조정책 등 다양한 사회복지제도를 시행하고 있다. 물론 현재 나타나고 있는 분배상의 격차를 감소시키기 위해 이러한 정책들이 필요하다. 그러나 이러한 정책들은 단순한 그룹별 재분배보다 빈곤층에 좀더 초점을 맞추어야 한다. 이들은 빈곤의 악순환에 빠져 있으므로 정부가 적극적인 지원을 통해 빈곤의 굴레에서 벗어나도록 하는 것이 필요하다.

그러나 우리가 처한 양극화 문제를 해결하기 위해서는 양극화의 원인을 개선하는 게 더 중요하다. 우리나라에서는 자본 대 노동의 대립에 따른 양극화보다 노동시장의 구조적 문제에 따른 고용 형태별, 기업 규모별, 남녀 성별 간의 격차, 그리고 부동산 버블로 인한 부의 양극화가 훨씬 더 큰 문제이다. 따라서 이런 양극화 발생 원인에 대한 사전적 대응책이 사후적인 복지제도보다 양극화 문제를 해결하는 데 더 필요하고 효과적이다. 위에서 노동 개혁은 저성장 문제를 해결하기 위해 필요하다고 지적했지만, 구조적 양극화 문제를 해결하기 위해서도 노동시장을 유연화해 기존 노동그룹들의 렌트를 없애는 것이 절실하게 요구된다.

또한 우리나라에서 부동산 문제는 경제 체질을 약화시키고 저성장–양극화 문제를 악화시키는 고질적인 장애요인으로 작용해 왔다. 과거에도 그랬지만 특히 지난 정부 5년간 부동산 시장의 과열은 우리 경제의 취약성을 악화시키고 성장동력은 약화시키면서 소득의 양극화를 뛰어넘는 부의 양극화를 초래했다는 점에서 문제의 심각성이 크다. 부동산 정책은 타이밍이 중요하며 단기 정책과 장기 정책을 나누어 함께 시행해야 할 것이다. 먼저 일시적 유동성 경색이 정상적인 아파트 건설사와 PF 관련 금융권의 신용 리스크로 확대되지 않도록 정책당국과 금융기관들이 협력하여야 한다. 아울러 부동산 시장 경착륙을 막기 위해서는 부동산 관련 규제를 과감히 풀어 수요를 촉진할 필요가 있다.

장기적인 차원에서는 '시장을 이기는 정책은 없다'는 것을 염두에 두고 부동산 대책을 마련해야 한다. 주택 가격 안정을 위한 가장 유효한 방안 중의 하나는 주요 선호지역 공급 확대이다. 정부는 서울과 수도권의 택지 개발을 소홀히 하고 재건축을 억제하고 고도를 제한하는 정책을 폄으로써 공급 측면의 병목 현상을 초래하는 우를 더 이상 범해서는 안 된다. 이와 동시에 부동산 공급 정책은 시장 중심의 개발 정책과 서민 주거 안정을 위한 공공 개발 정책을 겸행할 필요가 있다.

(3) 정치-사회 정책

(포퓰리즘의 극복)

우리가 경제 현안과 구조적 문제 해결에 초점을 맞추며 저성장-양극화 해소를 논할 수 있는 것은 기본적으로 국내 정치와 법·제도가 안정되고 국가 안보 문제에 대해서도 안심해도 된다는 전제가 깔려 있기 때문이다. 그런데 최근에는 그 전제가 흔들리고 있다는 사실을 우리는 여러 가지 사실로 목격하고 있다.

지금 우리 사회에서 가장 심각한 문제는 포퓰리즘이 만연해 모든 문제의 근원이 되고 있다는 것이다. 정치권이 국민을 가진 자와 버려진 자로 나누어 대립 구도를 만들고 선전과 선동을 통해서 지지를 얻으려 한다면 사회적인 대립이 격화되고 포퓰리즘이 만연해질 것이다. 여야가 자기들만이 양극화를 해결할 수 있다고 주장하면서 집권을 위해 번갈아 더욱 강도 높은 포퓰리즘 정책을 들고나온다면 재정은 파탄 나고 경제는 엉망이 되고 사회불안은 더욱 고조될 것이다.

더욱이 포퓰리즘과 팬덤 정치가 결합하고 있는데, 이는 경제위기 상황에서 더욱 극성을 부리게 되고 그 결과 경제를 더더욱 악화시킨다. 코로나19 사태나 부동산 시장 거품 붕괴와 같은 경제위기는 포퓰리즘과 팬덤 정치가 설칠 수 있는 토양을 제공한다. 포퓰리즘과 팬덤 정치가 성행하는 상황에서 경제 현안 해결만으로는 성장과 안정을 기약할 수 없다.

포퓰리즘이 창궐하는 것을 막기 위한 최선의 방안은 여야가 국민적 관점에서 소통하고 함께 대통합의 방향으로 나가는 것이다. 그러나 이는 지극히 어렵고 언제라도 깨져버릴 수 있다. 따라서 정책 차원에서 포퓰리즘에 휘둘리지 않고 이러한 문제를 방지하기 위해서는 무엇보다도 경제정책이 정치수단화되는 것을 방지해야 한다. 적어도 건전재정 기조를 확립하기 위한 재정 준칙fiscal rule을 설정함으로써 퍼주기 정책의 통로를 차단할 필요가 있다.

(신뢰와 상식의 사회 기반 구축)

우리 사회 전반의 또 다른 심각한 문제는 신뢰와 상식의 소멸이다. 우리가 추격자를 넘어 선도자가 되고 세계의 중추 국가로 나아가기 위해서는 진실과 신뢰 기반 위에 사회적 자본을 키우고 서로 소통하는 사회를 구축해야 한다.

최근 조 단위 금융 조작 사태가 발생하고 있는데 문제는 이런 사태를 일으킨 장본인들이 그동안 사회적 혜택을 받은 사람들이라는 것이다. 또한 이들은 자기들의 잘못을 인정하지 않은 채 상대방이 더 나쁜

다고 하면서 법의 맹점을 이용해 법망을 피하려는 것을 볼 때 법을 떠나 사회적 도덕과 윤리가 어떻게 이렇게 망가질 수 있나 하는 생각을 금할 수가 없다.

이러한 문제를 막기 위해서는 법을 개정하거나 기존의 법을 확대해석해서라도 조작범에 대해 엄격한 법 집행을 해야 할 것이다. 외국에서처럼 금융조작범들에 대해서는 평생 사회에서 발을 붙이지 못하도록 처벌해야 한다.

법과 제도의 미비도 문제지만, 정치의 사법화와 사법의 정치화, 그리고 시민단체의 과도한 정치화는 우리 사회 발전요인보다 오히려 저해요인으로 작용하고 있다.

정치의 사법화는 정치권 내부에서 해결해야 할 일을 법원과 검찰에 떠넘기는 것이다. 보기에 따라서는 정치권 내부에서 여야가 소통과 타협으로 당연히 해결해야 할 일을 하지 않은 직무유기職務遺棄 현상이다. 문재인 정부는 적폐 청산을 내걸며 전직 대통령을 구속하여 감옥에 보냈으며 법 해석이 분분한 죄목을 적용해 고위공직자들을 형사 처벌하였다. 똑같은 법 집행을 이번 정부도 주장한다면 문재인 정부도 적폐 청산에서 자유롭지 못할 것이다. 앞으로 여야 신사협정을 맺어 정치의 사법화에 따른 대통령 본인의 구속과 같은 불상사로 이어지는 불행한 사태는 막아야 한다. 과거 대통령들과 같은 불행한 사태가 답습될 것이 걱정되는 경우 집권층은 정권 유지와 연장을 위한 포퓰리즘이나 팬덤 정치 유혹에서 벗어나기 힘들 것이다. 포퓰리즘이나 팬덤 정치는 정치의 양극화와 사회 분열을 심화시킬 뿐만 아니라 경제를 나락으로 떨어뜨린다.

사법의 정치화는 정치권력이 인사권을 통해 법원과 검찰을 수족처럼 부리는 것이다. 헌법이 보장한 삼권 분립의 틀을 깨고 견제와 균형을 무너뜨리는 것이다. 사법부의 독립이 보장되지 않으면 견제받지 않은 권력은 모든 것을 자기 뜻대로 할 수 있다. 그런데 지금 정치권과 같이 사법부도 진영 논리에 휩싸여 있다. 사법부는 존경받아야 마땅하며 판결의 순수성과 독립성은 의심받지 말아야 한다. 이를 위해서는 사법부 자체의 자정 노력이 무엇보다도 필요하며 외부에서 적폐 청산 등의 이름 아래 사법부를 흔드는 일도 더 이상 없어야 할 것이다.

시민단체가 정치화하면 그 단체의 순수성을 의심받게 되고 시민단체 또한 정치적 색채를 띤 인물들로 채워지게 될 것이다. 한편 행정 경험이 없이 훈수만 두던 시민단체에 몸담았던 사람들이 정부 고위직으로 직행하는 것은 그만큼 의욕만 앞서고 무경험에 따른 시행착오를 일으킬 가능성이 크다. 시민단체는 시민단체 본연의 역할에 충실해야 한다. 시민단체가 정치에 참여하여 현실을 개혁하려고 한다면 시민단체를 정당으로 바꾸고 현실 정치에 참여하는 것이 순리다.

(신냉전과 경제안보)

우리가 경제안정을 유지하고 발전하기 위해서는 우리의 안보가 확고하고 튼튼하게 보장되어야 한다.

현재 우리는 핵을 무장한 북한과 한반도에서 대치하고 있다. 북한과의 핵무기 균형이 이루어지지 않는다면 우리의 안보가 보장되기 힘들다. 핵무기 균형을 이루는 여러 가지 옵션을 분석하고 그 실효성을 따져봐야 하지만, 세계 10대 경제 강국으로 북한의 핵 위협에 직면한 우리로서는 적어도 일본과 독일과 같은 핵 옵션을 가지는 것이 필요하다.

당장 핵무기를 개발하자는 것은 아니다. 과학자 양성과 연구 증진, 그리고 관련 시설 확보와 같은 기초 토양을 배양해, 만일의 경우를 대비해서 핵 개발을 위한 여건을 조성하고 능력을 고양하자는 것이다. 한국이 탈원전 정책으로 원자력 관련 시설을 해체하고 연구 환경을 위축시키는 것은 에너지 정책이나 안보 정책 차원에서도 바른 방향이 아니다. 한국의 핵 옵션 유지는 북한과의 협상력을 높이고 미국의 북한에 대한 협상력과 중국의 대북 설득력을 높일 수 있을 것이다. 당사자인 우리가 북한의 비핵화 문제를 언제까지나 미국과 중국의 손에 맡겨 놓을 수만도 없을 것이다.

한편 미국과 중국 간 신냉전 시대가 전개되면서 동아시아에서 지정학적 리스크가 커지고 있다. 동아시아 분쟁에서 미국과 중국 간의 충돌은 북한의 비핵화 문제와 함께 한반도에 미치는 영향이 막대할 것이다.

우리는 동아시아와 한반도 평화를 유지하기 위해서 한미, 한미일, 한중 관계를 동시에 관리하는 전략적 사고가 필요하다. 자유, 민주주의, 시장경제, 법치, 인권이라는 가치의 중요성을 인식하며 경제안보를 추구해야 한다. 우리의 안보를 위해서는 자유민주주의와 자본주의 시장경제라는 가치를 공유하고 기술과 경제적으로 상호의존도가 높은 미국과의 동맹을 강화해야 한다. 아울러 일본과의 관계 개선 및 중국과의 공동이익 기반 호혜 관계를 추구함으로써 글로벌 중추 국가로 발전할 수 있도록 해야 한다.

PART 01

이번 경제위기 무엇이 다른가?

그동안 수없이 경제위기를 겪었기 때문에 이번 위기도 예전의 위기가 반복되는 것이라고 생각할 수 있다. 그러나 이번 위기는 적어도 세 가지 면에서 이전과는 다르다.

첫째, 모든 위기에서 공통적으로 나타나고 있는 과잉부채의 문제가 역대 최악이라는 점이다. 경제위기에 대한 수많은 연구들에 따르면, 위기의 양상에 상관없이 모든 위기에서 한 가지 공통점이 명확하게 나타난다. 즉, 가계, 기업, 정부, 금융기관 등 모든 부문에서 부채가 과도하게 누적되고 금융과잉이 심각하다는 점이다. 지금 우리가 당면하고 있는 경제위기에서도 이러한 과잉부채 및 금융과잉의 문제는 당연히 나타나고 있다. 그런데 이번 위기에서는 단순히 과도한 것이 아니라 역대 최악의 수준까지 악화되어 우리 경제의 취약성이 훨씬 심화되었다.

둘째, 이번 위기의 또 다른 중요한 차이점은 우리 경제의 성장동력이 상당히 위축된 상황에서 위기가 진행되고 있다는 것이다. 과거 위기 중에도 부동산 시장에 거품이 쌓였고 민간 부채 및 대외 부채가 위기를 유발했지만 지금과는 많은 차이를 보였다. 즉, 과거에는 경기가 과열되는 상황에서 이러한 과잉 부채 및 거품 등의 구조적 문제가 터져버려 위기 발생 자체가 우리 경제의 역동성과 직결되어 있었다. 따라서 위기를 맞더라도 신속히 상황을 극복하고 다시 원래의 궤도를 회복할 수 있다는 기대가 컸다. 그러나 이번 위기는 역동성이 상실된 상황에서 발생해 위기를 신속히 극복하고 경제 활력을 회복할 수 있다는 기대감이 그 어느 때보다도 낮은 상황이다.

셋째, 이전에는 위기 극복을 위해 단합된 노력이 가능했는데, 이번에는 계층별·부문별 양극화가 심해 사회 갈등이 최악이라는 것도 또 다른 차이점이다. 물론 양극화가 최근 새로 나타난 현상은 아니다. 그러나 현재의 상황은 과거 어느 때보다도 심하게 나타나고 있고, 또한 향후에도 당분간은 개선될 조짐을 보이지 않을 것으로 예상된다. 특히, 현재 우리 경제는 성장동력의 상실로 인한 저성장이 양극화에 의한 분배 악화와 맞물려 있는 상황이다. 이러한 '성장과 분배의 악순환 고리'가 지속·고착될 경우 이후 상당 기간 동안 침체 상황에서 벗어나지 못함과 동시에 사회적 갈등은 더욱 첨예하게 나타날 수도 있다.

CHAPTER 02

부채 급등과 취약성 악화

코로나19 사태 이후 저금리 시대가 끝나고 금리가 치솟으면서 세계 경제가 초대형 위협에 직면하고 있다고 이야기할 때 첫 번째 위협으로 거론되는 것이 눈덩이처럼 늘어난 부채 문제이다.

우리나라도 마찬가지다. 가계, 기업, 정부, 금융기관 부채가 눈덩이처럼 커지면서 우리 경제의 가장 큰 위협이 되고 있으며, 부채 관리가 우리가 대처해야 할 가장 중요한 경제 현안으로 떠오르고 있다. 부채 급등이 금융과잉을 통해 자산시장의 거품과 인플레이션을 초래하고 거품 붕괴 과정에서 금융시장 안정을 해치고 경제 불안을 초래하기 때문이다.

1997~1998년 외환위기 및 2008년 글로벌 금융위기 당시 기업 및 금융 부문은 부채로 인해 어려움을 겪었으나 가계나 정부 부문은 건전성을 유지하였다. 그런데 이전과는 달리 지금은 가계, 기업, 정부 부문 모두가 빠른 부채 증가로 인해 어려움을 겪고 있다. 여기에 금융기관의 부채도 빠른 속도로 늘어나고 있다. 금융과 실물경제와의 관계에서뿐만 아니라 금융기관 간의 상호 연계성이 확대되면서 금융기관의 부채가 급등하고 있다.

이런 상황에서 2022년 후반 인플레이션을 극복하기 위해 고금리 정책으로 금융정책이 바뀌었다. 금리 급등으로 금융부채가 경제에 미치는 부정적 충격이 커서 이를 어떻게 관리해 경제안정과 금융안정을 달성할 수 있을 것인가가 우리 경제의 가장 큰 현안 중 하나로 자리 잡고 있다. 이 장에서는 부채 문제가 얼마나 심각한지 전체적인 측면, 그리고 부문별로 살펴보고자 한다.[1]

1. 금융과 GDP

여기서는 먼저 전체적인 측면에서 실물경제 대비 금융 규모의 적절성을 살펴보기 위해 금융과 국내총생산GDP 간의 관계와 추세 변화를 분석하고자 한다. 금융 발전과 경제성장 간의 관계에 대한 통일된 이론적인 모델은 없다. 그것은 각국 경제의 특수성이나 성장 단계에 따라 그 관계가 다르기 때문이다. 실증 연구들을 보면 금융 발전은 경제성장에 긍정적인 영향을 주지만 어떤 시점을 지나면 경제성장을 오히려 저해할 수 있다는 결과도 나온다.

금융과 실물경제와의 긍정적 관계는 금융이 가계나 기업을 얼마나 잘 돌아가게 자금을 원활히 공급하는가에 달려 있다. 그러나 가계에 대한 과도한 대출, 특히 주택담보대출 확대나 부실기업에 대한 대출 확대는 오히려 경제안정을 저해하는 요인으로 작용할 수 있다.

금융 규모가 실물경제에 비해 과도한가는 금융자산(혹은 부채)/GDP 비율인 금융심화도深化度로 평가할 수 있다. 금융심화도는 금융기관의 가계와 기업 대출 확대뿐만 아니라 직접금융과 금융기관 간의 상호 연계성 확대에 의해서도 증가한다. 여기서는 최근 금융 규모가 GDP에 비해 어떻게 빠른 속도로 커졌는가를 국민대차대조표를 중심으로 살펴본다.[2]

대차대조표상 부문별 금융자산과 부채를 살펴보면(〈표 2-1〉), 2022년 말 현재 국내 금융자산은 2경 1,960조 원, 금융부채는 2경 982조 원으로 GDP 대비 총금융자산 배율은 9.7이다. 금융심화도는 2017년 이후 빠르게 증가했으며([그림 2-1]), 2021년 10.2, 2022년 9.7로서 지난 5년간 금융자산이 GDP에 비해 크게 확대되었고 금융과잉 상태가 된 것

표 2-1 **국민대차대조표**

(단위 : 조 원)

		국내					국외
		비금융 법인	금융 법인	일반 정부	가계 및 비영리단체	합계	
2020년 말	비금융자산(A_0)	5,275.5	199.9	3,796.8	7,976.6	17,248.8	-
	순금융자산 ($B_0 = a_0 - b_0$)	−2,966.9	218.0	796.8	2,482.2	530.1	−524.9
	금융자산(a_0)	3,167.0	9,500.5	1,983.5	4,532.8	19,183.8	1,624.8
	금융부채(b_0)	6,133.8	9,282.5	1,186.8	2,050.7	18,653.7	2,149.6
	순자산 ($C_0 = A_0 + B_0$)	2,308.6	417.9	4,593.6	10,458.8	17,778.9	−524.9
2022년 말	비금융자산(A_1)	6,232.7	238.5	4,355.4	8,576.3	19,402.8	-
	순금융자산 ($B_1 = a_1 - b_1$)	−2,840.6	271.1	886.8	2,660.3	977.5	−971.4
	금융자산(a_1)	3,884.5	10,904.1	2,183.2	4,987.9	21,959.6	1,770.9
	금융부채(b_1)	6,725.1	10,633.0	1,296.4	2,327.6	20,982.1	2,742.3
	순자산 ($C_1 = A_1 + B_1$)	3,392.0	509.6	5,242.1	11,236.6	20,380.3	−971.4

자료 : 한국은행, 국민대차대조표.

을 알 수 있다.

그림 2-1 금융심화도 추이

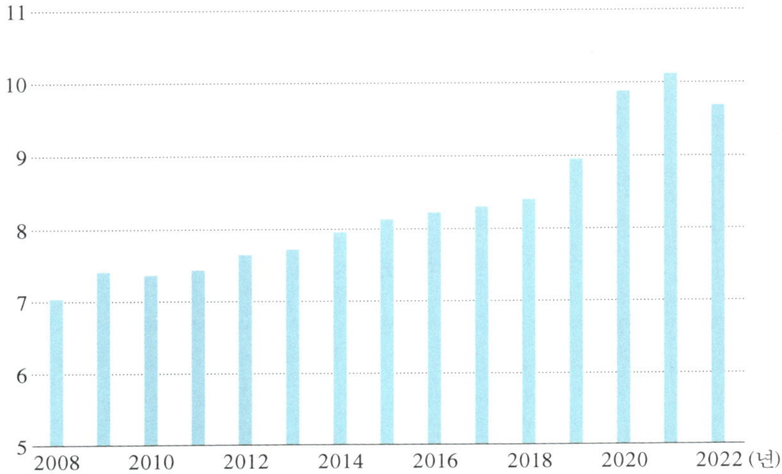

자료 : 한국은행, 통계시스템.

2021년에는 비금융자산의 증가율(10.3%)이 금융자산의 증가율(9.8%)보다 빨랐는데, 이는 2021년 부동산 시장 거품이 절정에 이르렀기 때문이다. 2022년에는 중반부터 고금리로 인해 부동산 시장과 자본시장의 거품이 꺼지면서 금융자산 및 비금융자산의 증가 속도가 변화되어 각각 3.2% 및 1.4% 증가에 그치고 있다.

〈표 2-1〉은 또한 국내 부문별 금융자산, 금융부채도 함께 보여준다. 2022년 말 비금융부문의 금융자산은 비금융기업 3,885조 원, 일반정부 2,183조 원, 가계 및 비영리단체 4,988조 원으로 합계 1경 1,056조 원이다. 한편 2022년 비금융부문의 금융부채는 비금융법인 6,725조

원, 일반정부 1,296조 원, 가계 및 비영리단체 2,328조 원으로 합계 1경 349조 원이다.[3] 금융자산/금융부채 비율은 비금융법인의 경우 2022년 말 0.58로 금융자산보다 금융부채가 훨씬 크고, 가계 및 비영리단체의 경우 2.14로 자산이 부채의 두 배를 넘고 있어 부문별로 순금융자산 크기가 상당히 다르다. 일반정부의 경우 2022년 말 금융자산/금융부채 배율이 1.68이지만 금융자산에는 외환보유고와 국민연금 등이 포함된다. 그런데 정부 재정의 건전성을 평가받는 일반정부 부채(D2) 규모가 1,230조 원으로 GDP의 54.3%에 이른다.

2. 민간신용 : 가계와 기업 부채

(1) 민간신용의 급격한 확대

실물경제의 발전을 위해선 금융부문의 뒷받침이 필요하다. 그렇지만 GDP 대비 과도한 금융기관 대출이 부동산 투기나 한계기업 연명 수단에 사용된다면 오히려 경제발전을 저해할 수 있다. 우리나라의 민간신용/GDP 수치는 미국, 영국, 독일, 일본 수치보다 높은 것으로 나타나 이러한 우려를 자아낸다.

[그림 2-2]는 민간신용 갭(민간신용/GDP 수치의 장기 추세와의 격차)의 변화를 보여주고 있다. 1970년대 이후 10%를 넘었던 네 번의 피크가 눈에 띄는데, 1980년대 초, IMF 위기 기간, 글로벌 금융위기 기간, 그리고 최근에 두드러지게 민간신용 갭이 증가했다. 특히 최근의 민간신용 갭은 16%를 넘어 역대 최고의 수준이다.

그림 2-2 민간신용 갭

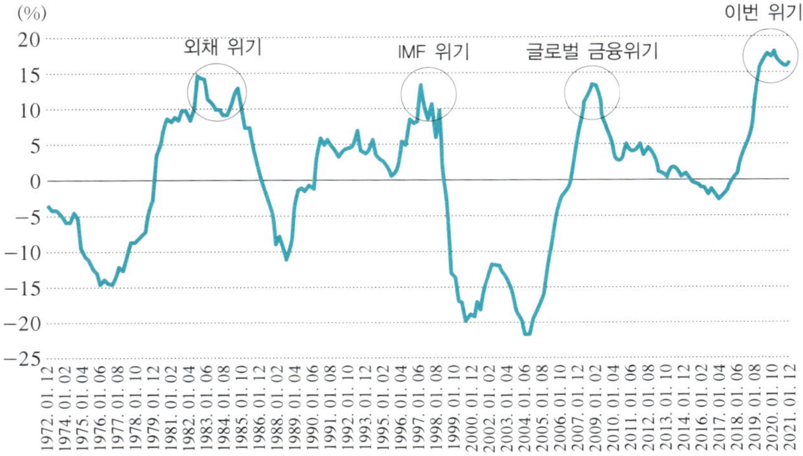

자료 : BIS 통계시스템.

최근의 시기를 제외하고 나머지 세 번은 모두 우리나라가 심각한 경제위기를 경험한 시기와 정확히 일치한다. 즉, 민간신용이 너무 과다해지면 금융과잉의 폐해로 인해 취약성이 심각해져 자그마한 충격에도 경제가 무너질 수 있다는 것을 잘 보여준다. 다행히도 아직까지 외환위기 또는 글로벌 금융위기 때와 같은 금융시장의 붕괴가 나타나고 있지 않지만, 현재의 우리 상황은 그 어느 때보다도 취약한 상태여서 잠재적인 위험이 언제라도 발현될지 모른다는 우려를 금할 수 없다.

(2) 과도한 가계 부채

우리 경제의 취약점으로 GDP에 비해서 가계와 기업의 부채가 크며 그 증가 속도가 빠르다는 점이 늘 지적되어 왔다. 가계 부채(가계신용통계 기준)는 2022년 3/4분기 말 1,870.6조 원으로 역대 최고를 기록했다가 2023년 1/4분기 말 1,853.9조 원으로 약간 감소했다([그림 2-3]).[4] 이 중 가계 대출은 93.8%이며, 판매신용은 6.2%를 차지한다.

그림 2-3 가계 부채

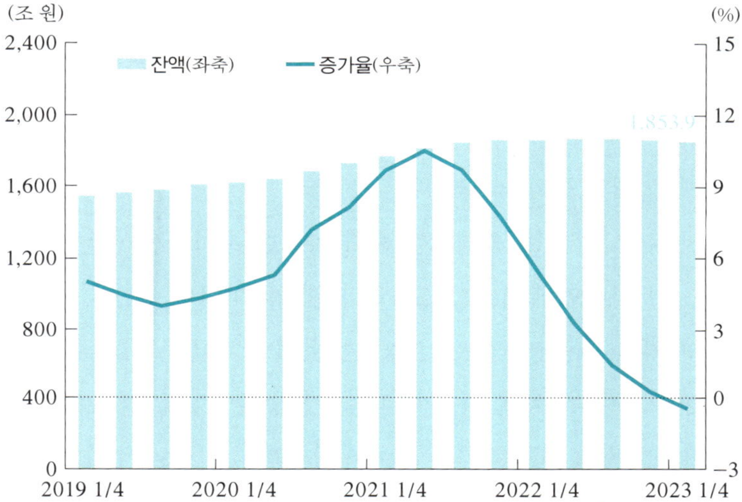

주 : 증가율은 전년 동기 대비

자료 : 한국은행, 금융안정보고서(2023).

2022년 들어 금리 상승으로 가계 부채 증가율이 소득 증가율을 밑돌면서 처분가능소득 대비 가계 부채 비율이 다소 줄어들고 있지만 2023년 1/4분기에도 160.7%로 여전히 아주 높은 수준이다. IIF(2023)에 따르면 2023년 1/4분기 기준 우리나라의 GDP 대비 가계 부채 비율이 조사대상국 34개국 중에서 가장 높은 것으로 나타났다.[5]

물론 가계 전체로는 금융자산이 금융부채보다 크다. 그렇지만 자산과 부채의 주체는 각기 다르다. 가계 자산은 기업을 소유하거나 부유한 소득 상위층에 집중되어 있다. 가계 전체로 자산이 부채보다 크더라도 부채를 짊어진 소득 하위층 가계가 제때제때 갚지 못한다면 금융기관이 부실해지고 금융안정이 무너질 수 있다.

그동안 가계 부채가 상승한 원인은 저금리로 자산 가격이 급등하면서 빚을 내서 집을 사고 주식을 사려는 수요가 크게 늘었기 때문이다. 정부의 주택 정책의 실패로 주택 가격이 폭등함에 따라 어떻게 하든 주택을 사려는 사람들의 주택담보대출 수요가 급격히 증가하였다. 또한 개인들이 빚을 내서 주식을 사는 과열 현상도 나타났다. 그러나 금리가 상승하면서 자산 가격도 하락하고 대출 수요 또한 줄어들기 시작하였다.

다중채무자이면서 저소득 또는 저신용인 취약차주 수는 6.3%, 그리고 이들의 대출 비중은 5.1%로 2022년 말 대비 차이가 별로 없다. 그리고 2022년 3/4분기 가계 대출 연체율은 은행과 비은행 금융기관 각각 0.19%와 1.30%로 낮은 수준을 유지하고 있었는데, 2023년 1/4분기에는 각각 0.31% 및 1.76%로 빠르게 상승하였다. 지금과 같이 금리 수준이 높게 유지되거나 추가로 상승해 자산시장의 거품이 꺼지면 이 수치는 더욱 악화될 것이다.

가계 부채의 증가는 단기적으로 경기 부양 효과를 가져오기도 한다. 가계 대출이 주택 관련 경기를 살리거나 소비를 늘리면서 경기 부양 효과가 있기 때문이다. 그렇지만 가계 부채가 보통 GDP의 80%를 넘게 되면 원리금 상환 부담 등으로 오히려 소비와 투자를 둔화시킨다. 가계 부채 급등은 중장기적으로 성장과 고용을 저해할 뿐만 아니라 금융 시스템의 잠재 리스크를 증대시킨다.

우리는 2008년 글로벌 금융위기 당시 부동산 시장의 거품 붕괴 과정에서 일부 가계와 금융기관의 부실이 금융 전체의 안정을 해칠 수 있다는 점을 알았다. 주택담보대출은 주택을 담보로 설정하기 때문에 안전자산으로 취급되어 위험 가중 자기자본을 계산할 때 위험가중치가 매우 낮다. 그 결과 금융기관 주택담보대출에 요구되는 은행의 자기자본 비율은 상대적으로 낮다. 대손충당금도 같은 기준으로 적용하므로 다른 신용대출이나 기업 대출에 비해서 상대적으로 낮게 쌓고 있다. 부동산 시장 거품 붕괴로 금융 부실이 발생한다면 상대적으로 낮게 쌓은 충당금으로 인해 금융기관의 자본이 쉽게 잠식될 우려가 크다.

(3) 기업 부채의 지속적 상승

금융기관의 기업 대출은 2023년 1/4분기 말 현재 1,774.4조 원으로 전년 동기 대비 10.3% 증가하였다([그림 2-4]).[6] 2022년 하반기 금리 급등에도 기업 대출이 증가한 것은 회사채 및 CP 발행 여건 악화, 환율 상승 등 자본시장 불확실성이 커지고 원자재 가격 상승 등으로 인한 자금 수요가 급증하였기 때문이다. 이에 따라 우리나라의 GDP 대비 기업 부채의 비율은 119.7%로 34개국 중 홍콩, 중국, 싱가포르에 이어 네 번째로 높다.

금융업권별로 보면 은행과 비은행권 모두 기업 신용이 높은 증가세를 보였다. 은행의 기업 대출은 2023년 1/4분기 말 1,197.1조 원으로 전년 동기 대비 8.4% 증가세를 보였다. 비은행 금융기관의 기업 대출은 577.2조 원으로 전년 동기 대비 14.5% 증가세를 보였다.

그림 2-4 금융기관의 기업 대출

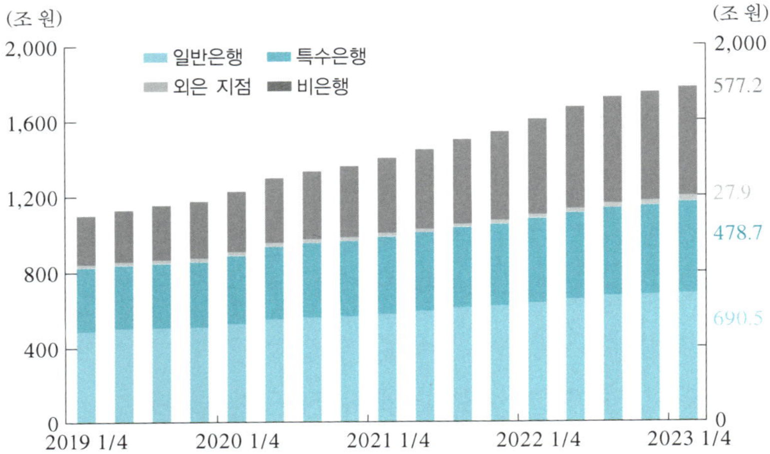

주 : 기말 기준 대출 잔액.

자료 : 한국은행, 금융안정보고서(2023).

기업 규모별로 보면 그동안 신용이 좋은 대기업들은 유보 자금을 활용하거나 자본시장에서 필요한 자본을 주로 조달하였다. 이에 대기업의 금융기관으로부터의 자금 조달 비중은 중소기업에 비해 현저히 낮다. 반면 중소기업은 자금 조달을 금융기관 대출에 크게 의존하는 경향을 보여왔다. 그런데 2022년에는 전년 동기 대비 대기업 및 중소기업 대출 모두 높은 증가세를 보였다. 대기업 대출은 258.9조 원으로 전년 동기 대비 16.7% 증가하였다. 운전자금과 2022년 하반기 채권시장 위축 등으로 인한 대기업의 자금 수요가 늘었기 때문이다. 직접금융시장에서 은행채와 한전채 발행 증대에 따른 구축驅逐 효과로 기업들의 회사채 발행 부진이 이어져 대출이 증가했다. 중소기업 대출은 1,513.2조 원으로 전년 동기 대비 9.3% 증가하였는데, 금융지원 조치 연장, 운영자금 수

요 등으로 경기가 침체하였음에도 증가세를 보였다.[7]

그동안 저금리로 인해 한계기업에 대한 대출이 큰 폭으로 증가하면서 경쟁력을 잃은 좀비기업들도 계속 연명해 나가고 있지 않나 하는 우려를 낳았다. 예컨대 기업의 이자 지급 능력을 나타내는 이자보상배율(영업이익/총이자비용)은 금리 상승으로 인해 총이자비용이 빠르게 늘면서 2021년 8.7배에서 2022년 5.1배로 급격히 떨어졌다. 이자보상배율이 1을 밑도는 취약 기업 비중은 2021년 36.0%에서 2022년 36.4%로 소폭 상승하였다. 앞으로 고금리 지속 및 경기 부진과 더불어 금융지원 효과가 끝나면 그 비중이 급격히 늘지 않을까 우려된다.

3. 비은행 금융중개 확대와 금융권 상호 연계성 증대

(1) 비은행 금융중개 확대

금융기관의 가계와 기업에 대한 민간신용의 확대뿐만 아니라 금융부문 자체적으로 금융자산이 확대된 것도 우리나라 전체적인 금융과잉을 심화시킨 중요한 이유 중 하나이다. 우리나라의 비은행 금융중개 규모와 비중이 커지고 은행과 비은행 간, 그리고 비은행 상호 간 거래가 큰 폭으로 늘어나면서 금융부문의 금융자산과 금융부채가 큰 폭으로 늘어났기 때문이다.

비은행 금융중개 발생 원인은 전문화된 금융서비스에 대한 수요가 커지고 있으며 비은행 금융기관들은 상대적으로 규제가 적은 부문에서 서비스를 공급함으로써 규제 차익을 얻을 수 있기 때문이다. 비은행 금융기관의 특징은 은행과 같은 건전성 규제 대상이 아니며 예금보험과 유동성 지원 같은 중앙은행의 지원 대상도 아니라는 점이다. 그런데 고위험·고수익을 추구하고 단기로 자금을 조달하여 장기로 운영하는 비은행 금융중개가 확대되고 비은행 금융법인과 은행과의 상호 연계성이 높아지면, 비은행 금융중개 영역에서 발생한 위험이 전체 시스템 위험으로 발전할 가능성이 커진다.

이러한 가능성을 방지하고자 국제금융안정위원회Financial Stability Board ; FSB는 비은행 금융중개의 실상을 파악해 보고서를 발표하고 있다. [그림 2-5]는 비은행 금융중개의 분류 체계와 규모를 보여주는데, 아래 단계로 내려갈수록 고수익 추구에 따른 위험이 커지는 구조이다. 2021년 말 글로벌 차원에서 전체 금융자산 규모는 486.6조 달러이며,[8]

그림 2-5 국제금융안정위원회의 비은행 금융중개 분류

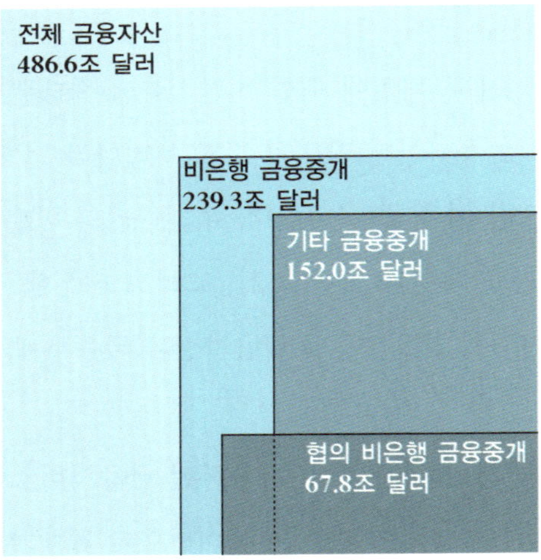

자료 : Financial Stability Board(2022).

이 중 모니터링 대상 비은행 금융중개non-bank financial intermediation ; NBFI 규모는 239.3조 달러이다. 기타 금융중개기관Other Financial Intermediaries ; OFIs 규모는 152.0조 달러, 그리고 협의 NBFINarrow Measure 규모는 67.8조 달러이다. 우리나라는 2019년 말 NBFI 3.9조 달러, OFIs 2.3조 달러, 협의 NBFI 0.9조 달러이다.[9]

비은행 금융기관들은 전문 금융기법에 대한 수요를 충족시키고 저금리 상태에서 수익을 높이기 위해 레버리지를 늘리고 복잡한 구조의 금융자산을 새로 만들어 낸다. 그 과정에서 자산운영사의 사모펀드 규모가 급격히 늘어났고 자산유동화를 통한 신용 중개도 큰 폭으로 늘어났다.

그런데 이러한 비은행 금융중개는 수익 제고를 위한 레버리지 확대에 따른 리스크, 단기 조달 자금의 장기 자산 운영에 따른 만기 변환 리스크, 고유동성 자금을 저유동성 자산으로 운영하는 유동성 리스크 등을 수반한다. 일례로 투자 환매를 자유롭게 보장하면서 단기 자금을 들여와 장기 자산에 레버리지를 높여 투자한다면 리스크가 높은 것은 말할 것도 없다. 비은행 금융중개 관리가 제대로 되지 못해 금융시장이 불안정해진다면 환매 사태fund run 등이 발생할 가능성이 커진다.

이처럼 비은행 금융중개 부문은 고위험·고수익을 추구하고 거래구조가 복잡하며, 타 금융부문과의 상호 연계성이 높아서 리스크를 전염시키고 금융 시스템 리스크를 유발할 가능성이 크다. 시스템 리스크를 막기 위해서는 시스템적으로 중요한 기관에 대한 추가 자본 규제, 거액대출 규제, 최저자기자본 규제, 그림자 금융 규제 등이 필요하다.

2022년 하반기 들어 인플레이션을 막기 위해 한국은행이 기준금리를 빠르게 올리고, 안전한 투자처를 찾아 자금이 비은행 금융기관에서 은행으로 이동하며, 비은행 금융기관들이 자금 조달에 어려움을 겪으면서 자금 경색 현상이 일어났다. 고금리 상황으로 바뀌면서 자금이 은행으로 쏠림에 따라 비은행 금융기관의 고위험·고수익 자금 중개에 빨간불이 켜지고 비은행 금융기관의 부실 우려가 커지고 있는 것이다. 특히 부동산 PF와 관련된 증권사, 여전사, 저축은행 등이 어려움을 겪고 있는데, 이와 같은 금융기관들의 건전성 관리가 제대로 되지 않는다면 여기서 발생한 리스크가 금융 시스템 리스크 및 실물 리스크로 발전할 가능성이 있다.

(2) 금융권 간 상호거래 확대

비은행 금융중개 확대와 함께 우리나라 금융권 간의 상호거래 증대도 GDP 대비 총금융자산의 비중을 높이고 있다. 금융기관 간 상호거래는 2022년 말 3,357조 원으로 전년 동기 대비 5.8% 증가하였고, 금융부문의 총자산에서 차지하는 비중 또한 32.4%로 전년 동기 대비 0.1% 포인트 증가하였다. 금융기관 간 상호거래에서 보험회사의 투자펀드 운영액 등 비은행권 내 거래가 2,000조 원으로 59.6%, 은행의 여전사 운용금액 등 은행–비은행권 거래가 1,190조 원으로 35.4%, 그리고 은행권 간 거래가 167조 원으로 5.0%를 차지한다.

[그림 2–6]은 금융업권 간 상호연계 구조를 보여주는데, 국내은행, 신탁, 증권 및 투자펀드가 업권 간 거래에서 중심적인 역할을 하는 것으로 나타난다. 금융업권 간 상호거래는 주로 예금, 채권, 주식을 통해 이루어졌음을 보여주고 있는데, 각각의 상호거래 비중은 23.9%, 21.1%,

그림 2-6 금융업권 간 상호연계 구조

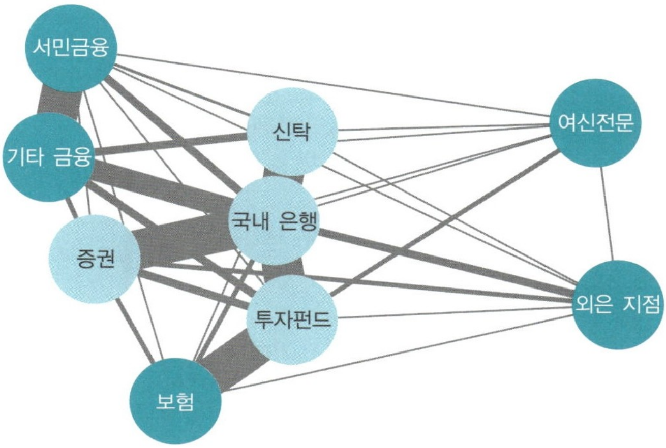

주 : 옅은 파란색은 상호거래(업권 간) 규모 기준 상위 4개 업권.
자료 : 한국은행, 금융안정보고서(2022), p.58.

21.0%이다. 특히 외환스왑거래 증가 등으로 파생상품 거래 규모가 대폭 증가해 그 비중이 전년 동기 1.9%에서 당해 연도 3.9%로 크게 증가하였다.

금융기관들이 금융중개 기능을 담당하기 때문에 금융권 전체로 보면 순금융자산 규모는 미미하다. 그렇지만 금융기관들의 부채와 자산은 GDP에 비해서 빠른 속도로 늘어났다. 이는 실물부문에 대한 자금중개 확대와 함께 저금리 상황에서 고수익을 찾아서 금융법인 간의 상호 연계성이 확대되면서 자산과 부채가 함께 빠른 속도로 늘어났기 때문이다.

금융기관 간 상호 연계성 확대는 단·장기 금리, 유동성과 위험 관리에 각기 비교우위를 가진 금융기관에 자금이 흘러 들어가게 해서 금융의 효율성을 높인다. 그렇지만 고수익·고위험 투자를 고리로 비은행 금융기관의 역할이 커지는 가운데 금융기관 간 상호 연계성이 커지면서 금융 시스템 위험이 더욱 커지고 있다. 금융 규제와 감독이 중시되는 것은 이러한 거래로 인한 금융 불안정을 막기 위한 것이다.

4. 금리 급등과 금융부채의 위험성

저금리 상황에서 가계, 기업, 금융기관들은 모두 부채를 크게 늘렸다. 금리 급등 시 그만큼 우리 경제의 금융 부담을 늘리면서 금융 불안요인으로 작용하고 있다. 특히 2022년 후반기 이후 금융정책의 기조가 긴축으로 바뀌면서 단기간에 금리가 급격히 오르고 앞으로도 고금리 현상이 당분간 지속될 수도 있다. 이런 상황에서 금융부채 관리 문제는 금융안정, 더 나아가 경제안정과 직결된다.

먼저 금리 급등에 따라 부채를 짊어지고 원리금 상환 압박을 받는 가계의 금융 부담이 커질 것은 당연하다. 특히 코로나19 사태 속에서 부채가 늘어난 취약 가구들의 어려움이 커질 것이다.

고금리 현상이 미치는 충격은 전세 시장과 부동산 시장에서 먼저 나타나고 있다. 금리 급등으로 전세에 대한 금융 부담이 커지면서 2022년 하반기부터 전세 가격은 하락으로 전환되었고, 월세 가격은 상승세를 지속하고 있다. 전세 가격 하락은 전세자금 조달 부담 감소라는 면에서 임차인에게 긍정적 효과가 있으나 전세보증금 반환 가중이라는 면에서 임대인의 유동성 및 신용 리스크가 커질 우려가 있다. 그런데 부동산 시장 거품이 꺼지는 상황에서 전세보증금 반환 위험이 커진다면 이는 주택시장 전반의 위축과 함께 주택 관련 대출의 건전성을 저하할 수 있다.

한편 그동안 저금리를 활용한 대출 확대로 경제적 이득을 누린 가계들이 고금리 상황에서는 손실을 볼 가능성이 커진다. 레버리지를 높이고 갭 투자를 통해 부동산을 매입한 가계들의 투자이익이 고금리 상황에서는 투자 손실로 바뀔 수 있다. 특히 부동산 시장 거품 정점에서 대출을 크게 받아 주택을 매입한 젊은 세대들이 금리 급등으로 원리금 상환에 어려움을 겪고 있는 것은 안타깝다.

금리 폭등으로 기업의 금융 부담 또한 가중될 것이다. 특히 코로나19 사태에서 아직 소득이 회복되지 못한 자영업자들의 고통이 클 것이다. 자영업자 대출은 금융지원조치 연장, 운영자금 수요 등으로 여전히 높은 증가세를 유지하고 있다.[10] 금리 상승이 지속되고 경기가 부진하며 금융지원이 끝날 때 취약 차주 위주로 자영업자 대출이 크게 부실해질 수 있다.

또한 금리 급등과 부동산 시장 거품 붕괴 과정에서 부동산 PF와 부동산 관련 업계가 어려움을 겪고 있는데, 이를 잘못 관리하면 금융 불안과 경제 불안으로 이어질 수 있다. 부동산 기업 금융은 그동안 높은 증가세를 보였다. 2017년 이후 부동산 관련 대출이 기업 대출 전체 증가율을 크게 상회하면서, 이들 대출이 전체 기업 대출에서 차지하는 비중도 크게 늘었다.

금융업권별로 보면 은행권보다 비은행권에서 건설업과 부동산업 등 부동산 관련 기업 대출이 크게 확대되었다. 비은행권 중심의 부동산 PF 대출이 급증하였으며 PF 대출 유동화 비중도 확대되었다. 은행은 과거 2011~2013년 PF 대출 부실 사태 이후 PF 대출에 소극적이었던 반면,

비은행권은 저금리 상황에서 수익성 제고와 사업 다각화를 위해 PF 대출을 대폭 늘렸다. 비은행권에서 특히 증권사, 여신전문사, 저축은행 등이 적극적으로 참여하고 있다.

2022년 하반기 금리가 급등하고 부동산 시장 거품이 빠지면서 부동산 기업 금융 리스크가 커지고 있다. 부동산 기업 금융 리스크는 크게 유동성 리스크와 신용 리스크로 나뉜다. 2022년 9월 레고랜드 사태 이후 PF 대출 유동화증권에 대한 신용경계감이 높아지면서 PF-ABCP 금리가 급상승하였고 단기 PF 유동화증권의 신규 발행 및 차환이 급격히 위축되었다. 그 결과 증권회사와 건설사가 PF 유동화증권에 대한 매입 보증을 하게 되었고 이들의 유동성 리스크도 크게 높아졌다.

한편 부동산 관련 기업 금융의 유동성 리스크뿐만 아니라 신용 리스크도 커지고 있다. 건설업과 부동산업 관련 연체율을 보면 은행은 낮은 수준을 유지하고 있으나 증권사, 여전사, 저축은행 등 비은행권 중심으로 악화될 조짐을 보이고 있다. 부동산 관련 기업 금융에서 가장 큰 위험요인은 이처럼 비은행 금융중개 비중이 은행보다 높다는 것이다. PF에서 은행에 비해 고금리로 자금을 조달하는 저축은행, 단기 자금 및 고객자산 담보에 의존하는 증권사, 단기 자금 조달을 통해 대출하는 여전사, 유동화를 통한 신용 중개가 대출을 주도하고 있다.

그런데 금리 급등, 원자재 가격 상승, 미분양 주택이 급증하면서 건설 및 부동산 기업 대출의 리스크 요인들이 현실화되고 있다. 건설업과 부동산업의 한계기업 비중이 높고 이들 산업의 부채 비율도 타 산업에 비해 높은 상황에서 부동산 경기 부진이 지속된다면 이들 기업의 부실 위험이 크게 높아질 것이다. 미분양 우려가 큰 고위험 사업장에서 증권사, 여전사, 저축은행 등의 PF 대출 비중이 높아 앞으로 이들의 부실 위험도 커질 것이 우려된다.

[미주]

01 정부부문의 국가 채무 증가 관련 이슈는 여기서 일부 다루겠지만 자세한 분석은 제6장의 '재정정책과 국가 채무' 부문에서 다루기로 한다.

02 금융자산과 금융부채 관련 통계는 한국은행에서 발행하는 '국민대차대조표'와 '자금순환표'를 통해서 얻을 수 있다. 그렇지만 편제상 차이로 다소 수치에 차이를 보인다. 국민대차대조표에서 비금융법인의 금융부채는 거주자 발행 주식 및 출자 지분과 직접투자 항목 수치가 포함된다. 그러나 자금순환표에서 비금융법인의 금융부채에는 이 항목 수치가 포함되지 않는다.

03 국민대차대조표와 자금순환표 간의 유일한 차이는 자금순환표에서 비금융법인기업의 부채가 3,240억 원으로 나타난다는 것이다. 이는 국민대차대조표상에서는 기업의 발행 주식 및 출자 지분이 부채로 계산되어 기록되기 때문이다.

04 한국은행, 『금융안정보고서』, 2023. 6.

05 IIF(2023), Global Debt Monitor.

06 한국은행, 『금융안정보고서』, 2023. 6.

07 자영업은 개인과 법인 형태로 운영 가능.

08 Financial Stability Board(2022). 비은행 금융중개는 모니터링 대상 모든 비은행 금융기관의 금융중개를 의미한다. 기타 금융중개는 연기금과 보험사를 제외한 비은행 금융중개를 의미한다. 그렇지만 연기금과 보험사의 특정 신용 활동은 포함된다. 여기서 기타 금융중개기관에는 MMF, 투자펀드, 신탁, 여전사, 증권사, 유동화기구 등이 포함된다. 협의 비은행 금융중개는 기타 금융기관 금융중개 중 시스템 위험 유발 가능성이 상대적으로 큰 금융중개를 의미한다.

09 윤여진(2021).

10 김재영(2023).

CHAPTER 03

저성장과 경제 활력의 저하

이번 위기가 이전과는 달리 경제 활력이 떨어지고 장기 복원력이 훨씬 악화된 상태에서 진행되고 있다는 것도 커다란 차이점이다. 이전에는 역동성이 과열되어 위기가 초래되었다면 이번 위기는 역동성이 상실된 상황에서 발생하고 있어 과연 원래의 경제 활력을 회복할 수 있을까 하는 우려감이 이전에 비해 훨씬 크다.

1. 장기 성장률 추세의 하락

이전과 비교해 우리 경제의 활력이 저하되었다는 사실은 장기 성장률 추세의 하락에서 단적으로 나타나고 있다. [그림 3-1]에서 보듯이 우리 경제의 성장률은 1970년대 9.4%, 1980년대 9.1%, 1990년대에는 외환위기를 겪었음에도 평균 7.2%의 높은 수준을 유지했다. 그러나 이후 고성장기를 마치고 점차 하락하면서 2000년대 4.7%, 2010년대 2.9%로 급격히 하락하고 있다.

그림 3-1 경제성장률 장기 추세

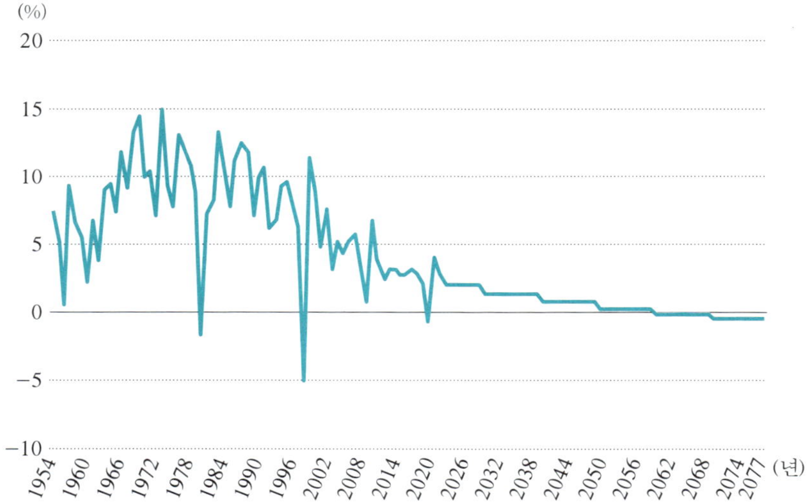

주 : 2022년까지는 실제 데이터, 2023년 이후는 Goldman Sachs(2022)의 추정치를 사용.
자료 : 한국은행, 통계시스템 ; Goldman Sachs(2022), p.19.

이처럼 현재 진행되고 있는 위기는 한국 경제의 체력이 바닥난 상황에서 전개되고 있는데, 더욱 큰 문제는 특히 2000년대 들어 빠르게 하락해 온 성장률의 장기적인 추세가 앞으로도 더욱 하락할 것으로 전망되고 있다는 점이다. 앞의 그림에서 볼 수 있듯이 OECD(2021), 골드만삭스(2022), PwC(2017) 등 많은 기관에서 우리 경제의 성장률을 2020년대 2%대 초반, 2030년대 1.5% 내외, 2040년대 1% 미만으로 예측하고 있다. 이러한 추세가 지속되면, 2023년에 세계 13위권으로 하락한 경제 규모가 한 세대가 지난 2050년에는 세계 18위권으로, 튀르키예, 나이지리아, 이집트, 파키스탄보다도 뒤처지게 된다(〈표 3-1〉).

표 3-1 **경제 규모 추정**(구매력 기준)

(단위 : 10억 달러)

순위	2020년		2030년		2050년	
1	중국	23,509	중국	38,008	중국	58,499
2	미국	19,277	미국	23,475	인도	44,128
3	인도	8,416	인도	19,511	미국	34,102
4	일본	5,105	일본	5,606	인도네시아	10,502
5	독일	3,947	인도네시아	5,424	브라질	7,540
6	러시아	3,660	러시아	4,736	러시아	7,131
7	인도네시아	3,160	독일	4,707	멕시코	6,863
8	브라질	2,927	브라질	4,439	일본	6,779
9	프랑스	2,669	멕시코	3,661	독일	6,138
10	영국	2,656	영국	3,638	영국	5,369
11	튀르키예	2,374	프랑스	3,377	튀르키예	5,184
12	멕시코	2,190	튀르키예	2,996	프랑스	4,705
13	**한국**	**2,137**	사우디아라비아	2,755	사우디아라비아	4,694
14	이탈리아	2,127	**한국**	**2,651**	나이지리아	4,348
15	캐나다	1,638	이탈리아	2,541	이집트	4,333
16	스페인	1,601	이란	2,354	파키스탄	4,236
17	사우디아라비아	1,534	스페인	2,159	이란	3,900
18	호주	1,198	캐나다	2,141	**한국**	**3,539**
19	폴란드	1,185	이집트	2,049	필리핀	3,334
20	네덜란드	897	파키스탄	1,868	베트남	3,176

주 : 2020년은 2015년 기준 실제 데이터, 2030년 및 2050년은 PwC(2017) 추정치를 사용.

자료 : OECD(2021) ; PwC(2017), p.23.

더욱 비관적인 것은 이러한 전망을 새롭게 다시 하면 할수록 장기 전망치가 점점 더 나빠지고 있다는 것이다. 예를 들어 골드만삭스의 2011년 보고서는 우리 경제의 성장률을 2020년대 2.2%, 2030년대 1.7%, 2040년대 1.5%로 전망하였다. 그러나 2022년 보고서에서는 우리 경제의 성장률을 각각 2.0%, 1.4%, 0.8%로, 특히 후반에 갈수록 더욱 비관적으로 전망하고 있다. 심지어 장기 전망을 좀더 연장하면 2050년대 0.3%, 2060년대 −0.1%, 2070년대 −0.2%로 2050년대 이후에는 절대 규모 자체가 축소되는 것으로 보고 있다. 구체적으로 개별적인 장기 전망이 소개된 34개 국가 중 우리나라만이 유일하게 2050년대 이후 (−)성장이 전망되고 있다.[1] 이와 같은 전망은 과거와는 달리 우리 국민들의 미래에 대한 자신감마저 상실시키고 있으며, 저출산의 가장 중요한 원인으로 작용하고 있다.

1인당 소득 전망도 대체적으로 이와 유사하지만 일부 차이가 있다. 총성장률과 마찬가지로 2000년대 들어와 1인당 소득 증가율도 그 이전에 비해 낮아졌고, 2020년대 이후에도 지속적으로 낮아질 것으로 전망되고 있다. 그러나 각국의 1인당 소득수준을 비교해 보면(〈표 3−2〉) 약간 위안이 되는 측면이 있다. 2020년 현재 우리나라는 33,000달러로 이탈리아(33,100달러)와 비슷하고 일본(41,800달러)보다 낮다. 하지만 2050년에는 67,700달러로 일본(59,200달러) 및 이탈리아(57,500달러)보다 높아지게 되고 프랑스(70,500달러) 및 영국(72,500달러)과도 큰 차이가 없어진다. 골드만삭스(2022)는 훨씬 더 장기적인 관점에서 2075년에 우리나라의 1인당 소득이 101,800달러로 10만 달러를 넘을 것으로 전망하고 있다.

표 3-2 **1인당 소득 수준 변화**

(단위 : 1,000 US$)

	2000	2010	2020	2030	2040	2050	2060	2070	2075
호주	31.9	70.1	55.1	64.4	75.1	86.7	98.8	112.3	119.4
방글라데시	0.7	1.1	2.3	4.4	8.4	13.5	19.7	26.9	31.0
캐나다	36.8	58.6	45.2	56.4	64.7	74.5	85.4	97.0	103.1
중국	1.4	5.5	10.9	17.3	24.7	31.9	40.3	50.4	55.4
유럽연합	30.8	46.6	39.9	46.9	58.9	70.9	83.5	97.2	104.3
프랑스	35.3	52.2	42.6	48.3	59.2	70.5	82.9	96.1	102.8
독일	36.3	51.5	48.6	53.2	65.9	78.6	90.7	104.2	111.6
인도	0.7	1.7	2.0	4.3	8.2	13.3	19.6	27.1	31.3
인도네시아	1.3	3.8	4.1	7.5	12.9	19.8	28.2	38.0	43.4
이탈리아	30.6	44.0	33.1	39.6	49.6	59.2	70.2	82.2	88.0
일본	59.4	55.3	41.8	36.8	47.0	57.5	68.9	81.2	87.6
한국	**18.7**	**28.8**	**33.0**	**39.3**	**53.6**	**67.7**	**81.8**	**95.2**	**101.8**
말레이시아	6.8	11.1	10.6	17.0	29.5	44.2	59.2	75.1	83.5
필리핀	1.6	2.7	3.4	5.5	9.9	15.7	23.1	32.1	37.3
태국	3.0	6.1	7.3	10.1	17.0	25.0	34.0	44.0	49.3
영국	42.9	48.9	42.9	47.9	60.2	72.5	85.7	99.8	106.6
미국	55.1	59.5	64.8	76.7	87.3	99.2	112.3	125.5	132.2
세계	9.0	12.7	12.4	16.2	21.7	27.7	34.7	43.1	47.7

자료 : Goldman Sachs(2022), p.41.

1인당 소득의 장기 전망이 그나마 위안을 주기는 하지만 실상을 살펴보면 꼭 그렇지만도 않다. 많은 사람들이 인구 수의 감소로 인해 총생산 규모가 감소하는 반면 1인당 소득은 증가할 것이라고 생각하고 있다. 그러나 위의 표에서 보여준 1인당 소득 증가는 대부분 환율 추세의 가정,

즉 우리나라 원화가 달러화에 대해 장기적으로 평가절상될 것이라는 가정에 기인하고 있다.[2] 우리와 일본과의 1인당 소득 격차가 벌어지는 것은 대부분 원화 및 엔화의 환율 추세에 대한 가정이 다르기 때문이다.

2. 경제동력 상실의 주요 원인

그렇다면 우리나라 경제성장률의 장기적인 추세가 급격히 감소하고 향후에도 지속적으로 감소할 것이라고 전망되는 주된 이유는 무엇인가? 이를 위해 〈표 3-3〉은 성장회계 분석에 따라 장기적인 성장률에 기여하는 요인들을 포괄적으로 정리하였다.

표 3-3 경제성장률 기여 요인

분류	세부 항목
노동투입	생산가능인구, 취업률, 평균 취업시간
자본투입	고정자산, 재고자산, 토지, 감가상각률
총요소생산성	제도, 교육, 기술, 사회여건 및 기타

주 : 인적자본을 노동투입에 포함시키는 경우도 있으나 노동생산성 증가요인이므로 총요소생산성에 포함.

우리나라 성장률의 장기적인 추세가 감소하는 주된 원인으로 흔히들 생산인구의 감소에 따른 노동투입 기여도의 하락을 지적하고 있다. 물론 〈표 3-4〉에서 보듯이 노동투입의 기여도가 1980년대 2.0%, 1990년대 1.0%, 2000년대 0.8%, 그리고 2010년대 0.9%로 하락하고 있다. 과거에는 노동투입의 감소가 성장률 장기 추세 하락의 중요한 요인으로 작용했지만, 1990년대 이후에는 노동공급의 기여도가 비교적 일정하게 유지되고 있다. 따라서 2000년대 이후에는 경제성장률 하락이 노동투입 감소보다는 오히려 자본투입 증가세 둔화 및 생산성 증가세 둔화에 주로 기인하고 있다.

표 3-4 장기 경제성장률 요인별 기여도

(단위 : %)

		경제성장률	노동	자본	총요소생산성
과거 추세	1980년대	9.1	2.0	4.3	2.9
	1990년대	7.2	1.0	3.8	2.3
	2000년대	4.7	0.8	2.0	1.9
	2010년대	2.9	0.9	1.4	0.7
향후 전망	2020년대	1.9	0.0	0.9	1.0
	2030년대	1.6	−0.3	0.7	1.0
	2040년대	1.3	−0.7	0.4	1.0

주 : 2020년대는 2023~2030년 기간을 의미.

자료 : 김지연 외(2021). 1980년대 자료는 신석하(2013)를 참조.

보다 세부적인 분석 자료들을 보면, 노동투입의 경우 인구 수 감소에 따른 생산가능인구의 하락이 주된 (−)요인이었으나 취업률이나 평균 취업시간 등이 약간 증가해 그래도 전체적인 노동투입의 기여도는 서서히 감소될 수 있었다. 이처럼 생산가능인구의 감소에 따른 노동투입의 하락을 여성 참여, 노인 참여 증대로 일부 보완할 수 있지만, 이는 노인 빈곤, 출산 감소 등 파생적 문제를 유발할 우려도 크므로 정책방안을 마련할 때 부작용을 최소화할 수 있도록 해야 한다.

그러나 추세적인 면에서 보다 우려스러운 것은, 1990년대까지만 해도 거의 4.0% 수준을 견조하게 유지하던 자본의 성장기 여도가 2000년대 및 2010년대 들어 각각 2.0% 및 1.4%로 급격하게 축소되었다는 점이다. 이 문제 또한 인구구조 변화와 일부 관련이 있다. 고령화가 진행될수록 저축률 및 투자율이 감소하면서 자본투입의 기여도 또한 감소해 온 것이다. 그러나 [그림 3-2]에서 보듯이 세금, 정부의 규제정책, 기업가에 대한 인식 등과 같은 정책적 요인들도 자본 형성에 중요한 영향을 미치고 있는데, 이러한 요인들이 부정적으로 작용해 투자의욕이 저하되었다는 것이 더 중요한 원인으로 판단할 수 있다. 현재 우리나라의 주력 경쟁력 요소가 대규모의 신규 자본 투입을 요구하는 IT, 차세대 전지, 우주항공, 중화학 분야 등임을 고려할 때 자본 기여도의 하락 추세는 한국 경제의 장기 경쟁력에 큰 장애요인이 될 수 있다.

경제동력 상실의 문제를 더욱 심각하게 보여주는 것은 총요소생산성조차 둔화세로 전환되었다는 점이다. 총요소생산성은 1970년대부터 1990년대 초반까지 지속적으로 증가하고 있었다. 그러나 1990년대 후반 특히 외환위기 이후 2000년대 들어서는 생산가능인구 감소 및 자본 증가율 둔화와 더불어 총요소생산성 증가세 둔화도 잠재성장률을 현저히 하락시키고 있다. 1980년대까지 초고속 성장을 이루어 온 한국 경제의 기적을 평가할 때 '한국 경제의 발전은 영감inspiration이 아니라 땀perspiration에 기초한 것이다'라는 비아냥조의 비판이 주를 이루었다.[3] 이에 대한 가장 적극적인 반론은 '초기의 경제발전 과정에서는 땀이라도 제대로 흘릴 수 있어야 하고, 어느 정도 발전 단계를 지나면 우리도 영감에 기초한 지속성장이 가능할 것이다'라는 논리였다. 그런데 최근 2000년대 들어서면서 총요소생산성도 둔화되고 있어 예전의 비판적인 평가에서 벗어나지 못할 수도 있는 것이 아닌가 하는 우려가 들고 있다.

그림 3-2 장기 성장률의 정책 경로

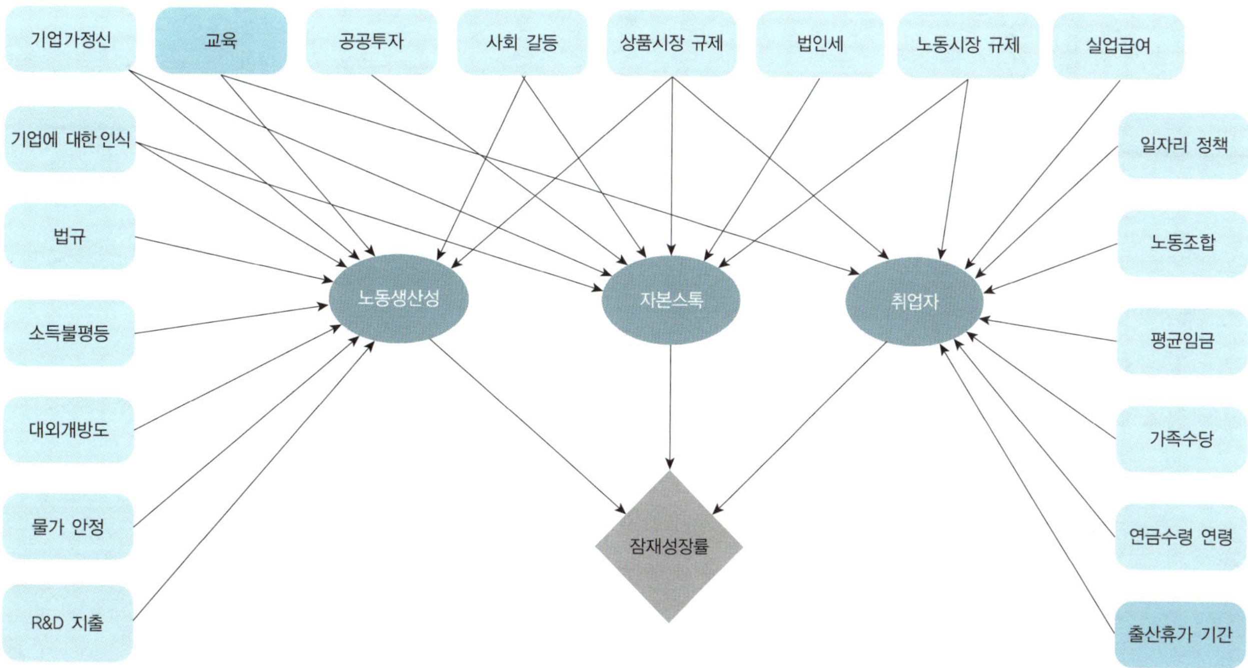

주 : 원형 및 마름모형은 내생변수, 직사각형은 외생변수로 가정.

자료 : OECD(2021), p.44. 저자 일부 수정.

총요소생산성은 제도, 교육, 기술, 사회통합 등 다양한 요인에 의해 영향을 받는다. 여러 세부 요인들 중 인적자본은 학력구조의 변화 등에 힘입어 2000년대 이후에도 크게 떨어지지는 않았다. 그러나 R&D 증가 등 기술적인 요인들이 개선됨에도 제도 및 사회 여건 같은 요인들이 여전히 제약요인으로 작용하여 전체적인 총요소생산성이 하락하는 추세로 나타나고 있다.[4]

국가가 대외 개방을 통하여 선진 기술 및 지식에 대한 접근이 용이해졌다고 하더라도, 가계, 기업 등 경제주체가 이를 받아들이고 활용하며 개선하기 위한 투자를 함으로써 실질적인 생산성 제고 효과로 나타나는 것은 소위 제도적 환경에 의해 결정된다.[5] 제도적 요인에는 법질서, 재산권 보호뿐만 아니라 경쟁적 시장환경을 조성하기 위한 기업활동 규제, 노동시장 구조, 금융시장 관련 제도, 사회통합 등도 포함된다. 우리나라의 경우 기업활동에 대한 규제가 개선되기보다는 악화되었고 노동시장의 개혁은 거의 불가능해 시장의 효율적 자원배분 기능이 왜곡되고 생산성 향상 효과가 억제되고 있다. 중소기업의 경쟁력 약화, 구조조정 부진으로 인한 한계기업의 증가, 높은 진입장벽에 따른 기업의 역동성 약화 등으로 시장의 비효율이 누증된 것도 중요한 요인으로 작용하였다.[6] 또한 그 어느 때보다도 악화된 사회 분열은 불안감 및 불확실성을 증폭시켜 기업들의 신규 투자 의욕을 약화시켜 결국에는 생산성에도 악영향을 미치고 있는 것으로 보인다.

3. 성장률 기여 요인의 장기 전망

이미 2000년대 들어와 현실화되고 있지만, 더 큰 문제는 생산요소, 총요소생산성 등 모든 성장요인들이 앞으로도 더욱 둔화될 것으로 전망되고 있다는 점이다. 저출산 고령화에 따른 인구구조 변화로 생산가능인구의 증가세가 급격히 둔화되는 가운데 경제활동참가율의 증가율도 둔화될 것으로 전망된다. 〈표 3-5〉에 따르면, 우리나라는 OECD 국가 중에서 향후 노동투입의 기여율이 가장 크게, 심지어 일본보다도 더 많이 하락할 것으로 전망되고 있다. 노동 자체의 생산에 대한 기여가 위축되는 것은 물론 소득창출 능력이 상대적으로 높지 않은 고령 인구의 증가는 내수 기반을 약화시키고 잠재성장률을 둔화시킬 가능성이 크다.

이러한 인구구조 변화는 저축률 및 투자율의 저하를 가져와 자본투입을 더욱 위축시킬 수 있다. 또한 향후에는 부정적인 경제전망과 더불어 한국 사회의 양극화가 악화되면서 사회 전반적인 불확실성이 더욱 증대될 가능성이 크다. 이로 인해 기업활동에 대한 분위기도 악화되면서 기업들의 투자가 위축되고 자본의 성장기여도가 크게 낮아질 것으로 추정된다. 흔히들 노동투입의 추세와 마찬가지로 자본투입이 점차적으로 하락하는 추세는 많은 나라에서 공통적으로 나타나고 있는 문제라고 생각하고 있다. 그러나 〈표 3-5〉를 자세히 보면, 2020년대 이후 자본 기여율이 우리나라만큼 급격하게 하락(0.9% → 0.4%)하는 나라는 발틱3국 및 콜롬비아를 제외하고는 없다. 즉, OECD의 중견 회원 중에서는 우리나라만 상당히 예외적으로 자본투입의 기여율도 급격히 하락하고 있다.

표 3-5

1인당 소득 증가율 요인별 기여도

(단위 : %)

	1인당 소득				노동생산성				1인당 자본스톡				취업률				경제활동인구			
	2000~07	2007~20	2020~30	2030~60	2000~07	2007~20	2020~30	2030~60	2000~07	2007~20	2020~30	2030~60	2000~07	2007~20	2020~30	2030~60	2000~07	2007~20	2020~30	2030~60
호주	1.8	1.1	0.9	1.2	0.6	0.3	0.6	0.9	0.5	0.6	0.4	0.4	0.6	0.2	0.1	0.0	0.1	−0.1	−0.2	−0.1
오스트리아	1.8	0.6	0.8	1.0	0.7	0.0	0.6	0.9	0.5	0.2	0.4	0.3	0.4	0.4	−0.1	0.0	0.1	0.0	−0.1	−0.2
벨기에	1.6	0.7	1.0	1.1	0.3	0.0	0.5	0.9	0.8	0.6	0.7	0.3	0.6	0.1	−0.2	0.0	−0.1	−0.1	−0.1	−0.2
캐나다	1.6	0.8	0.7	0.8	0.6	0.4	0.6	0.7	0.4	0.4	0.3	0.2	0.4	0.0	0.1	0.0	0.2	0.0	−0.3	−0.2
칠레	3.0	2.1	1.4	0.9	0.2	−0.2	0.6	0.9	1.5	1.4	0.8	0.3	0.7	0.5	0.1	0.0	0.6	0.3	0.0	−0.2
콜롬비아	1.7	2.7	1.6	1.1	0.8	0.7	0.6	0.9	0.6	1.1	1.1	0.4	−0.4	0.3	−0.2	−0.1	0.6	0.6	0.1	−0.1
코스타리카	3.2	2.5	2.0	1.3	1.4	1.2	1.0	1.0	0.5	0.8	0.6	0.5	0.4	0.1	0.3	0.0	0.9	0.4	0.1	−0.2
체코	3.2	2.1	1.9	1.1	2.3	1.6	1.6	1.1	0.6	0.3	0.5	0.5	0.1	0.4	0.2	−0.1	0.2	−0.3	−0.4	−0.3
덴마크	1.0	0.9	1.1	1.1	0.4	0.7	0.9	0.9	0.5	0.3	0.4	0.4	0.1	−0.1	0.1	0.0	0.0	0.0	−0.4	−0.1
에스토니아	6.3	2.3	2.9	1.0	2.8	0.8	1.4	0.8	2.6	1.1	1.2	0.3	0.7	0.9	0.3	0.1	0.2	−0.4	0.0	−0.3
핀란드	2.2	0.6	1.1	1.2	1.2	0.1	0.7	0.9	0.3	0.2	0.4	0.4	0.7	0.3	0.2	0.1	0.0	−0.1	−0.2	−0.1
프랑스	1.0	0.7	0.9	1.2	0.4	0.2	0.6	0.9	0.5	0.3	0.4	0.4	0.2	0.1	0.1	0.1	−0.2	0.0	−0.2	−0.2
독일	1.2	1.1	0.8	0.9	0.6	0.5	0.7	0.8	0.2	0.0	0.3	0.3	0.2	0.9	0.0	0.1	0.1	−0.3	−0.2	−0.2
그리스	1.8	−0.6	1.3	1.2	0.5	−1.0	0.4	0.9	0.7	−0.1	0.4	0.4	1.0	0.7	0.4	0.4	−0.4	−0.2	0.1	−0.5
헝가리	3.0	2.5	2.4	0.9	1.6	1.0	1.1	0.9	1.0	0.5	0.7	0.4	0.2	1.1	0.9	−0.1	0.1	−0.1	−0.3	−0.3
아이슬란드	2.7	1.1	1.1	1.2	1.5	1.1	0.9	0.9	0.9	−0.1	0.3	0.4	0.0	0.0	0.0	0.0	0.2	0.1	0.0	−0.2
아일랜드	2.2	3.6	2.0	1.0	0.1	0.9	1.2	1.0	1.3	2.8	0.7	0.4	0.6	0.1	−0.1	0.0	0.1	−0.2	0.2	−0.3
이스라엘	1.7	1.5	1.3	1.4	0.9	0.7	0.7	1.0	0.0	0.2	0.5	0.3	0.7	0.6	0.0	0.1	0.0	−0.1	0.0	0.0
이탈리아	0.3	−0.2	0.7	1.2	−0.4	−0.3	0.5	1.0	0.4	−0.1	0.3	0.4	0.7	0.4	0.0	0.1	−0.3	−0.1	0.0	−0.3

일본	0.5	0.7	1.0	1.1	0.4	0.3	0.6	0.9	0.4	−0.1	0.2	0.4	0.0	0.8	0.6	0.1	−0.3	−0.4	−0.4	−0.4
한국	**3.8**	**2.8**	**1.9**	**0.8**	**1.8**	**1.2**	**0.9**	**1.0**	**1.4**	**0.9**	**0.9**	**0.4**	**0.3**	**0.5**	**0.3**	**0.1**	**0.4**	**0.2**	**−0.2**	**−0.7**
라트비아	7.4	2.9	2.8	1.0	2.6	1.0	1.4	0.8	3.8	1.5	1.1	0.3	0.7	0.9	0.4	0.1	0.3	−0.5	−0.1	−0.2
리투아니아	7.2	3.5	2.6	0.9	4.1	1.2	1.2	0.8	2.9	1.3	1.2	0.2	−0.2	1.3	0.3	0.1	0.4	−0.3	−0.2	−0.3
룩셈부르크	2.0	0.6	0.9	1.2	0.2	−0.3	0.6	1.0	0.1	0.0	0.2	0.5	1.7	0.6	0.2	0.0	0.0	0.3	−0.1	−0.3
멕시코	0.7	1.1	1.1	1.5	0.0	0.4	0.7	0.9	−0.1	0.0	0.0	0.5	0.1	0.2	0.1	0.1	0.6	0.5	0.3	0.0
네덜란드	1.4	0.8	0.9	1.1	0.7	0.4	0.7	0.9	0.2	0.2	0.4	0.3	0.5	0.2	0.2	0.1	0.0	0.1	−0.3	−0.2
뉴질랜드	2.1	1.5	1.3	1.3	0.5	0.6	0.8	0.9	0.4	0.3	0.5	0.4	0.9	0.5	0.1	0.1	0.2	0.0	−0.1	−0.1
노르웨이	2.3	1.0	0.8	1.1	1.5	0.5	0.6	0.9	0.3	0.3	0.4	0.4	0.2	0.0	0.0	0.0	0.2	0.2	−0.1	−0.2
폴란드	3.5	3.3	2.4	1.0	2.0	1.6	1.6	1.0	0.8	1.0	0.8	0.4	0.4	0.8	0.3	−0.1	0.3	−0.1	−0.4	−0.4
포르투갈	1.1	0.9	1.6	1.3	−0.2	0.2	0.7	1.2	1.3	0.6	0.7	0.4	0.1	0.1	0.4	0.1	−0.1	−0.1	−0.2	−0.4
슬로바키아	6.1	2.5	1.8	1.3	4.6	1.5	1.3	1.2	0.6	0.4	0.6	0.5	0.4	0.7	0.1	−0.2	0.5	−0.1	−0.3	−0.4
슬로베니아	2.8	1.6	1.6	1.1	1.4	1.2	1.2	1.0	1.0	0.1	0.6	0.4	0.5	0.6	0.0	0.0	0.0	−0.4	−0.2	−0.4
스페인	1.6	0.5	1.1	1.1	−0.1	0.2	0.7	1.0	0.7	0.5	0.4	0.4	1.2	0.0	0.0	0.3	−0.3	−0.2	0.0	−0.6
스웨덴	2.2	0.9	1.1	1.0	1.6	0.5	0.6	0.9	0.4	0.3	0.5	0.3	−0.2	0.2	0.1	−0.1	0.4	−0.1	−0.1	−0.1
스위스	1.3	0.8	0.9	1.1	0.6	0.4	0.7	0.9	0.3	0.1	0.3	0.4	0.2	0.4	0.0	0.0	0.2	0.0	−0.2	−0.2
튀르키예	3.2	3.9	3.1	1.9	1.5	1.5	1.2	1.1	1.6	1.1	0.9	0.5	−0.2	1.0	0.8	0.5	0.4	0.3	0.2	−0.1
영국	1.5	0.7	0.8	0.9	0.7	0.0	0.4	0.8	0.5	0.5	0.4	0.3	0.1	0.3	0.1	0.1	0.2	−0.1	−0.1	−0.2
미국	1.5	1.1	1.2	1.0	1.1	0.8	0.9	0.7	0.6	0.3	0.4	0.3	−0.4	−0.2	0.1	0.1	0.2	0.1	−0.2	−0.1
유럽연합	1.3	0.7	1.0	1.1	0.5	0.2	0.7	0.9	0.4	0.3	0.4	0.4	0.6	0.4	0.1	0.1	−0.1	−0.1	−0.1	−0.3
OECD	1.6	1.3	1.3	1.1	0.8	0.7	0.8	0.9	0.5	0.3	0.4	0.4	0.1	0.3	0.2	0.1	0.1	0.0	−0.1	−0.2

자료 : OECD(2021), p.13.

생산요소의 투입이 장기적으로 하락하더라도 이를 대신해 총요소생산성 증가의 기여도가 높아지면 장기 성장률 추세가 어느 정도 유지될 수 있는데, 이에 대한 전망도 밝지 않다. 특히 외환위기 이후 개별 경제 주체들의 위험기피 성향이 증대되어 기업가적 도전의식이 쇠퇴했다. 이는 이전에 중화학공업, 전자산업, 정보통신업 등에 공격적으로 투자했던 것과는 달리 새로운 분야에 대한 투자를 주저하게 만들어 신성장산업의 출현을 어렵게 하고 있다. 또한 서비스 부문의 생산성이 제조업에 비해 훨씬 떨어지는 추세를 보이고 있다. 우리나라에서 서비스 부문의 생산성 저하는 총요소생산성의 부진과도 직결되어 있어 서비스업의 전반적인 낙후성은 향후 우리 경제의 장기 성장 잠재력을 낮추는 요인으로 작용할 것으로 예상된다.

장기적인 측면에서 생산성은 궁극적인 성장엔진이고 지속성장을 위한 핵심적인 동인이다.[7] 향후 인구의 감소 및 노령화가 심화될 것으로 전망되는데, 생산성은 노동의 성장에 대한 하방 압력을 완화시키기 위해 필수적인 요소이다. 뿐만 아니라 생산성 제고를 위한 지식과 기술의 대대적 확산은 포용적 성장을 촉진시킴으로써 양극화에 따른 문제도 완화시킬 수 있으며, 생산성이 높아질수록 1인당 소득도 증가해 전체적인 삶의 수준과 복지를 향상시킬 수 있다. 따라서 생산성이 둔화된다면 단순히 성장률이 저하되는 것이 아니라 삶의 질 저하 및 양극화에 따른 갈등도 심화될 우려가 있다.

이상의 요인별 전망을 종합해 1인당 소득의 장기 전망에 대해 재검토해 보면, 앞에서 얘기한 것처럼 경제동력이 저하되더라도 그나마 1인당 소득이 개선된다는 위안을 받기도 어려울 것 같다. 앞에서 1인당 소득이 2050년 이후 일본 및 이탈리아를 넘어서고 영국 및 프랑스와 유사해진다고 했는데, 가장 결정적인 요인은 환율 추세에 대한 가정이었다. 만일 환율 추세에 대한 전망을 배제하고 1인당 소득의 증가율만을 고려한다면, 〈표 3-5〉에서 보듯이 모든 OECD 회원국 중에서 가장 낮게 전망되고 있다. 즉, 생산가능인구가 가장 빠르게 감소함과 더불어 자본 증가율 및 총요소생산성 증가율이 지지부진해 1인당 소득 증가율이 다른 국가들에 비해 저조할 것으로 전망된다. 더욱이 〈표 3-5〉에서는 우리나라의 총요소생산성 증가율이 장기적으로 1.0% 수준을 유지할 것으로 가정해 OECD 회원국 중 가장 높은 그룹에 속하는 것으로 되어 있다. 그러나 2000년대 이후의 하락 추세를 반영해 이 가정을 좀더 현실적으로 조정한다면, 우리나라의 1인당 소득 증가율은 더욱 비관적으로 나타날 수 있다.

장기적으로 성장률이 저하되면 향후 국내경제의 민간부문 및 공공부문 모두 상당한 어려움을 겪게 된다. 경제동력의 저하로 새로운 일자리 창출이 어려워지므로 유휴노동력 증가, 취업준비기간 장기화, 양질의 취업 불가 등으로 인해 노동시장이 불안정해지고, 국민들의 삶의 질이 떨어지게 된다. 또한 실업률 증가는 가계소득의 부진을 가져오고 이로 인한 세수 감소는 국가 부채를 지속적으로 증가시켜 많은 유럽 국가들 및 일본 등이 겪고 있는 재정 문제가 한국에서도 발생할 가능성을 높여준다.

더욱이 장기적인 성장률 저하의 문제는 단순히 국내경제성장률이 저하된다는 것을 의미하는 것이 아니라 한국 경제가 세계 경제질서에서 주변국으로 전락할 수 있는 위험을 내포한다. 지난 수년간 한국 경제가 비틀거리는 동안 중국을 비롯한 경쟁국들은 비약적인 발전을 거듭해 이

미 세계 경제에서 중요한 비중을 차지하고 있다. 이처럼 우리나라는 성장동력을 상실해 가고 있는 반면 동아시아 경쟁국들뿐만 아니라 BRICs 국가들이 급부상하면서 세계 시장에서 우리 경제의 입지는 더욱 좁아질 우려가 커지고 있다.

[미주]

01 심지어 저성장의 대표적 사례로 일컬어지고 있는 일본 및 이탈리아도 2050년대 이후 0.5% 이상의 성장률이 전망되고 있다.

02 장기 전망 추정 방법에 대해서는 Goldman Sachs(2022) 부록을 참조할 것.

03 대표적으로 Krugman(1994)을 들 수 있다.

04 KDI(2012), pp.32~36. Park et al.(2010)는 경제사회발전 지표를 크게 경제, 사회, 환경 세 분야로 나누어 우리나라와 OECD의 추세를 비교했는데, 우리나라는 경제분야에서는 양호하지만 특히 사회분야에서는 다른 선진국에 비해 훨씬 열악한 것으로 나타나고 있다.

05 KDI(2006).

06 정선영·이솔비(2021).

07 OECD(2015) ; OECD-APO(2022).

CHAPTER 04

소득과 부의 양극화

한국 경제는 지금 성장동력을 상실함과 동시에 소득과 부의 양극화가 심화되고 있다. 소득과 부의 분배는 성장과 안정만큼 중요하다. 현재 진영 논리가 극성을 보이는 가운데 소득과 부의 분배가 악화된다면 사회적 갈등이 커지고 사회적 불안은 경제성장과 안정을 그만큼 저해할 것이다. 이번 위기에서는 양극화 문제가 특히 폐해를 유발하고 있는데, 우리는 먼저 소득과 부의 분배 현황과 변화를 살펴보고, 소득과 부의 양극화가 왜 악화되고 있는지를 분석하고자 한다.

1. 소득의 양극화

소득분배는 크게 계층별 분배와 기능별 분배로 나누어진다. 계층별 소득분배는 모든 가계를 소득 원천과 무관하게 소득의 크기에 따라 배열한 후 일정 계층의 소득이 총소득 중 차지하는 비중을 보는 것이다. 계층별 소득분배지표로 보통 5분위 배율과 지니계수가 사용된다. 소득 5분위 배율은 5분위(상위 20%) 소득이 1분위(하위 20%) 소득에 비해서 얼마나 큰지를 살펴본다. 지니계수는 0부터 1까지의 수치로 표시되는데 소득분배가 완전 평등하면 0, 완전 불평등하면 1이 된다.[1]

기능별 소득분배는 생산 과정에서 생산요소의 소유자들 사이에 어떻게 소득분배가 이루어지는가를 보는 것이다. 생산요소를 노동, 자본, 토지로 보고 이들에게 발생하는 소득분배를 보는 것이다. 광의의 자본에 토지를 포함해서 생산요소를 크게 노동과 자본으로 나누기도 한다. 기능별 소득분배 분석은 근로소득과 자본소득이 전체 소득에서 차지하는 비중을 비교해서 살펴본다.

우리나라 소득분배 양극화 현상을 이해하기 위해서는 계층별 소득분배와 기능별 소득분배를 함께 분석하는 것이 바람직하다. 소득분배의 문제가 자본가와 근로자 간의 문제인지, 혹은 보다 근본적인 사회구조적인 문제인지를 파악해야 할 필요가 있기 때문이다.

(1) 계층별 소득분배

계층별 소득분배 측면에서 소득 양극화란 중산층의 비중이 감소하고 저소득층과 고소득층의 비중이 증가하는 것이다. 이와 더불어 절대적 빈곤과 상대적 빈곤을 평가하고 빈곤 퇴치를 위한 현실적 정책수단을 소득분배 차원에서 생각해 볼 필요가 있다.

소득분배 통계는 가구 소득과 균등화 소득 기준, 두 가지로 제시되는데, 균등화 소득 기준으로 5분위 배율을 살펴보자.[2] 먼저 [그림 4-1]에서 보면 지난 10년간 시장소득 5분위 배율은 2010년대 초반 잠시 개선되다가 중반 이후 전반적으로 악화되고 있다. 반면 저소득층에 대한

그림 4-1 5분위 배율

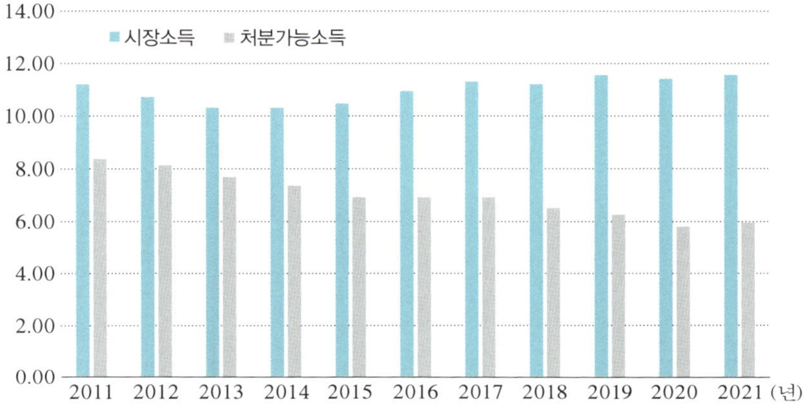

자료 : 통계청, 국가포털시스템.

이전소득 증가로 저소득층의 처분가능소득이 늘어나면서 처분가능소득 5분위 배율은 전체적으로 개선되는 추세를 보이고 있다. 그러나 최근을 보면 2020년과 2021년 시장소득 5분위 배율은 각각 11.37과 11.52이며 처분가능소득 5분위 배율은 5.85와 5.96으로 모든 지표에서 소득분배가 악화된 것을 알 수 있다.[3]

한편 [그림 4-2]는 소득 불평등도를 나타내는 또 다른 대표적인 지표인 지니계수 변화를 보여준다. 지난 10년간 시장소득 지니계수는 전반적으로 5분위 배율과 유사한 추세를 보이고 있다. 즉, 2010년대 초반 개선되다가 중반 이후 다소 악화되고 있다. 처분가능소득 지니계수도 정부의 이전소득이 증가해 전체적으로 개선되는 모습을 보인다. 그러나 최근으로만 한정하면 균등화 시장소득 및 처분가능소득 지니계수 모두 일부 악화되는 경향을 보이고 있다.

그림 4-2 지니계수

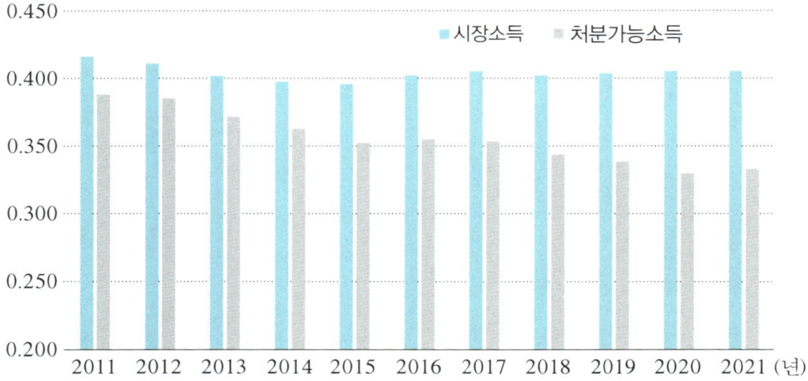

자료 :

상대적 빈곤율은 중위소득 50% 이하에 속한 인구 수를 전체 인구 수로 나눈 비율이다. [그림 4-3]은 지난 10년간 시장소득과 처분가능소

그림 4-3 상대적 빈곤율

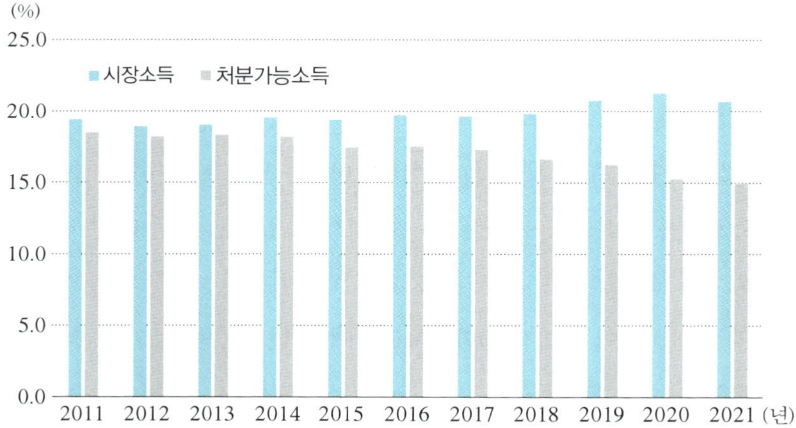

자료 :

득의 상대적 빈곤율 변화 추이를 보여준다. 시장소득 상대적 빈곤율은 전체적으로 증가하는 추세를 보이고 있고, 처분가능소득 상대적 빈곤율은 전체적으로 감소되는 추세를 보이고 있다.

이처럼 지난 10년간 계층별 소득분배 추이를 보면 전반적으로 시장소득 기준으로는 5분위 배율, 지니계수, 상대적 빈곤율 모두 증가해 소득분배가 그 자체로는 개선되지 않고 있음을 알 수 있다. 다만 정부의 이전소득 지원까지 고려한 처분가능소득 기준으로 보면 다소 개선되는 측면이 있으나, 아직도 OECD 평균보다는 분배 상황이 나쁜 것으로 평가된다.[4] 더욱이 아주 최근에는 처분가능소득 기준으로도 5분위 배율 및 지니계수 모두 악화되고 있다.

(2) 기능별 소득분배

다음으로 기능별 소득분배 분석을 통해 근로자와 자본가 간의 소득분배 변화를 살펴보고, 노동시장의 이중구조, 남녀 간 차이, 지역 간 차이, 정부의 복지정책 등이 소득분배에 미친 영향을 살펴보자. 소득과 부의 양극화 원인이 같은가, 그리고 소득 양극화가 부의 양극화로 이어지는가를 분석하고 각각의 해소 방안을 제시할 필요가 있다.

〈표 4-1〉은 지난 5년간 소득 원천별 가구소득 평균 및 구성비 추이를 보여준다. 통계 작성상 소득 원천은 근로소득, 사업소득, 재산소득, 이전소득으로 나뉜다. 근로소득 비중은 2017년 63.9%에서 2022년 64.3%로 다소 증가하지만 큰 변화는 없었다. 반면에 사업소득 비중은 3%가 줄고 공적이전소득 비중은 3%가 늘어났다. 공적이전소득 확대로

시장소득과 처분가능소득 간 격차는 크게 줄어들었다.

표 4-1 소득 원천별 가구소득 평균 및 구성비 추이

구분		가구소득	근로소득	사업소득	재산소득	공적이전소득	사적이전소득
금액 (만 원)	2017	5,478	3,499	1,217	353	328	81
	2018	5,705	3,640	1,243	380	351	91
	2019	5,828	3,781	1,177	380	387	102
	2020	5,924	3,791	1,151	417	457	107
	2021	6,125	3,855	1,135	432	602	101
	2022	6,414	4,125	1,160	426	600	103
구성비 (%)	2017	100.0	63.9	22.2	6.4	6.0	1.5
	2018	100.0	63.8	21.8	6.7	6.2	1.6
	2019	100.0	64.9	20.2	6.5	6.6	1.8
	2020	100.0	64.0	19.4	7.0	7.7	1.8
	2021	100.0	62.9	18.5	7.1	9.8	1.6
	2022	100.0	64.3	18.1	6.6	9.4	1.6

자료 : 통계청, 국가포털시스템.

우리나라는 한국은행 추계에서 자영업자 소득을 근로소득과 자본소득으로 나누지 않고 모두 자본소득으로 간주한다. 그런데 여기에는 자영업자가 제공한 노동의 대가가 포함되므로 우리도 다른 선진국과 마찬가지로 자영업자 근로소득을 가구소득의 5% 정도로 계산하면 우리나라 근로소득도 선진국과 같은 70% 수준이 된다. 이러한 결과는 자본수익률이 경제성장률보다 높아서 소득에서 자본이 차지하는 비중이 계속 증가하며 소득 격차가 커진다는 마르크스나 피케티의 주장이 맞지 않는다

는 것을 보여준다.

『21세기 자본』 저자인 토마 피케티Thomas Piketty는 미국 소득 불평등의 확대 원인으로 자신의 보수를 결정할 힘을 가진 대기업 경영자 등 고액 연봉자의 대폭 증가를 들고 있다.[5] 피케티는 이들의 보수가 개인적인 생산성과는 관계가 없다고 보고 있다. 피케티는 또한 자본수익률이 경제성장률보다 높아서 근로자보다 자본가의 소득이 더욱 빠른 속도로 증가하며 소득과 부의 불평등을 심화시킨다고 보고 있다. 한편 불평등을 축소하기 위한 정책 채택이나 기술의 발전과 인간 자본의 축적으로 소득과 부의 양극화가 줄어드는 시기도 있었으나 소득과 부의 양극화의 축소와 확대는 반복적으로 이루어지고 있다고 본다.

그런데 자본수익률이 경제성장률보다 높아서 소득과 부의 격차가 커진다는 피케티의 분석에는 여러 가지 문제가 있다. 먼저 생산요소를 크게 자본과 노동으로 나누어 분석하기 위해 자본과 토지를 하나의 생산요소로 보고 자본수익률을 구하였다. 생산요소를 노동과 자본으로 나누는 것은 소득과 부의 분배 문제를 자본가와 근로자의 분배 문제로 보고 있는 것이다.

또한 피케티는 여러 국가와 장기간을 커버하는 방대한 연구를 하였으나, 각국 기본 자료가 부족한 관계로 양극화의 근본 요인으로 자본수익률이 경제성장률보다 크다는 기본적인 가정 아래 논리를 전개하였다. 그런데 글로벌 금융위기 이후 저금리 정책이 채택되면서 시중에는 유동성이 넘쳐났고 금리는 경제성장률보다 오히려 낮아서 최근 10년간 소득과 부의 격차를 이 논리로 푸는 데 문제를 드러내고 있다.

소득 격차 확대의 원인을 단순하게 자본소득과 근로소득과의 격차에서 찾는 것은 한계가 있다. 자본소득은 이자와 임대료, 주주로서 받는 배당 등이다. 대기업 대주주의 배당 수입과 부동산 다량 보유자 임대료 수입이 엄청난 것을 감안할 때 자본소득의 분배가 근로소득의 분배보다 훨씬 불공평하다. 게다가 우리나라에서는 노동시장의 구조적 문제로 인해 근로소득의 격차 또한 소득분배 악화의 중요한 원인이 되고 있다.

(3) 노동시장의 구조적 문제와 근로소득 격차 확대

근로소득은 정규직과 비정규직 간의 고용 형태별, 대기업과 중소기업 간의 기업 규모별, 남성과 여성 간의 성별 등 노동시장의 구조적 문제에 의해 커다란 격차를 보인다.

가장 심각한 문제는 정규직과 비정규직 간의 이중 노동시장 구조에 따라 근로소득 격차가 크게 벌어지고 있다는 점이다. [그림 4-4]를 보면 지난 5년간 정규직 비중은 감소하고 비정규직 비중이 늘어나 2022년 8월 현재 임금근로자의 62.5%가 정규직이며, 37.5%가 비정규직이다. 전체 근로자 월평균 임금은 3,509천 원인데, 정규직은 4,125천 원, 비정규직은 1,925천 원으로 비정규직은 정규직의 46.7% 수준이다(〈표 4-2〉).[6] 정규직 월 급여가 비정규직보다 크게 높은 것은 정규직은 월급이나 연봉제로 임금이 산정되나 비정규직은 시간급 형태로 산정되어 정규직의 시간당 임금이 높을 뿐만 아니라 일한 시간 수도 많기 때문이다.[7]

그림 4-4 임금근로자의 근로 형태별 규모

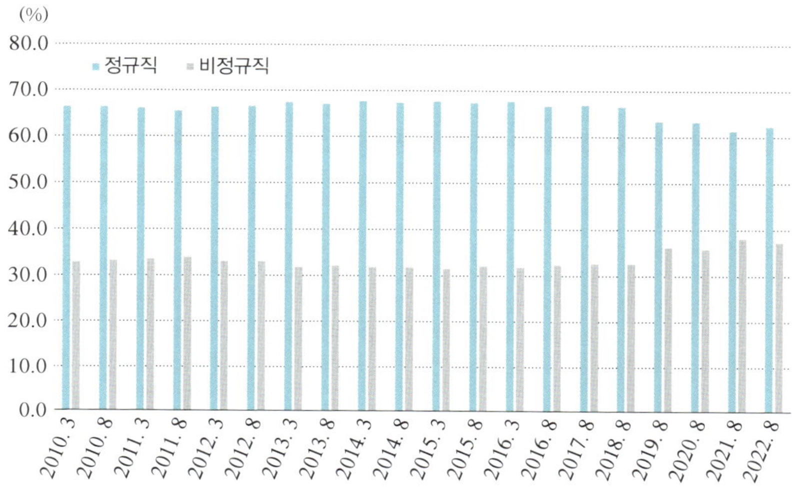

자료 : 통계청, 국가포털시스템.

표 4-2 **정규직 vs. 비정규직**(2022년)

	임금 (월, 천 원)	**총 근로시간** (월)	**시간당 임금** (원)	**노조 가입률** (%)	**사회보험 가입률**(%)			
					고용 보험	**건강 보험**	**국민 연금**	**산재 보험**
정규직	4,125	169.0	24,409	13.5	94.6	98.6	98.5	98.1
비정규직	1,925	111.7	17,233	0.7	80.7	70.3	67.5	98.4

자료 : 통계청, 국가포털시스템.

2022년 6월 기준 사회보험 가입률을 보면 정규직은 고용보험 94.6%, 건강보험 98.6%, 국민연금 98.5%, 산재보험 98.1%이다. 반면 비정규직은 고용보험 80.7%, 건강보험 70.3%, 국민연금 67.5%, 산재보험 98.4%로 산재보험 가입률은 정규직과 차이가 없으나 나머지 사회보험 가입률은 훨씬 낮다.[8]

임금 격차는 고용 형태별뿐만 아니라 기업 규모별로도 크게 영향을 받는다. [그림 4-5]는 상대적 임금 수준을 보여주는데, 300인 이상 대기업 정규직 임금을 100으로 볼 때 300인 이상 비정규직은 65.3, 300인 미만 정규직은 57.6, 300인 미만 비정규직은 43.7 수준에 머물러 있다. 그런데 대기업은 정규직 고용 비율이 압도적으로 높으나 중소기업은 대기업에 비해 비정규직 비율이 상대적으로 높다.

그림 4-5 최근 10년간 시간당 임금 수준 추이

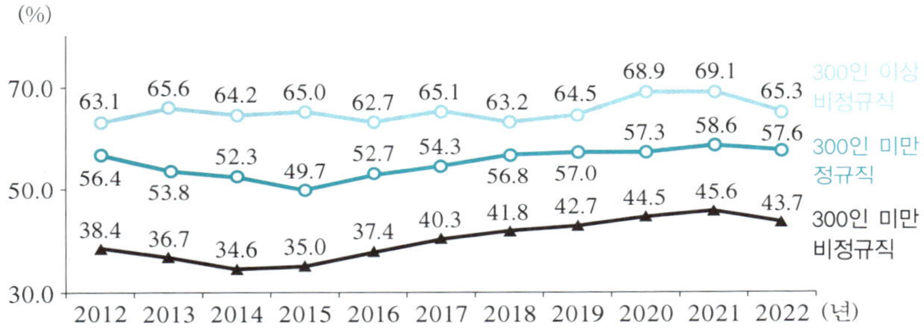

주 : 300인 이상 정규직 = 100.
자료 : 고용노동부(2023).

정규직과 비정규직 간, 그리고 대기업과 중소기업 간 근로소득 격차가 큰 요인 중의 하나는 노동조합의 힘이다. 우선 정규직과 비정규직 간의 노조가입률은 각각 13.5% 및 0.7%로 커다란 차이가 있다(〈표 4-2〉). 또한 2021년 노조 조직률[9]이 근로자 300명 이상 기업 46.3%, 100~299명 기업 10.4%, 30~99명 기업 1.6%, 30명 미만 기업 0.2%이다([그림 4-6]). 2021년 노동조합원 수를 보더라도 300명 이상 사업체의 조합원이 전체 조합원의 88.8%를 차지한다. 민간부문에서는 노조 조직률이 11.2%에 그친 반면 공공부문에서는 무려 70.0%에 이르는 것

그림 4-6 부문별, 기업 규모별 조직률 변화 추이

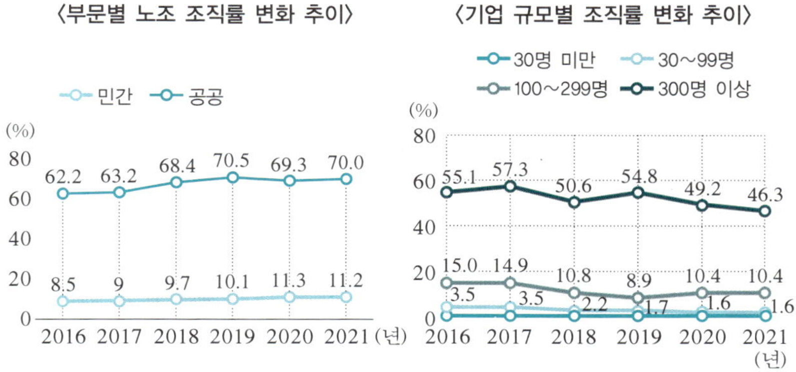

자료 : 고용노동부(2022). 2021년 전국 노동조합 조직현황.

도 주목할 만하다. 우리나라 노조원은 대부분 정규직들이며, 대기업, 금융산업, 공공부문 조합원들이 절대적인 비중을 차지하고 있다.

지난 5년간 노조 조직률과 조합원 수는 크게 늘었으나 전체 노조 가입 비율은 유럽, 미국, 일본에 비해서 낮은 수준이다. 대규모 기업과 공공부문은 높은 조직률을 보이나 보호가 더 절실한 소규모 영세 기업의 조직률은 미미하다. 자본소득과 근로소득 간의 양극화 이슈 못지않게 근로소득의 양극화 문제도 심각하다.

2. 부wealth의 양극화

소득분배 문제가 심각한 상황이지만 부의 양극화는 소득 양극화보다 더욱 심각하다. 지난 수년간 폭등한 부동산 가격으로 인해 소득 대비 부동산 가격이 더욱 커지고 부의 양극화도 심해졌다. 소득과 부의 양극화는 사회적 불안과 갈등을 가져오는 가장 큰 요인이 되고 있으며, 우리가 풀어야 할 중요한 숙제이다.

우리나라 부의 양극화 현상은 두 가지 측면으로 나누어 볼 수 있다. 먼저 소득 대비 부가 어떻게 변화하였는가를 보는 것이다. 소득 대비 부가 급격히 증가한 것은 부를 소유한 사람의 자산이 그렇지 못한 사람보다 더욱 빠른 속도로 늘어나면서 자산을 소유한 자와 그렇지 않은 자 간의 격차가 그만큼 커진 것을 의미한다. 다음으로 부의 계층별 소유 비중 현황과 그 추이가 어떻게 변하는지를 보는 것이다. 부에 대한 5분위 배율이나 지니계수의 수치와 변화 추이를 봄으로써 소득의 계층별 분배와 비교해 볼 수 있다.

(1) 부와 소득 간 격차 확대

우리나라의 부와 소득 간 격차를 보기 위해서는 국민순자산과 소득 규모GDP와의 관계를 분석하는 것이 필요하다.[10]

수년 전부터 한국은행이 국민대차대조표를 발표하면서 자산과 소득과의 관계, 그리고 기업, 금융기관, 정부, 가계 및 비영리단체의 순자산 규모와 변화 추이를 들여다볼 수 있게 되었다. 먼저 국민순자산은 크게 비금융자산과 순금융자산으로 구성된다. 비금융자산은 생산자산과 비생산자산으로 구분되며, 순금융자산은 금융자산에서 금융부채를 뺀 값이다.

우리나라 부의 규모를 보여주는 국민순자산 규모는 2022년 말 현재 2경 380조 원이다. 이 중 비금융자산이 1경 9,403조 원, 순금융자산이

그림 4-7 국민순자산/GDP 배율

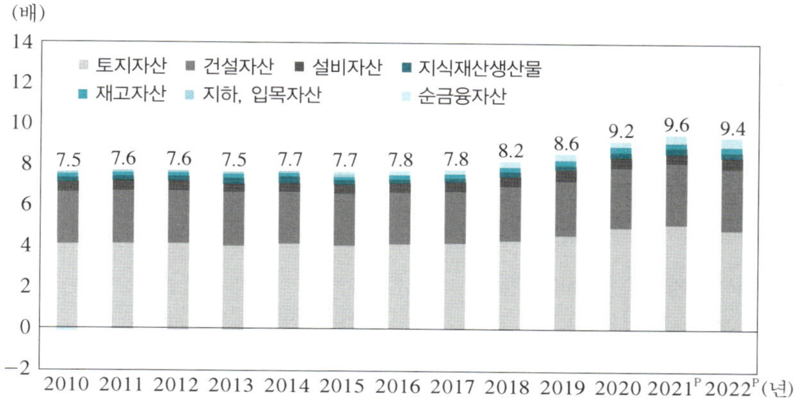

자료 : 한국은행, 국민대차대조표.

977조 원이다. 명목 GDP 대비 국민순자산은 [그림 4-7]에서 보듯이 2008년부터 2017년까지는 7.7배 수준에서 유지되며 별다른 변화가 없었다. 그러나 2017년 이후 급증하기 시작해 불과 4년 만인 2021년 7.8배에서 9.6배로 늘어났다가 2022년 9.4배로 약간 감소했다.

비금융자산은 크게 생산자산과 비생산자산으로 나뉜다. 〈표 4-3〉을 보면 2022년 말 현재 비금융자산 중 생산자산은 45.7%를 차지하며, 비생산자산은 54.3%를 차지한다. 그런데 생산자산 중에서는 건설자산이 33.6%로 가장 큰 비중을 차지하며, 비생산자산 중에서는 토지자산이 54.1%로 대부분을 차지한다. 비금융자산에서 토지자산과 건설자산의 비중의 합이 87.7%로 부동산 관련 자산 비중이 압도적으로 크다.

표 4-3 자산 형태별 규모

(단위 : 조 원, 배, %)

	2019		2020		2021p		2022p	
비금융자산	15,970.1	[8.3]	17,410.0	[9.0]	19,126.5	[9.2]	19,402.8	[9.0]
생산자산	7,155.2	(44.8)	7,649.0	(43.9)	8,464.1	(44.3)	8,858.6	(45.7)
건설자산	5,285.9	(33.1)	5,686.9	(32.7)	6,312.1	(33.0)	6,525.6	(33.6)
설비자산	928.5	(5.8)	962.8	(5.5)	1,039.9	(5.4)	1,122.9	(5.8)
지식재산생산물	522.1	(3.3)	569.5	(3.3)	626.0	(3.3)	685.9	(3.5)
재고자산	418.6	(2.6)	429.8	(2.5)	486.1	(2.5)	524.2	(2.7)
비생산자산	8,814.9	(55.2)	9,760.9	(56.1)	10,662.3	(55.7)	10,544.2	(54.3)
토지자산	8,762.5	(54.9)	9,709.1	(55.8)	10,608.4	(55.5)	10,489.4	(54.1)
지하자원	26.9	(0.2)	25.5	(0.1)	25.1	(0.1)	23.9	(0.1)
입목자산	25.6	(0.2)	26.3	(0.2)	28.9	(0.2)	30.9	(0.2)

주 : 1) 당해년 말 명목 순자본스톡(자산가액) 기준
2) [ ] 내는 국내총생산(GDP) 대비 배율(배)
3) ( ) 내는 비금융자산 전체 대비 구성비(%)

자료 : 한국은행, 국민대차대조표.

앞의 [그림 4-7]은 GDP 대비 국민순자산의 배율이 어떤 요인 때문에 최근에 급등했는지를 자산 형태별로도 보여주고 있다. 이에 따르면 생산자산 중에서는 아파트 위주의 건설자산의 가치가 2019년 이후 급증하면서 국민순자산의 GDP 대비 배율을 증가시키고 있다. 이와 더불어 비생산자산인 토지 가격의 급격한 상승도 주요인이었음을 알 수 있다.[11] 한편 최근에는 순금융자산도 일부 기여를 하고 있다.

[그림 4-8]은 여러 제도 부분 중에서 가계 및 비영리단체의 순자산 구성을 보다 세부적으로 보여주고 있다. 2021년 말 총 1경 1,592조 원의 순자산 중 주택은 6,098조 원으로 52.6%, 주택 이외 부동산은 2,626

그림 4-8 가계와 비영리단체 순자산 구성(2021년)

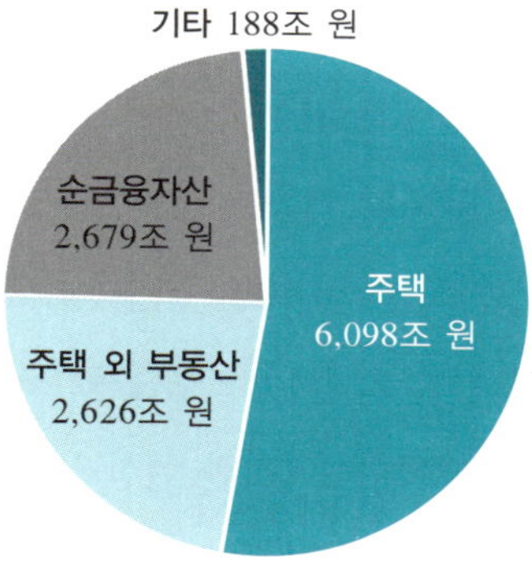

자료 : 한국은행, 국민대차대조표.

조 원으로 22.7%, 순금융자산은 2,679조 원으로 23.1%, 기타는 188조 원으로 1.6%를 차지한다. 가계 및 비영리단체의 주택과 부동산을 더한 값은 8,724조 원으로 순자산의 75.3%를 차지하고 있으며, 그것만으로도 GDP의 4.21배에 이른다.

우리나라의 가계 및 비영리단체의 경우 외국과는 달리 비금융자산의 비중이 순금융자산의 비중보다 압도적으로 높다. 우리 가계의 부동산과 금융자산의 비율은 3 : 1 정도지만 미국은 금융자산 비율이 부동산 비율보다 높으며 일본도 부동산 비중이 2/3를 넘지 않는다.

우리의 GDP 대비 국민순자산 배율이 외국에 비해 높고 가구 순자산에서 금융자산 대비 부동산 비중이 크게 높다는 것은 그만큼 우리나라의 부동산 선호 현상이 강하고 부동산 가격 또한 과대 평가되었다는 것을 의미한다. 비생산자산 중 토지와 소득 간의 배율이 커진 것은 대규모 불로소득 발생에 따른 국민의 위화감과 사회적 갈등을 증폭시킬 수 있다. 부동산 시장 과열 현상은 부의 양극화 현상을 악화시키지만 부동산 시장 거품이 꺼질 때는 금융안정과 경제안정을 동시에 해칠 것이다.

이러한 통계를 통해서 우리는 문재인 정부 5년에 걸쳐 부의 증가 속도가 소득의 증가 속도보다 훨씬 빨라서 부를 통한 불평등이 소득 불평등보다 그만큼 빠르게 진행된 것을 알 수 있다. 그런데 흥미로운 사실은 부동산 가격 안정과 불로소득 회수를 최우선 정책 목표로 삼은 문재인 정부에서 부동산 가격이 가장 큰 폭으로 올랐으며, 자산 분배 양극화 현상 또한 극심해졌다는 것이다. 이러한 현상은 문재인 정부 부동산 대책의 문제점을 보여주고 있는데, 부동산 정책은 냉철한 머리로 다루어야지 뜨거운 가슴으로 다루는 것이 아니라는 점을 일깨워준다.

(2) 부의 계층별 분배

부의 양극화를 평가하기 위해서는 부와 소득 간의 격차와 더불어 부의 계층별 분배 상황을 함께 보아야 할 것이다. 부의 계층별 분배는 소득의 계층별 분배보다 훨씬 편중된 현상을 보인다. 부의 격차는 장기간에 누적된 결과이며, 기술 혁명 등으로 새롭게 부를 축적한 사람들이 생기고 또한 노년을 대비한 고소득층의 저축이 늘면서 생긴 결과다.

2022년 3월 순자산 5분위 점유율은 62.1%로 비슷한 시기 가구소득 5분위 점유율 44.6%에 비해 크게 높다([그림 4-9]). 이와 함께 순자산 1분위 점유율은 0.4%로 가구소득 1분위 점유율 3.9%에 비해 아주 낮다. 이에 따라 부의 5분위 배율은 125.50으로 소득 5분위 배율 11.52보다 압도적으로 높다. 우리나라 부의 분배는 소득분배보다 집중도가 높고 양극화되어 있는데, 더욱 큰 문제는 이러한 추세가 지난 5년간 더

그림 4-9 순자산 5분위별 점유율

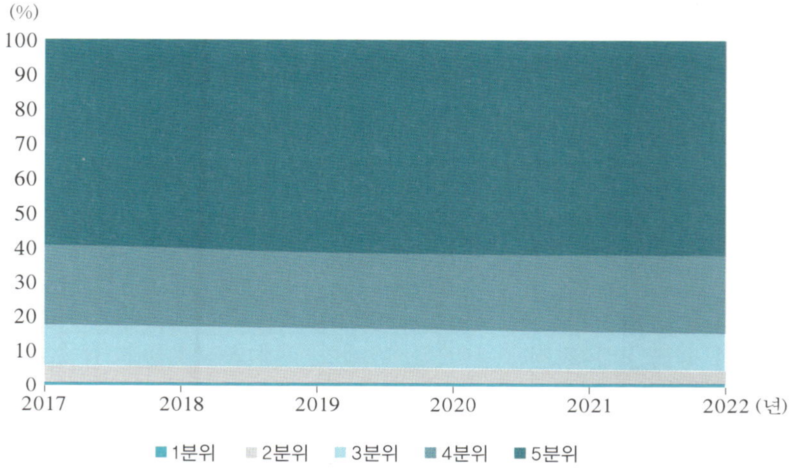

자료 : 한국은행, 통계시스템.

악화되었다는 것이다.

한편 〈표 4-4〉는 소득과 순자산 간의 상관관계를 보여준다. 전체적으로는 소득이 많으면 순자산도 많이 보유하는 것으로 나타나 보통은 소득 창출을 통해 부를 축적하고 있다는 것을 보여준다. 그렇지만 두 가지 흥미로운 특징을 눈여겨 볼 필요가 있다. 하나는 소득분배(a)에 비해 자산분배(c)가 훨씬 불평등하게 되어 있다는 점이다. 다른 하나는 소득분배(a)와 소득분위별 자산분배(b)를 보면 대체로 유사하지만, 1분위에서 거의 두 배가량 커다란 차이점을 보인다는 것이다. 이는 소득이 거의 없어도 상속 등을 통해 자산을 물려받은 사람들이 많다는 것을 의미하며, 이로 인해 결국에는 소득분배보다 자산분배가 훨씬 격차가 크게 나타난다.

표 4-4 2022년 분위별 점유율 분포

(단위 : %)

	소득분위별 점유율 (a)	소득분위별 순자산 점유율 (b)	순자산 분위별 점유율 (c)
1분위	3.9	6.8	0.4
2분위	11.0	11.2	4.5
3분위	16.7	15.8	10.9
4분위	23.8	22.2	22.0
5분위	44.6	44.0	62.1

주 : 소득분위는 시장소득 기준.

자료 : 한국은행, 통계시스템.

또한 〈표 4-5〉에서 보듯이, 코로나19 사태 이후 지난 3년간 부와 소득 간의 격차가 더욱 크게 벌어지고 부의 분배도 나빠졌다. 부는 2019년 7.3조 달러에서 2021년 10.1조 달러로 평가되어 38% 늘었다. 그런데 개인당 소득은 2019년 37,340달러에서 2021년 40,600달러로 8.7% 늘었다. 소득에 비해 부가 4배 이상 빠르게 증가해 소득 격차에 비해 부의 격차가 더욱 악화된 것을 알 수 있다.

표 4-5 크레딧 스위스 한국 부 관련 데이터 요약

	1인당 GDP (달러)	부의 평균 (달러)	부의 중간값 (달러)	부의 총합 (조 달러)	지니계수
2019	39,259	175,015	72,198	7.3	0.606
2020	N/A	N/A	N/A	N/A	
2021	37,340	211,369	89,671	9.0	0.680
2022	40,600	237,644	93,141	10.1	0.682

주 : 2020년은 코로나19 사태로 미발표.

자료 : Credit Swiss, Global Wealth Report.

한편 부의 분배 불평등도를 나타내는 지니계수를 보면 2019년, 2021년, 2022년 각각 0.606, 0.680, 0.682로 3년 동안 크게 악화한 것을 알 수 있다. 2021년 시장소득 기준 지니계수와 처분가능소득 기준 지니계수는 각각 0.405, 0.333으로, 지니계수 또한 부의 분배가 소득분배보다 크게 나쁜 상황인 것을 보여주고 있다.

2022년 후반 들어 부동산 시장과 주식시장의 거품이 꺼지고 자산가격이 큰 폭으로 하락하기 시작하면서 부와 소득 간의 격차는 다소 줄어들 수도 있을 것으로 예상된다. 부동산 거품은 주거 안정을 위해서 해소되는 것이 바람직하지만, 부동산 시장이 경착륙한다면 경제에 큰 충격을 줄 뿐만 아니라 취약계층이 더 큰 충격을 받을 우려가 있다.

(3) 자산시장 거품과 부의 양극화

부의 양극화는 부동산 시장과 주식시장에서 거품이 생기면서 일어났다. 부동산 시장 거품 현상을 분석하기 위해 여기서는 한국부동산원이 발표하는 주택가격 지수를 중심으로 살펴보자.

부동산 시장 과열 현상은 무엇보다도 서울 공동주택 가격의 급등이 제대로 보여주고 있다. 서울 공동주택 실거래가 지수를 보면 글로벌 금융위기 이후 계속해서 안정세를 보이다가 2017년 들어 본격적으로 상승하기 시작하였다. 2017년 11월 공동주택 실거래가 지수를 100으로 볼 때 2010년 1월은 88이었으며, 2016년까지 실거래가 지수가 안정적으로 유지되었다. 2020년 들어 코로나19 사태 속에서도 서울 아파트 가격이 더욱 가파르게 올라서 2021년 10월 188.1을 기록해 불과 4년 만에 90% 가까이 폭등했다. 2022년 이후에는 긴축정책 영향으로 하향 쪽으로 돌아섰다.

전국 아파트 실거래가도 2017년 이후 계속 빠르게 오르다가 2021년 10월 144.0을 정점으로 하향 추세로 바뀌었다. 코로나19 사태 속에서 저금리 정책과 함께 돈이 풀리면서 부동산 시장이 과열 현상을 보여 아파트 가격 급등세가 서울뿐만 아니라 수도권과 전국으로 확대되었다.

아파트 가격 급등으로 아파트를 소유한 사람과 그렇지 못한 사람 간의 부의 양극화 현상이 심해졌다. 뿐만 아니라 지역 간 아파트 상승 격차가 심해서 서울과 지방, 수도권과 지방 등 지역 간 부의 격차도 심해졌다. 부동산 가격 거품으로 인해 2020년, 2021년 서울의 평균 주택 가격은 소득의 13.5, 15.4배였으며, 전국 전체로는 7.3배, 8.9배였다.[12] 주택 가격이 소득보다 훨씬 빠른 속도로 늘어나 주택을 매입하기가 점점 힘들어졌으며, 주택을 소유한 가구와 그렇지 못한 가구와의 자산 양극화가 더욱 악화되었다.

한편 주식시장에서도 거품이 크게 발생하였다. 한국의 코스피KOSPI 주가지수는 글로벌 금융위기 이후 2010년부터 10년 가까이 2,000에서 2,200 수준의 터널에 갇혀 있는 양상이었다. 그런데 코로나19 사태가 발생하면서 2019년 말 종가 기준 2,197이었던 주가지수가 2020년 3월 들어 1,439까지 떨어졌다. 그러나 2020년 후반 들어 큰 폭으로 오르기 시작했고, 2020년 말 주가지수는 2,873으로 3월 최저가 대비 두 배로 올랐으며, 2019년 말보다는 31%가 오른 상태로 마감하였다. 코스닥KOSDAQ 지수도 2019년 말 669.8, 2020년 말 968.4로 44% 상승하였다. 2020년 코로나19 사태로 인해 경제가 −0.7% 성장을 보이는 가운데 주가지수는 전년보다 31% 및 44% 상승해 주식시장과 실물경제의 괴리 현상이 크게 확대되었다.

이러한 현상은 이후에도 계속되었다. 코스피 주가지수는 2021년 장중 한때 3,316까지 상승하였다가 연말에 2,977로 마감하였다. 코스닥 지수도 1,062까지 올랐다가 연말에 1,033으로 마감하였다. 코스피 및 코스닥 시장을 포함한 주식시장 전체로 보면 2021년 시가총액 규모가 GDP 대비 128%에 이른다. 미국 투자가 버핏Warren Buffett은 이 수치가 100% 이상이면 거품이 낀 증시로 여긴다. 코로나19 사태로 인해 경제가 침체를 보이는 가운데 2021년 증시 상황을 보면 주식시장에 거품이 끼고 실물경제와 괴리가 극대화된 것을 알 수 있다.

2021년까지 어느 나라보다도 빠르게 과열되었던 우리 주식시장은 2022년 들어 한국은행이 금리를 급격히 인상하면서 거품이 붕괴되었다. 2022년 말 코스피 지수는 2,236, 코스닥 지수는 679로 마감하였다.

부동산과 마찬가지로 주식시장 거품 형성과 붕괴 또한 부의 양극화를 심화시켰다. 주식시장 거품이 커지는 상황에서 주식시장에 투자한 사람과 그렇지 않은 사람 간 부의 양극화를 심화시켰다. 그런데 주식시장의 거품이 커지는 과정에서 새롭게 투자하는 투자자들이 고점에서 주식을 매입하였다면 거품의 붕괴 과정에서도 부의 양극화가 심화될 가능성이 있다. 새로운 투자 인구가 증가하는 것은 장기적으로 자본시장 발전을 위해서 좋은 일이지만 단기적으로 이들이 투자 손실을 본다면 부의 분배는 거품 붕괴 과정에서 악화될 수 있다.

3. 저성장 속의 양극화 : 성장과 분배의 악순환

이처럼 이번 위기 중 저성장 추세가 더욱 심화되는 가운데 경제 전반에 걸쳐 양극화가 진행 및 확산되고 있고, 이로 인해 사회통합의 기반이 붕괴되고 있다는 것은 우리 경제가 봉착한 심각한 문제이다. 소득과 부의 양극화가 경제 활력을 상실하고 있는 가운데 나타나면서 사회통합의 기반이 악화되고 사회적 긴장이 더욱 고조되고 있다. 최근 들어서는 국민들 간의 갈등구조가 첨예화되고 있고 심지어 분열현상까지 보이고 있어 양극화 문제는 그 어느 때보다도 불안한 요인으로 등장하고 있다.

위기가 진행되면서 제조업, 서비스업을 망라하여 경제 전반에 걸친 불확실성이 지속될 것이며, 이러한 가운데 성장률 또한 저하되면서 경제 전체의 고용흡수력이 약화되어 고용 불안 및 소득 격차 문제가 지속 내지 악화될 전망이다. 특히 환경변화에 대한 경제주체의 적응능력 격차로 인한 산업·기업 간 양극화 및 고용·소득의 양극화 현상은 부의 양극화 현상과 결합되면서 해결을 더욱 어렵게 만들 우려가 크다.

이러한 양극화 추세는 저성장 추세와 더불어 더욱 나빠지고 앞으로 오랜 기간 동안 지속·심화되어 이에 따른 국민 경제적 부담도 가중될 가능성이 높다. 지정학적 갈등의 심화, 세계화 퇴화, 기술 패권 경쟁 등 외적 요인들은 이러한 변화에 취약한 개개인들을 한계 상황에 처하게 만들고 있다. 그로 인해 업종, 계층을 막론하고 격차가 확대되는 전방위적인 양극화가 전개될 것으로 예상된다.

소득·고용 격차는 교육·인적자원·기술개발 투자기회의 격차로 이어지고 이러한 격차는 부의 격차로 이어져 다시 소득·고용 격차로 연결되는 악순환구조가 형성되어 있다. 또한 고용 불안 요인이 가중되고 전방위적인 양극화 속에 소득불균형이 확대됨에 따라 설혹 기대 이상의 성장을 이룬다고 하더라도 경제성과에 상대적 불만을 느끼는 근로빈곤계층이 점차 더 증대할 가능성이 높다. 소득 격차 및 이에 따른 교육·인적자원 투자기회의 격차가 지속되어 노동의 세대 내·세대 간 이동성이 크게 저하될 위험성도 배제할 수 없다.

이러한 경제적 요인과 함께 삶의 질 욕구 증가, 개인주의적 문화의 확산, 수평적 권력구조로의 전환 추세, 개방에 따른 이해관계의 재편 등 이미 진행 혹은 앞으로 심화될 것으로 예견되는 사건들로 인해 우리 사회에 내재된 다양한 갈등 요인(계층 간, 지역 간, 세대 간, 진영 간)들이 사회의 전 계층·전 부문에서 동시다발적으로 분출되면서 사회적 긴장이 급격히 고조될 가능성도 높다.

현재 우리 경제는 내부 성장동력의 고갈로 인한 성장률 둔화가 양극화에 의한 분배 악화와 맞물려 있는 상황에 있다. 이러한 상황은 이미 외환위기 이후 진행되어 왔지만, 특히 2000년대 들어 경제성장률이 둔화되고 새로운 정치사회 환경 속에 국민의 다양한 욕구가 분출되면서 극적인 형태로 표면화되고 있다. '불안정한 저성장'과 '양극화 문제', 그리고 각종 사회적 긴장의 분출 문제에 대한 적절한 대응이 미흡할 경우 사회 불안이 심화되고 '성장과 분배의 악순환 고리'가 고착될 수 있는데, 이것이 바로 우리 경제의 '시스템 위기 시나리오'이다.

'저성장 속의 양극화' 기조에서는 성장과 분배의 어느 하나에 치우친 정책적 대응도 여의치 않다. 정책 기조, 정책적 우선순위 설정에서 일종의 교착dead-lock 상태가 우려된다. 이러한 '성장과 분배의 악순환 고리'가 지속·고착될 경우 한국 경제의 향후 성장률은 낮아진 잠재성장률보다도 크게 밑도는 수준에 그칠 수 있으며, 이후 상당 기간 동안 침체 상황에서 벗어나지 못함과 동시에 사회적 갈등은 더욱 첨예하게 나타날 수도 있다.

[미주]

01 지니계수는 대각선과 로렌츠곡선 사이의 면적을 대각선 아래 삼각형 면적으로 나누어 얻은 값이다. 로렌츠곡선은 인구 누적 비율과 해당 소득 누적 비율을 연결한 선이다.

02 균등화 소득으로 계산하면 가계 구성원의 경우 소득이 모두 같은 것으로 간주되므로, 균등화된 개인소득은 가구소득을 가구원 수의 제곱근으로 나누어 산출한다. 균등화 소득 기준은 성인 소득 기준 또는 가구 소득 기준의 소득분배보다 소득 격차가 줄어들고 집중도도 줄어드는 것으로 나타난다. 이와 함께 통계청의 '가계금융복지조사'에서는 소득에 귀속임대료를 포함하지 않으며 상위 0.1% 등 초고소득층의 소득 파악 자료가 미흡하다는 점에서 소득 격차를 실제보다 낮게 평가하고 있다.

03 김낙년(2012, 2018, 2019)은 국세청 소득세와 종합소득세 자료를 이용하여 개인당 시장소득과 처분가능소득 기준의 집중도를 평가하였다. 소득 추계에서 고소득층의 응답 회피와 과소 보고 바이어스(bias)를 보정하고 균등화 소득이 아닌 개인당 소득을 활용한 결과 통계청의 '가계금융복지조사' 계층별 소득분배 결과보다 소득분배가 좋지 않은 것으로 나타나고 있다.

04 안국신(2021).

05 Piketty(2013).

06 고용노동부, '고용형태별근로실태조사' 2021년 6월 기준.

07 2022년 고용 형태별 월평균 근로시간 현황을 보면 정규직 169.0시간, 비정규직 111.7시간, 전체 154.9시간으로 비정규직은 정규직에 비해 일할 수 있는 시간이 66% 수준이다.

08 고용노동부(2023), '고용형태별근로실태조사' 2022년 6월 기준.

09 노조 조직률은 {전체 조합원 수(2,933천 명)/조직대상 노동자 수(20,586천 명)} × 100

인데, 앞의 '근로 형태별 부가조사'에서의 노조 가입률과는 수치상 차이를 보인다. 고용노동부, '2021년 전국 노동조합 조직 현황'.

10 앞의 1절에서는 금융의 GDP 대비 규모를 분석하기 위해 금융자산에만 초점을 맞추었고, 이 절에서는 토지 및 건설자산 등 비금융자산을 포함한 전체 자산의 GDP 대비 규모를 분석하고 있다.

11 아파트의 경우 건물은 건설자산에, 땅은 토지자산에 포함된다.

12 국토부, 2021년 주거실태조사 결과 참조.

PART 02

주요 경제정책의 현황은?

이번 위기의 배경에 있는 경제 취약성, 저성장, 양극화와 같은 구조적 문제들은 과거에도 존재했었다. 그러나 지난 정부 5년 동안의 잘못된 경제정책 운영이 이러한 문제들을 이전에 비해 급격히 악화시켰다. 이로 인해 지금 겪고 있는 위기는 그 어느 때보다도 경제 체질이 허약한 상태에서 진행되고 있다.

경제 운영과 관련해 가장 대표적인 정책으로 금융정책, 재정정책, 대외경제정책 및 산업정책을 들 수 있다. 각각의 경제정책은 본연의 목표에 맞게 운영하는 가운데 국가 경제 전체적인 운영을 고려해 조화를 이룰 수 있도록 해야 한다. 금융정책 및 재정정책과 같은 거시정책은 기본적으로 경제의 안정화를 추구하는 것이므로 물가안정 및 금융안정에 초점을 맞추어야 한다. 과도하게 경기 활성화에 동원되는 경우 부동산 버블 같은 부작용만 크게 하고 실질적인 경기부양 효과는 거두기 어렵다. 글로벌 경쟁력을 강화하고 성장동력을 활성화하기 위해서는 대외경제정책 및 산업정책을 적극적으로 활용하는 것이 더 바람직하다.

그런데 지난 정부에서는 모든 경제정책이 정치 수단화되어 포퓰리즘에 휘말린 퍼주기 정책으로 변질되었다. 그 결과 경제는 엉망이 되고 부동산은 폭등하였으며, 재정은 파탄날 지경이고 사회 갈등은 최고조에 이르러 이번 위기가 더욱 염려된다.

CHAPTER 05

금융정책과 금융안정

거시경제에서 우리의 관심사는 인플레이션, 성장, 금리, 환율이다. 경제정책을 채택할 때 경제에 미치는 충격은 위의 변수들이 어떻게 변할 것인가를 보는 것이다. 금융정책이 경제에 미친 충격도 이들 변수에 미치는 영향을 보는 것이다.

금융정책을 택할 때 우리가 더욱 신경을 쓰는 것은 물가안정과 금융안정이다. 그런데 금융정책은 재화 가격에 영향을 줄 뿐만 아니라 자산 가격에 더욱 큰 영향을 주기도 한다. 그리고 우리가 물가라고 하는 재화 가격의 사이클은 자산 가격의 사이클과 일치하지 않는다.

지난번 글로벌 금융위기나 코로나19 사태를 통해서 우리는 자산 가격의 사이클이 재화 가격의 사이클을 앞서가는 것을 보았다. 두 경우 모두 경제위기를 극복하기 위해서 정부가 통화를 풀고 금리를 낮추고 재정 또한 과감히 푸는 과정에서 발생하였다.

이에 따른 부작용을 억제하기 위해 단기에 금리를 제로 수준에서 급격히 올리고 통화량을 줄이는 정책이 성장, 물가, 환율 등 거시경제에 미친 충격보다 자산시장과 금융산업에 미친 충격이 더욱 클 수 있다. 그

것은 단기 금리 급등이 금융 시스템 위험을 초래할 가능성이 있기 때문이다. 특히 현재 부동산 시장과 자산시장의 거품이 급격히 꺼져가는 상황에서 긴축금융정책은 잘못하면 금융안정과 경제안정을 해치고 자산 양극화를 더욱 악화시킬 수 있다.

1. 금융정책의 기조 변화

미국은 글로벌 금융위기 이후 확장된 금융정책을 코로나19 사태 발생 전부터 정상화하려고 시도하였다. 그렇지만 코로나19 사태로 오히려 전보다 강도가 더 높은 팽창정책으로 회귀하면서 부동산과 주식 등 자산시장의 거품이 다시 발생하고 재화시장 인플레이션 발생의 발판을 마련하였다.

그러는 가운데 미국과 중국 간의 신냉전 시대가 개막되고 세계 공급망이 이원화되면서 공급 측면에서 비용 인상으로 인해 물가는 더욱 상승하게 되었다. 여기에 더해 러시아와 우크라이나 간의 전쟁은 에너지와 곡물 가격의 폭등으로 이어지면서 인플레이션의 압력을 더욱 높였다.

미국은 인플레이션의 피해가 저소득 저신용층에 집중된다는 사실과 기대인플레이션의 고착화를 우려해서 빠르게 긴축금융정책으로 선회하였다. 미국은 또한 코로나19 사태로 인한 경기침체를 막기 위해 택한 팽창재정정책도 인플레이션을 계속 유발할 수 있다는 사실도 알고 있었다.

2022년 들어와 인플레이션이 본격화되면서 미국 연준은 본격적인 긴축 정책을 채택하기 시작하였다. 높은 인플레이션 압력에 대처하기 위해서 연준은 [그림 5-1]에서 보듯이 2022년 3월 0.25%, 5월 0.5%, 그리고 6월, 7월, 9월 11월 네 차례에 걸쳐 금리를 각각 0.75%씩 올리고 12월에 0.5%, 그리고 2023년 5월 및 7월에도 0.25%씩 올린 결과 금리 수준이 2023년 8월 현재 5.5% 수준에 이르게 되었다.

그림 5-1 미국 연준의 기준금리

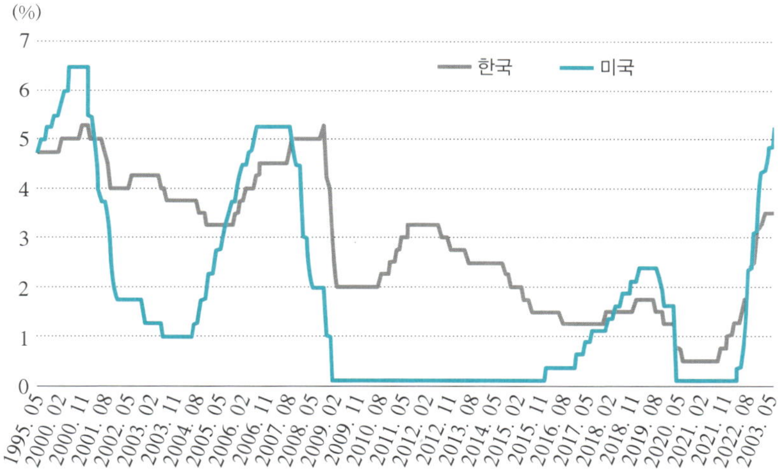

자료 : 한국은행, 통계시스템.

지난 반세기 연준의 정책금리를 보면 금리가 4~5% 수준인 경우는 종종 있었다. 그런데 이번의 금리 인상이 미국과 세계 경제에 큰 충격을 준 이유는 2009년 글로벌 금융위기 이후 저금리 수준을 유지해 0% 수준이었던 금리가 아주 짧은 기간 내에 역대급 속도로 급격히 올랐기 때문이다.

보통 금리를 인상할 때는 경제적 충격을 고려해서 점진적으로 올리는 것이 대부분이며 한 번에 급격히 올리지는 않는다. 금리를 일시에 서너 배 올리는 것은 과거 정책에 문제가 있었다는 것을 의미하며, 경제주체들도 여기에 제대로 대비하기가 쉽지 않다. 연준은 긴축금융정책으로 선회하기 전에 인플레이션은 일시적이라고 보고 정책을 폈으나 잘못된 판단이었음을 알고 단기간에 금리를 급격히 올린 것이다.

[그림 5-1]은 우리나라 정책금리인 한국은행 기준금리의 변화 또한 보여주고 있다. 한국은행 기준금리는 2010년대 들어 전반적으로 감소하는 추세를 보였다. 2009년 글로벌 금융위기 이후 금리 정상화 과정에서 금리를 3.25%까지 올렸다가 경기 둔화를 막기 위해 금리를 내리기 시작한 것을 알 수 있다. 문재인 정부 들어와 초기에는 시장안정화를 위해 금리를 올리기도 했지만, 경기 활성화를 위해 금리를 낮추면서 한국은행의 기준금리는 1%대로 미 연준의 정책금리보다 오히려 낮게 유지되기도 하였다.

2020년 초 코로나19 사태가 발생하자 한국은행은 2020년 3월 기준금리를 0.75%로 낮춘 뒤 2020년 5월부터 2021년 7월까지 0.5% 수준을 유지하였다.[1] 2021년 들어와 한국은행은 자산시장 거품을 우려해 금리를 서서히 조정하였다. 2021년 8월 0.75%, 2021년 11월 1%, 2022년 4월 1.25%로 아주 미세하게 금리를 인상하였다.

그러나 인플레이션 압력이 누적되고 미국 연준이 0% 수준에서 급격하게 금리를 인상해 가자 한국은행도 2022년 중반 이후 상당히 빠르고 공격적으로 금리 인상을 단행하였다. 기준금리는 2022년 5월 1.5%로 소폭 오르더니 그 해 말 3.25%, 2023년 1월 3.5%로 채 1년도 안돼 2% 이상 빠른 속도로 인상되었다([그림 5-1]).

금리가 장기간 1% 전후 낮은 수준에서 유지되다가 빠른 속도로 인상되자 경제와 금융에 큰 충격을 주고 있다. 먼저 금융정책은 물가, 성장, 고용 등 거시경제 변수에 영향을 준다. 2022년 들어와 세계 각국이 빠른 속도로 금리를 올리는 긴축금융정책으로 선회한 것은 그동안 코로나19 사태 대응 과정에서 팽창금융정책으로 인해 풀린 돈이 자산 가격 급등뿐만 아니라 재화 인플레이션을 유발해 이를 해소하기 위해서이다.

인플레이션은 경제를 교란해서 지속적 경제성장을 막을 뿐만 아니라 인플레이션 헤지hedge가 힘든 저소득층의 실질소득을 크게 떨어뜨려 어려움을 준다. 또한 인플레이션이 임금을 올리고 다시 인플레이션을 유발하는 기대인플레이션의 고착화는 경제를 교란해서 경제의 장기적 성장을 저해한다. 긴축금융정책은 결국 인플레이션 만연을 막기 위해 일정 부분 경기를 희생하고 물가를 잡는 것이다. 그 과정에서 인플레이션이 쉽게 꺾이지 않으면 상당 기간 인플레이션과 경기 후퇴가 함께 발생하는 스태그플레이션stagflation 현상이 나타나기도 한다.

금융정책은 소득과 물가뿐만 아니라 환율에도 직접적인 영향을 준다. 국제 간에 자본이동이 자유로운 상황에서 환율은 본국과 외국 간의 금리 격차에 의해서 영향을 받는다. 환율은 외환의 수요와 공급으로 결정되는데 외환의 수급은 국제수지와 국제 자본이동 규모에 의해서 결정되기 때문이다. 미국이 긴축금융정책을 택해 미국 금리가 국내 금리보다 높아진다면 그만큼 미국 달러에 대한 수요가 커지면서 달러 가치가 상승하게 될 것이다. 반대의 경우에는 그만큼 원화의 가치가 높아질 것이다. 이렇게 결정된 환율은 다시 우리의 국제수지, 소득, 물가 등 거시경제 변수에 영향을 끼친다.

우리의 금융정책 방향은 우리의 경제 상황에 달려 있다. 그렇지만 우리의 금융정책 방향이 미국의 금융정책에서 완전히 자유롭기 힘들다. 환율과 자본이동이 대내외 금리 차이에 직접적인 영향을 받기 때문이다. 미국이 인플레이션의 고착화를 우려해 금리를 0% 수준에서 단기간에 5.5% 수준으로 올리는 과정에서 한국은행이 기존의 저금리 정책을 유지하는 것에는 한계가 있다.[2] 이에 한국은행은 인플레이션과 함께 자본이동의 우려를 고려해 금리를 인상하게 되었다.

2. 금융정책 변화와 자본시장

(1) 채권시장 리스크 심화

기업들은 필요한 자금을 자체 유보금, 금융기관 대출, 그리고 채권시장과 단기자금시장을 통해서 확보한다. 그동안 저금리와 풍부한 유동성으로 인해 상대적으로 신용도가 낮은 기업들도 채권시장을 통해 자금을 확보하는 것이 어렵지 않았다. 긴축금융정책으로 금리가 급등하면 채권 가격이 급락하고 채권시장이 유동성 경색 현상을 일으킬 수 있다. 채권시장에서 신용도가 낮은 기업들의 금리는 상대적으로 더욱 빠른 속도로 상승하며 이들 기업이 채권 발행을 통해 자금을 확보하는 데 어려움이 커진다.

지난 10년간 저금리를 유지하다가 2022년 들어 긴축금융정책으로 선회함에 따라 금리가 상승하고 유동성이 감소하면서 채권 가격의 폭락 및 채권시장의 자금 유출로 채권시장이 불안한 양상을 보였다. 은행과 한전 등 공기업에 비해 상대적으로 신용도가 낮고 위험도가 높은 기업들과 비은행권이 채권 발행을 통한 자금 확보에 더 큰 어려움을 겪고 있다.

채권시장이 불안한 상황에서 강원도 레고랜드 사태와 흥국생명의 외화채무 조기 상환 권리 행사(콜옵션) 포기 시사는 채권시장의 불안을 더욱 증대시켰다. 레고랜드 사태는 레고랜드 개발에 들어간 2,050억 원 채무에 대해서 강원도가 지급 보증을 거부하면서 일어났다. 지방채는 국채 정도 신용도가 높은 채권이다. 만기일이 임박한 상황에서 지방정부가 지급 보증을 이행하지 않겠다는 발표는 기존 금융질서에 대한 믿음에 의구심을 던져 주게 되면서 채권시장이 요동쳤다. 국채에 버금가는 지방채에 디폴트가 발생한다면 다른 채권들을 어떻게 신뢰할 수 있겠는가 하는 의구심이 들면서 채권시장이 무너졌다. 이후 강원도가 전액 상환하기로 발표했음에도 채권시장과 단기금융시장을 통한 자금 조달이 위축되는 현상이 일어나기도 하였다.

한편 흥국생명이 외국에서 빌린 신종자본증권 5억 달러 콜옵션 행사를 하지 않기로 함으로써 자금시장 불안을 더욱 키웠다. 신종자본증권은 만기가 없지만 보통 5년 후에 상환해 주는 채권이라 '5년 콜옵션'이 불문율처럼 굳어져 있다. 신종자본증권은 재무제표상 자본으로 인정되는 장기 채권이지만 5년 콜옵션 포기는 재무상태에 대한 불신을 일으킬 수 있다. 5억 달러 외화 채권 콜업션 포기는 국내 기업들의 외화자금 확보에 어려움이 있는 것으로 잘못 해석될 수 있기 때문이다. 흥국생명 사태로 일시적으로 우리 기업들의 CDS 프리미엄 상승 현상이 나타나기도 하였다.

레고랜드와 흥국생명 사태는 지방정부나 기업 단위에서 자신들의 이익만 고려해 내린 결정이 채권시장에는 큰 불안요인이 될 수 있다는 사실을 보여주었다. 또 다른 형태의 '구성의 오류'라 할 수 있다.

레고랜드 사태와 흥국생명 사태의 경우 정부의 무사안일과 오판이 사태를 키웠다고 볼 수 있다. 강원도가 레고랜드 보증 책임을 이행하지 않겠다고 선언했는데도 한 달간 방치하다가 사태를 키웠다. 국제금융시장이 불안한 상태에서 신종자본증권 콜옵션 포기 의미를 모르고 흥국생명 개별 기업 차원에서 접근하였기 때문에 문제가 심각해졌다.

채권시장에서 신용도가 높은 은행과 한전 등 공기업이 높은 금리를 내걸고 자금을 빨아들이면서 더블double 블랙홀 현상이 나타났다. 자금경색 현상이 나타나는 가운데 상대적으로 신용도가 낮은 기업들과 비은행권에 어려움이 가중되었다. 한 예로 새 회계제도 도입으로 보험 부채 평가 기준을 계약 시의 원가가 아니라 매 결산기의 시가로 평가해야 하는 보험사들도 자본 확충이 절실해서 자금 조달에 비상이 걸리기도 했다.

사태의 심각성을 인식한 정부는 50조 원 + 알파 규모의 긴급 유동성 공급 대책을 발표하였다. 이 대책에는 회사채 매입 확대, CP 매입 확대, PF 시장 보증지원 확대 등이 포함되었다. 긴급대책에 이어 5대 금융지주회사들을 통해 2022년 말까지 95조 원 규모의 유동성 공급 방안도 발표하였다. 또한 증권업계를 중심으로 제2 채권안정펀드를 조성하여 중소형 증권사 대상 ABCP 매입 프로그램을 가동하였다.

채권시장과 단기금융시장에 대한 유동성 공급과 일시적 어려움을 겪는 비은행권에 대한 직접지원은 금융안정을 위해 불가피한 측면이 있으나 금리를 올리고 통화공급을 줄이려는 정부의 긴축금융정책과는 정면으로 배치된다. 그런데 정부가 이처럼 배치되는 두 가지 정책을 함께 택할 때 정부는 금융안정을 위한 정책의 필요성을 시장과 소통하여 정부 정책에 대한 신뢰가 흔들리지 않도록 노력해야 할 것이다.

정부가 서로 모순되는 두 가지 정책을 동시에 취할 때 정부 정책의 신뢰가 무너지고 채권시장이 요동치면서 금융위기 상황으로 치달을 수 있다는 점을 우리는 영국 트러스Liz Truss 총리 사태에서 보았다.

영국 중앙은행이 인플레이션을 잡기 위해 금리를 인상하는 가운데 새로 선출된 트러스 총리는 자금 조달 방안을 제시하지 않은 채 성장을 위한 감세와 재정지출 확대 정책을 발표하였다. 이것은 금리 인상으로 한편에서는 돈을 조이겠다고 하고 다른 한편에서는 확대재정으로 돈을 풀겠다는 것이다. 반면에 미국은 정부의 산업지원책인 인플레이션 감축법을 발표할 때 세수 확보 방안도 동시에 제시하였다.

영란은행의 긴축금융정책으로 금리가 상승하는 가운데 영국 정부의 경제정책에 대한 신뢰가 무너지며 채권시장에서 채권 금리가 더욱더 급등하고 채권 가격도 급락하였다.

글로벌 금융위기 이후 저금리 상황에서 영국은 연기금을 파생금융상품을 이용하여 레버리지를 4~5배 일으켜 장기 채권에 투자해서 운영하였다. 이 상황에서 금리의 급등은 채권 가격 급락을 의미하며, 레버리지가 높다는 것은 그만큼 손실이 눈덩이처럼 늘어난다는 것을 의미한다. 레버리지가 5이면 10%만 채권 가격이 하락해도 원금의 50%를 잃게 된다.

연기금이 파생금융상품을 활용하여 레버리지를 4~5배 일으켜 채권에 투자한다면 연기금은 대출자들의 담보가 된다. 이런 가운데 채권 가격이 일정 수준 밑으로 떨어진다면 담보 가치 하락으로 인해 마진 콜margin call이 들어오게 된다.[3] 마진 콜이 10%일 때 채권 가격이 10% 이하로 떨어지게 되면 떨어진 금액만큼 자금을 새로 집어넣어야 한다. 그런데 이를 이행하지 못하게 되면 연기금은 청산 절차를 밟으면서 그만큼 손실을 보게 되고 채권시장이 흔들릴 것이다.

영국 중앙은행이 인플레이션을 잡기 위해 금리를 인상하는 가운데 트러스 정부는 채권시장 금리 안정을 위해 돈을 풀어야 하는 엇박자 정책을 써야 하는 사태가 발생한 것이다.

결국 트러스 총리가 물러나면서 재정 확대 정책이 철회되고 긴축 정책으로 회귀하면서 금융시장이 안정을 되찾았다. 이런 영국 사태의 교훈은 잘못된 정책으로 채권시장이 흔들리면 금융위기로 이어질 수 있다는 점을 보여준다. 또한 파생금융상품의 활용은 경제가 안정된 상태에서 금융 활성화를 도모하는 측면이 있지만, 주가, 금리, 환율 등이 급변하는 금융 불안 상황에서는 금융 리스크를 확대할 가능성이 크다는 것을 보여준다.

(2) 주식시장 거품과 붕괴

금융정책의 변화로 채권시장뿐만 아니라 주식시장도 크게 요동쳤다. [그림 5-2]는 주가지수의 움직임을 보여준다. 2017년 말부터 2022년 말까지 지난 5년간은 주식시장의 거품과 붕괴 현상이 일어난 시기였다. 코로나19 사태를 겪으면서 어느 나라보다도 빠르게 오른 주가는 2022년 들어 하락하면서 그동안 대폭 올랐던 상승분을 대부분 반납하였다.

그림 5-2 주가지수 추이

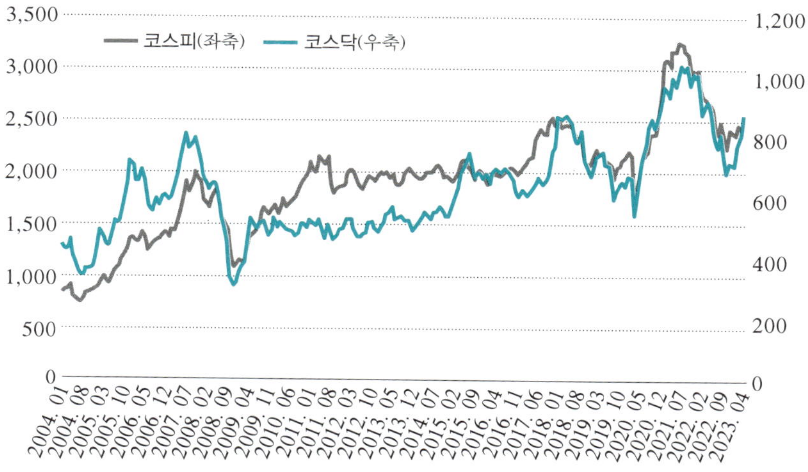

자료 : 한국거래소.

코로나19 사태 발생 전 2019년 말 2,197로 마감하였던 코스피 주가지수는 2021년 최고 3,316까지 상승하였다가 2022년 말 2,236으로 마감하였다. 코스피 주가지수가 50% 정도 상승하고 30% 정도 하락하면서 거의 원위치한 것이다. 코스닥 주가지수도 마찬가지로 2019년 말 669에서 2021년 1,062까지 올랐다가 2022년 말 679로 마감하였다. 코스닥 지수는 코스피 지수보다 더 크게 58% 정도 올랐다가 코로나19 사태 전으로 원위치한 것이다.

주식시장의 거품 현상은 기존에 경기 부양을 위해 완만한 금융정책을 펴던 한국은행이 코로나19 사태로 금리를 빠르게 내리고 정부 또한 재정지출을 크게 늘리면서 풀린 돈이 주식시장으로 흘러가면서 발생했다.

2021년 말 코스피 시가총액은 〈표 5-1〉에서 보듯이 2,203조 원으로 2021년 GDP 2,080조 원의 106%에 이르렀다. 코스닥 시장을 포함한 주식시장 전체로 보면 2021년 규모가 2,650조 원으로 GDP 대비 127%로 버핏 지수 100%를 넘어 주식시장에 거품이 끼었음을 보여준다.

표 5-1 **주식시장 시가총액**

(단위 : 조 원, %)

	2020	2021	2022	2023. 4
코스피 시장	1,980.5	2,203.4	1,767.2	1,979.8
코스닥 시장	385.6	446.3	315.5	401.3
합계	2,366.1	2,649.7	2,082.7	2,381.1
코스피 시장/GDP	102.1	106.0	81.7	91.6
코스피 + 코스닥 시장/GDP	121.9	127.4	96.3	110.1

자료 : 한국거래소.

그런데 2022년 들어 미국 연준이 높은 인플레이션을 크게 우려해 금리를 급격히 인상한 결과 한국은행도 금리를 대폭 올리고 새로 들어선 정부도 재정건전성을 강화하는 방향으로 재정정책을 선회하였다. 한국은행이 금리를 3.5%까지 계속 올리면서 주가는 크게 떨어지기 시작하였다.

2021년 코스피 시장과 거품이 꺼진 2022년 시장을 비교해 보면 1년 사이에 코스피 주가지수는 2,977에서 2,236으로 24.9% 떨어지고, 시가총액은 2,203조 원에서 1,767조 원으로 436조 원, 19.8% 떨어졌다. 코스닥 주가지수는 2021년 1,033에서 2022년 679로 34.3% 떨어졌고, 시가총액도 446조 원에서 315조 원으로 1년 사이 131조 원,

29.3% 감소하였다. 상대적으로 코스닥 하락 비율이 코스피 하락 비율보다 컸다.

한국 주식시장이 저평가되어 있다는 예로 보통 다른 선진국에 비해 낮은 주가수익비율Price Earing Ratio ; PER과 낮은 주가순자산비율Price Book Value Ratio ; PBR을 들곤 한다. 그런데 어느 한 해를 기준으로 다른 선진국과 비교해 주가가 낮게 평가되었다고 주장하는 것은 의미가 없다. 특히 자산시장의 거품과 붕괴 현상이 나타날 때는 특정 시점의 PER이나 PBR 값보다는 일정 기간의 추세를 살펴보고 주식시장의 거품 여부를 평가하는 것이 오히려 도움이 될 것이다.

[그림 5-3]은 코스피 시장과 코스닥 시장의 PER과 PBR 수치 변화를 보여준다. 먼저 코스피 시장의 PER을 보면 2017년 12.9에서 2019년에 18.2, 그리고 2020년에 29.4로 크게 올랐다가 2021년, 2022년 각

그림 5-3 코스피 및 코스닥 시장의 PER

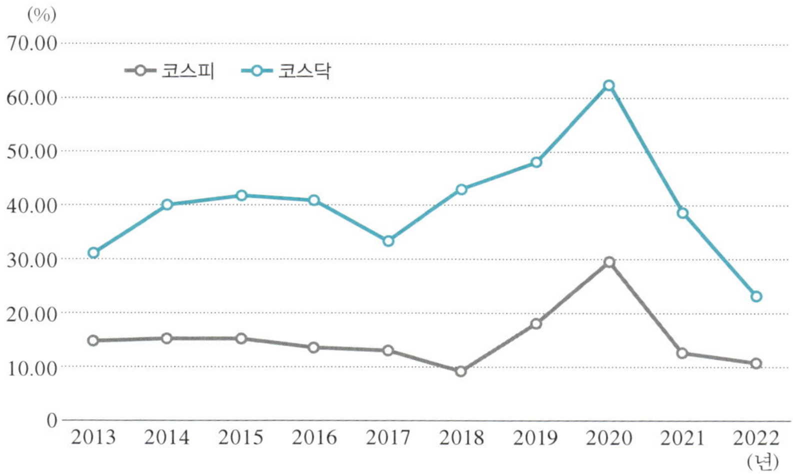

자료 : 한국거래소.

각 12.7, 10.7로 감소하였다. 코로나19 사태가 발생하면서 2020년 주가수익비율이 급격히 상승한 것은 코스피 시장과 실물경제 간의 괴리가 그만큼 컸기 때문이다. 코로나19 사태로 경기가 침체한 상태에서 주식시장의 거품이 크게 끼고 경기가 위축된 것이 그 원인이라 할 것이다. 주요국의 PER과 비교할 때 2017년 PER은 주요 선진국보다 낮았지만 2019년은 주요 선진국 수준이었으며, 2020년에는 주요 선진국보다 오히려 높은 수준이었다. 그것은 기업 이익이 크게 떨어졌음에도 주가가 큰 폭으로 상승한 결과이다. 그런데 2021년과 2022년 들어와 경기가 회복되고 주식시장 거품이 꺼지면서 코스피 PER은 크게 떨어져 2017년 수준보다 오히려 낮아졌다.

코스닥 PER은 기술이나 바이오산업의 미래 기대감으로 인해서 코스닥 지수가 급격히 상승하면서 코스피 PER의 2배가 넘었다. 코스닥 PER은 2017년 33.7에서 2019년 48.3, 그리고 2020년 62.9로 상승하였다. 그런데 2022년 들어와 코스닥 PER은 다시 23.2로 내려와 코스피 PER과 마찬가지로 2017년 수준보다 오히려 떨어졌다.

한편 코스피 PBR은 2017년 1.11에서 2019년 0.89로 떨어진 후 2020년 1.16으로 상승하였다([그림 5-4]). 그런데 2022년에 다시 0.84로 떨어져 코스피 시가총액이 장부상 순가치(청산가치)보다 낮은 수준이 되었다. 이는 주주들이 우리 경제의 미래를 어둡게 보고 있으며, 소액주주에 대한 보호 장치가 미흡하다는 것을 의미한다. 코스닥 PBR은 2017년 말 2.33에서 2019년 말 1.73으로 떨어졌다. 그런데 기술주와 성장주에 대한 기대감이 커지면서 2020년 말 2.55로 대폭 증가한 후 2021년 2.51이 되었다. 그런데 2022년 들어 기술주와 성장주에 대한 환상이 깨

그림 5-4 코스피 및 코스닥 시장의 PBR

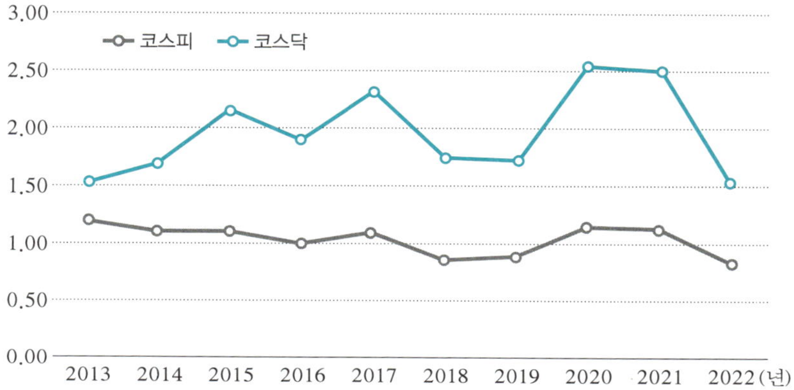

자료 : 한국거래소.

지면서 2022년 말 코스닥 PBR은 1.53으로 대폭 떨어졌다.

2022년 주가지수, PER, PBR이 2017년 수치로 원위치함에 따라 주식시장의 거품이 심했을 때 주식을 사서 팔지 않고 보유하고 있던 사람들은 그만큼 자산상 손실을 크게 보았다.

주가가 본격적으로 상승하기 시작한 2020년 코스닥과 코스피 시장 투자자별 순매수 현황을 보면 과거와는 달리 기관과 외국인은 각각 25.5조 원과 24.5조 원을 순매도하였고 개인투자자는 47.5조 원 순매입하였다.

2020년 들어 주식시장에 개인투자자 수가 크게 늘어 919만 명에 달해 2019년 말보다 48.5%가 증가하였다. 2021년 초에도 개인투자자들이 통 큰 매수로 시장을 흔들었는데, 일례로 2021년 1월 1일부터 15일까지 보름 동안 개인투자자들의 순매수가 14조 원에 달했다. 이는 2019년 동 기간 2.5조 원의 5.6배이며, 해외 주식 순매수 금액도 25억 달러

(2.8조 원)에 달했다.

그런데 문제는 주식시장 거품 상황에서 개인투자자의 투자금액과 수가 너무 급속히 늘었다는 점이다. 주식 투자에 대한 충분한 지식 없이 주식시장에 뛰어들었던 개인투자자들은 2022년 하락장에서 더욱 큰 손해를 보았다. 게다가 이들 개인투자자들은 주식 매입의 상당 부분을 가계 대출, 즉 빚으로 충당하였기 때문에 하락장에서 가계의 손실 부담은 그만큼 더 커졌으며 가계 부채 문제를 더욱 심화시켰다.

2022년 주식시장 침체로 인해 〈표 5-2〉에서 보듯이 국내 대기업 집단의 시가총액과 시총 순위에도 변동이 있었다. 삼성그룹은 1위를 지켰으나 시총 규모는 733조 원에서 572조 원으로 무려 161조 원이나 줄

표 5-2 **시가총액 상위 10위 대기업 집단**

(단위 : 조 원)

순위	2020년 말	2021년 말	2022년 말
1	삼성(682조 원)	삼성(733조 원)	삼성(572조 원)
2	SK(171조 원)	SK(209조 원)	LG(203조 원)
3	LG(139조 원)	현대차(137조 원)	SK(126조 원)
4	현대차(115조 원)	LG(132조 원)	현대차(105조 원)
5	카카오(38조 원)	카카오(110조 원)	카카오(47조 원)
6	포스코(33조 원)	네이버(63조 원)	포스코(43조 원)
7	롯데(22조 원)	셀트리온(45조 원)	셀트리온(35조 원)
8	CJ(19조 원)	포스코(40조 원)	네이버(30조 원)
9	한화(16조 원)	현대중공업(25조 원)	현대중공업(29조 원)
10	현대중공업(16조 원)	롯데(22조 원)	한화(20조 원)

주 : 각 년도 종가 기준.
자료 : 한국거래소.

었다. LG그룹은 LG에너지솔루션 상장에 힘입어 시총 규모가 203조 원으로 2021년의 132조 원에서 대폭 증가하며 2위 자리로 올라섰다. SK그룹은 시총 규모가 209조 원에서 126조 원으로 대폭 줄어들며 2위 자리를 LG에 내주었다. 현대차 그룹은 시총이 137조 원에서 105조 원으로 떨어지며 3위에서 4위로 밀렸다. 성장주 추락의 여파로 카카오와 네이버 시총도 큰 폭으로 줄었다. 카카오 그룹은 시총이 63조 원 이상 줄었으나 5위를 유지하였으며, 네이버는 시총이 33조 원 줄면서 순위도 6위에서 8위로 떨어졌다.

3. 금융정책의 변화와 부동산 시장

(1) 정책 실패와 부동산 시장 거품

지난 5년간 잘못된 부동산 정책과 저금리 정책으로 인해 부동산 시장의 거품이 커졌다. 부동산 시장의 거품 현상은 2022년 들어 한국은행이 금리를 빠른 속도로 올리기 전까지 심해졌다. 그런데 급격한 금리 인상으로 후반기 부동산 시장 거품이 꺼지면서 2023년 들어 부동산 시장의 경착륙을 우려하게 되었다.

부동산 시장의 안정은 경기 안정, 금융안정, 주거 안정과 직결된다. 이와 함께 부동산 시장의 거품과 붕괴 현상은 자산시장과 부의 양극화를 가져와 사회를 혼란에 빠뜨리고 경제안정과 금융안정을 해칠 수 있다.

우리가 부동산 시장의 안정을 평가하는 기준은 여러 가지가 있다. 가장 대표적인 기준 중의 하나는 부동산이 대부분을 차지하는 국민순자산을 국민소득에 대비해 평가해서 그 비율이 안정적으로 유지되고 있는지를 보는 것이다. 과거 수년간 안정적으로 유지되던 이 비율이 급격히 변해 커진다면 부동산 시장에 거품이 발생했다고 할 수 있다.

부동산 시장, 특히 주택시장 안정 여부를 평가하는 또 다른 기준은 평균 주택 가격이 평균 주거비용을 감당할 수 있는가를 살펴보는 것이다. 우리가 소득의 몇 %를 주거비로 쓰는 것이 일반적인가를 생각해 보고 그것이 주택 소유나 임대의 기회비용, 즉 주택 가격에 금리를 곱한 수준과 크게 벗어나는가를 따져 보는 것이다. 한 예로 가구소득이 1억 원이고 소득의 30%를 주거비로 쓴다고 가정할 때 금리가 3%이고 주택 가격이 10억 원 수준이라면 가계가 이를 감당할 수 있을 것이다. 다시 말해 가구가 감당할 수 있는 주거비용이 장기 금리에 주택 가격을 곱한 수준이라면 부동산 시장은 안정되어 있다고 말할 수 있을 것이다.

그런데 금리가 2% 수준으로 떨어지면 주거비용이 2천만 원으로 줄게 될 것이다. 이 경우 소득이 7천만 원인 사람도 본인 소득의 30%인 2,100만 원을 주거비로 쓴다면 10억 원 주택을 감당할 수 있다고 생각할 것이다. 그 결과 10억 원 주택에 대한 수요가 늘어나면서 가격이 상승할 것이다. 한편 소득이 1억 원이었던 사람은 금리 하락으로 주택 가격이 15억 원으로 급등하더라도 주거비를 감당할 수 있을 것이다.

금리 하락은 주택 수요를 늘리고 주택 가격 인상을 가져온다. 이때 소위 말하는 주택 수요에 대한 군집 현상herd behavior과 편승 효과band wagon effect가 발생하면 주택 가격은 오버슈팅 현상overshooting을 보이면서 15억 원 혹은 그 이상까지 계속 오를 가능성도 있다.

우리의 전세제도 또한 가격 급등의 촉매 역할을 할 가능성이 크다.

가격이 계속 오를 것이 예상된다면 전세제도를 이용해서 레버리지를 높여 더 높은 수익률을 노릴 수가 있기 때문이다. 한 예로 전세가가 매매가의 75%라고 할 때 사서 모두 전세를 준다면 한 채 가격으로 4채를 살 수 있다. 이때 가격이 오르면 한 채를 사서 팔 때보다 4배의 수익을 기대할 수 있으므로 가격이 계속 오를 것으로 예상한다면 주택에 대한 가수요가 계속 늘 것이다.

지난 5년간, 특히 코로나19 사태 이후 저금리가 본격화되어 서울을 중심으로 주택시장에 거품이 끼면서 주택 가격은 빠르게 상승하였고 오버슈팅 현상을 보였다. 이러한 오버슈팅 현상은 지금 가격이 정상 수준보다 크게 높지만 앞으로 일정 수준 더 오를 수 있고 가격이 하락하기 전에 자신은 팔고 빠져나올 수 있다고 믿을 때 발생한다.

그런데 계속되는 저금리로 풀린 돈이 자산시장뿐만 아니라 결국 재화시장에 흘러가 물가를 자극해서 인플레이션을 유발하면 상황이 달라진다. 정부가 인플레이션을 막기 위해 금리를 급격히 올리면 그 금리 수준에서 주거비를 감당할 수 없게 되면서 주택 가격은 하락하기 시작하고 부동산 시장의 거품도 빠지게 된다.

앞의 예에서 금리가 다시 3%로 될 때 주택 가격이 10억 원을 넘게 되면 그 소득 수준에서 그 주거비를 감당할 수 없게 될 것이다. 따라서 주택 수요는 줄고 가격 또한 떨어지게 될 것이다. 금리가 더욱 올라 4% 수준이 된다면 1억 원 소득에 30%를 주거비에 쓰는 사람은 주택 가격 7억 5천만 원 수준에서 감당할 수 있을 것이다. 기존 가격에서 주택 수요 감소로 가격은 급락하고 주택 거래가 끊기는 매매 절벽 현상이 나타날 수 있다.

금리 급변 충격에 따른 가격변동은 보통 전세시장에 먼저 나타나고 매매시장으로 번진다. 전세가는 매매가보다 낮고 주택 매매와는 달리 환금성의 문제가 없기 때문이다. 위의 예를 볼 때 금리가 2%일 때 전세가가 15억 원이라면 금리가 4%일 때 전세가는 7억 5천만 원으로 떨어질 것이다. 전세를 계속 놓기 위해서는 전세가 하락이 불가피하며 전세가 하락은 집값 하락으로 이어질 것이다.

한편 금리 인상으로 주택 가격이 하락하면 레버리지를 크게 일으킨 사람은 그만큼 큰 손실을 볼 것이다. 4배 일으킨 사람은 4배의 손실을 보게 된다. 금리 인상과 과도한 레버리지를 감당하지 못한 사람들이 주택시장에 매물을 쏟아내고 구매자들은 추가 가격 하락을 예상한다면 오버슈팅과 반대로 주택 가격이 폭락하는 언더슈팅undershooting 현상도 나타날 수 있다.

위에서 본 것과 같이 주택시장은 금리와 경기(소득 변화)에 가장 큰 영향을 받는다. 금리가 주택 가격에 큰 영향을 끼치는 이유는 주택은 비싸서 보통 주택담보대출을 받아서 구매하기 때문이다. 또한 주택시장은 규제를 포함한 정부의 주택 정책과 신규 주택 입주 물량에 큰 영향을 받는다.

정부는 각종 규제를 통해 부동산 시장을 통제하려고 한다. 규제에는 지역 규제, 세금 규제, 대출 규제, 청약과 분양 등의 거래제한 규제가 있다. 보통 정부는 부동산 시장 과열 현상이 커질 때 규제를 가하고, 사라질 때 규제를 푼다. 그런데 정부 정책에 대한 신뢰가 없다면 규제는 오히려 역효과를 불러일으킨다. 과열을 막기 위한 거래제한 규제가 오히려 이번 아니면 살 수 없을 것이라는 생각을 가지게 만들어 부동산 가격 폭등을 가져오기도 한다.

문재인 정부는 경기 활성화를 위해 코로나19 사태 이전에도 확장적 금융 및 재정 정책을 채택하였는데, 코로나19 사태를 맞아 금리를 대폭 낮추고 재정을 더욱 풀어 시중에 돈이 넘쳤다. 그런데 이렇게 풀린 돈이 생산과 투자로는 연결되지 않고 부동산 시장으로 흘러들면서 부동산 시장 과열을 가져왔고 실물경제와 부동산 시장 간의 괴리를 증폭시켰다. 주택 가격 급등과 함께 주택담보대출과 부동산 관련 기업 대출이 빠른 속도로 늘어나면서 가계와 기업 부채도 급등하였다.

부동산 시장 과열과 가격 급등은 젊은이들 사이에 부동산을 보유한 '벼락부자'와 보유하지 못한 '벼락거지'라는 신조어를 낳기도 하였다. 또한 아파트를 보유하지 못한 젊은이들이 모든 자산을 집어넣어 아파트 구매에 뛰어들면서 이들의 부채가 급등하였고 '영끌'이라는 신조어도 낳았다.

부동산 가격의 폭등은 문재인 정부의 부동산 정책 실패를 보여준다. 아파트 가격 폭등 원인 진단, 정책 목표, 정책 수단, 순서, 그리고 타이밍 모두가 잘못되었다. 가격 폭등의 기본적인 원인은 돈이 과도하게 풀린 상태에서 서울과 수도권 아파트 공급 부족과 신뢰를 잃은 정부 정책에 투기가 가세한 것이다.

부동산 시장 안정을 위해서는 수요에 맞춰 주택 공급을 확대하고 정부 부동산 정책의 신뢰성을 되찾아야 했다. 정부 정책이 신뢰성을 상실하면 투기가 더욱 일어난다는 점을 알아야 했다. 문재인 정부의 부동산 정책은 투기를 막고, 불로소득을 환수하며, 임차인의 권리를 강화하는 주거 정의 차원에서 부동산 이슈에 이념적으로 접근하였다.

공급을 늘리지 않은 채 수요 억제로 일관한 규제 정책은 부동산 시장 과열의 가장 큰 원인이었다. 문재인 정부는 서울의 주택 공급률이 100%에 이르러 공급 부족은 없다고 주장하였다. 서울은 인구 변화가 없어도 1인 가구, 2인 가구 증가로 주택 수요가 높아져 공급이 부족하다는 점을 몰랐다. 또한 개인 소득 3만 달러가 넘는 시대에 1970~1980년대 지은 주택에 만족하지 못한다는 점도 인식하지 못하였다.

게다가 아파트 수요가 주거 안정과 동시에 노후를 대비한 투자 수요라는 점도 인식하지 못하였다. 아파트 가격이 폭등한 것이 다주택자와 투기꾼들 때문이라고 믿었다. 투기 규제 지역을 확장하고, 대출 규제를 강화하며, 세율을 상향 조정해 투기 수요를 막는다면 아파트 가격을 안정시킬 수 있다고 믿었다. 아파트 보유세, 취득세, 양도세를 모두 올려 아파트 거래를 크게 줄였다. 그렇지만 형평을 위해 보유세를 올릴 경우라도 취득세와 거래세를 낮추어 거래 활성화를 도모하였어야 했다.

문재인 정부는 다주택자의 폐해를 막는다는 취지로 주택 가격과 관계없이 1가구 2주택자에게도 높은 세율의 종부세를 부과하였다. 그런데 그 결과는 똘똘한 집 한 채를 갖는 것이 이익이라는 생각으로 강남 등 특정 지역에 수요가 몰려 그 지역 주택 가격이 급등하면서 전국적으로 가격을 올렸다.

한편 주택시장은 다른 재화시장과 구별되는 몇 가지 특징이 있다. 우선, 앞서 언급한 것과 같이 전세시장이 있다는 것이다. 전세시장은 집을 늘리거나 사는 과정에서 중간 다리를 놓는다는 긍정적인 측면이 있다. 그러나 전세제도는 부동산 가격이 상승할 때 갭 투자를 조장하고 부동산 시장 거품을 확대하는 측면이 있다. 반대로 금리가 올라갈 때는 전세시장 가격 하락이 매매시장 가격 하락도 부추기면서 주택시장을 더욱 침체에 빠지게 하기도 한다. 결국 금리가 급변동할 때 전세시장은 전세뿐만 아니라 주택 가격 변동 폭을 넓히면서 부동산 시장의 불안을 확대 재생산할 수 있다.

둘째, 주택은 공간이라는 제약요인을 갖고 있으며 공급이 단시일 내에 이루어지지 않는다는 것이다. 부동산 시장의 안정을 위해서는 단기 수급 정책에 더해 장기 공급 정책을 동시에 세워나가야 할 것이다. 장기 공급 정책의 경우 인구 변화와 가구원 수 변화에 따른 수급 상황 변화를 반영해야 할 것이다. 또한 경제적 약자와 저소득층의 주거 안정을 위한 공공주택 정책도 함께 세워야 할 것이다.

우리는 지난 5년간 부동산 시장의 거품으로 인해 주택 가격 급등과 자산시장의 양극화를 겪었다. 그러나 2022년 들어와 인플레이션을 우려한 미국이 고금리 정책을 펼치고 우리도 금리를 대폭 올리면서 부동산 시장 경착륙과 그에 따른 금융위기 가능성과 경제 침체를 우려하고 있다.

(2) 부동산 시장 거품 붕괴와 금융 불안정

2023년에 들어와서 우리의 목표는 부동산 시장의 연착륙이므로 어떻게 연착륙을 할 것인지, 연착륙의 최종 목표는 어디인지를 설정할 필요가 있다.

한 예로 부동산 시장에 거품이 50% 끼었다고 한다면 최고가에서 30% 하락할 때 기준시점 가격 대비 105%가 되어 가격이 거의 원상복구하였다고 할 수 있다. 지난 5년간 부동산 시장 급등이 저금리를 반영한 거품 현상이었다면 2017년 말 주택 가격/소득 배율 수준으로 되돌리는 것이 바람직할 것이다.

2017년부터 2022년까지 지난 5년간 부동산 시장 거품 현상은 몇 가지 지표를 보면 명확히 알 수 있다. 우선 [그림 5-5]는 2000년대 중반 이후 최근까지 상대적으로 장기간 서울 공동주택 실거래가 지수를 보여준다. 2008년 글로벌 금융위기로 인해 서울 공동주택 실거래가격은 한동안 정체되었으며, 2012~2014년에는 2010년 가격 수준보다 오히려 낮았다. 안정세를 보이던 서울 공동주택 가격은 2017년 들어와서 본격적으로 오르기 시작하였고, 2019년부터 더욱 가파르게 상승하였다. 2017년 11월 지수를 100으로 할 때 2019년 12월 말 실거래가 지수

그림 5-5 아파트 매매 실거래가격 지수

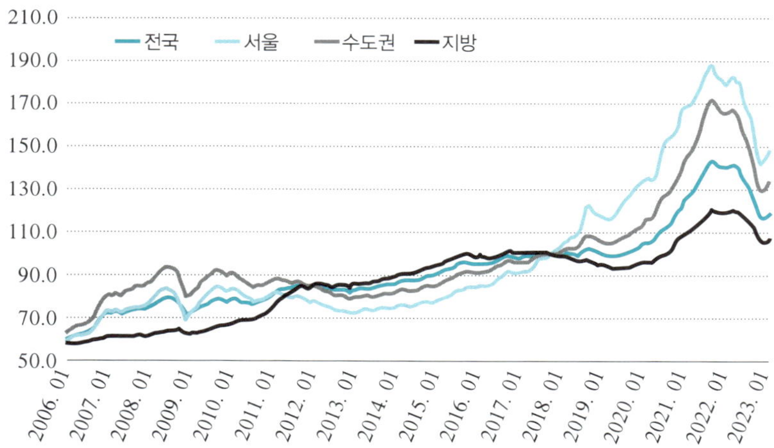

주 : 2017년 11월 = 100.

자료 : 한국부동산원, 공동주택실거래가격지수.

는 131.6을 기록하였으며, 2020년 12월 말 161.3, 그리고 2021년 10월 188.1로 정점을 기록한 후 하락세로 돌아서며 2022년 12월 말 141.5까지 하락했다가 2023년 3월 현재 148.2를 기록하였다. 그런데 실제 가격 하락 폭은 훨씬 컸다. 이는 큰 폭으로 하락한 가격에 매물이 나와도 더 떨어질 것을 예상하고 거래가 이루어지지 않아 실거래가 지수에 반영되지 않은 결과이다.

한편 전국 아파트 가격은 2017년 11월을 100으로 볼 때 2019년 12월은 102.7, 2020년 12월은 119.9, 그리고 2021년 10월 144.0으로 정점을 찍은 후 2022년 들어와 가파르게 떨어지며 연말에 117.2까지 떨어졌다가 2023년 3월 현재 118.9를 기록하고 있다. 한 가지 흥미로운 것은 글로벌 금융위기 이후 2017년까지 전국 지수 상승률은 서울보다 다소 높았다. 그런데 2017년 11월 이후에는 지수 상승률이 서울보다 현저히 낮아 최고 144.0을 찍은 후 빠른 속도로 떨어지고 있다. 아파트 가격 버블 현상이 서울이나 수도권에서 심한 것을 볼 때 이번 버블 현상이 서울과 지방 간 자산 양극화를 더욱 악화시킨 것을 알 수 있다.

2017년 이후 부동산 시장의 버블 현상이 심화된 것은 국토교통부가 발표한 자가 가구의 연소득 대비 주택가격 배수Price Income Ratio ; PIR와 임차가구의 월소득 대비 월임대료 비율Rent Income Ratio ; RIR을 보아도 알 수 있다.[4]

먼저 PIR을 보면(〈표 5-3〉) 서울은 2020~2021년 13.5에서 15.4로, 전국은 7.3에서 8.9로 대폭 늘어나 역대 최고를 기록했다. 소득보다 주택 가격이 훨씬 빠른 속도로 늘어나 주택을 소유한 가구와 그렇지 못한 가구와의 자산 양극화가 더욱 악화된 것을 알 수 있다. 서울에 평균 수준

표 5-3 시도별 PIR, RIR

	PIR		RIR(%)	
	2020	2021	2020	2021
전국	7.3	8.9	20.9	21.5
서울	13.5	15.4	27.3	29.7

자료 : 국토교통부(2022), 2021년도 주거실태조사 결과.

의 자가 주택을 가지려면 가구소득 전부를 저축하더라도 15.4년이 걸린다는 것이다. KB국민은행(2023)의 최근 자료를 보더라도, 2020~2022년 서울의 PIR은 14.9, 18.0, 16.9, 전국은 5.4, 6.9, 6.8로 최근 약간 하락했으나 여전히 높은 상황이다.[5] 이를 다른 국가의 주요 도시와 비교해 봐도 OECD 주요 국가 중에서 서울의 PIR이 가장 높게 나타나고 있다.[6] 따라서 서울의 주거 안정을 위해서는 효율적인 정부 정책이 필요하다. 한편 임차인은 서울의 경우 월임대료로 2020년, 2021년 각각 자기소득의 27.3%, 29.3%를 썼으며, 전국적으로는 20.9%, 21.5%를 썼다. 2021년 들어 부동산 가격 상승으로 월임대료 비율이 상승하였음을 알 수 있다.

부동산 시장 과열 현상을 보여주는 또 다른 지표는 국민순자산/GDP 배율이다. 이 배율은 2011년 7.5를 기록한 이후 2017년 7.8로 비교적 안정적인 수치를 유지하였다. 그런데 이 수치는 2018년 8.2, 2019년 8.6으로 상승한 후 2021년 9.8까지 빠른 속도로 상승하였다. 5년 동안 토지자산과 건설자산 가치가 빠른 속도로 상승하면서 국민순자산이 국민소득에 비해 더욱 빠른 속도로 늘었기 때문이다. 반면 국민 생산과 관련된 고정자산은 GDP의 3.3배 수준에서 안정적으로 유지되었는데,

이는 선진국 3.1 수준과 큰 차이가 없다.

(3) 부동산 금융 익스포저의 심각성

부동산 매입은 보통 매입 부동산을 담보로 일정 부분 금융기관 대출을 받아 이루어지므로 부동산 시장 거품 붕괴는 금융시장 불안정으로 이어지기 쉽다. 부동산 관련 금융기관과 보증기관의 대출 및 금융투자 상품 합계를 부동산 금융 익스포저라고 한다. 〈표 5-4〉에서 보듯이 2022년 9월 말 현재 부동산 금융 익스포저는 2,696.6조 원으로 전년 동기 대비 9.3% 증가하였다.

표 5-4 **부동산 금융 익스포저 현황**

(단위 : 조 원)

총합 2,696.6					
가계금융	1,297.6	**기업금융**	1,074.4	**금융투자상품**	324.6
부동산담보대출	690.0	대출금	580.7	부동산펀드·리츠	161.5
정책모기지론	133.4	PF 대출	116.6	회사채·CP	10.6
개인보증	368.3	PF 유동화증권	46.8	주택저당증권	152.5
주택연금	106.0	사업자 보증	330.4		

자료 : 한국은행(2022), 금융안정보고서, p.125.

형태별로 보면 가계 여신이 1,297.6조 원으로 48.1%, 부동산 관련 기업 여신이 1,074.4조 원으로 39.8%, 금융투자상품이 324.6조 원으로 12.0%를 차지한다. 그중에서 기업 여신은 금융기관 대출, 사업자 보증, PF 대출 등이 늘어나면서 전년 동기 대비 332.9조 원(17.3%) 증가하였다.

부동산 금융 익스포저는 우리 GDP보다 큰데, 이들 상품의 건전성은 부동산 시장의 안전성과 직결된다. 서울의 아파트 가격은 거품이 낀 상태이며, 부동산 시장의 연착륙은 우리 경제가 풀어야 할 가장 큰 숙제 중 하나이다.

금리 급등과 부동산 가격 급락은 금융 안전성을 해칠 우려가 크다. 부동산 가격이 큰 폭으로 조정될 때 가계, 기업, 금융기관의 재무 건전성은 크게 악화될 것이다. 한국은행에 의하면 우리나라 전체 가구 자산의 82%가 주택 등 실물자산인데, 금융부채 보유 가구의 경우 이 비중이 86%에 달한다.[7]

주택담보대출을 받은 가구는 당연히 금융부채 보유 가구이다. 한국은행은 원리금 상환 부담이 크고(DSR > 40%) 자산 매각을 통해 부채 상환이 어려운(DTA > 100%) 가구를 고위험가구로 보고 주택 가격 20% 하락 시 그 비중이 어떻게 달라지는지 측정하였다. 2022년 6월 말 현재 그 비중이 3.3%에서 4.9%로 확대되는 것으로 나타났다.[8]

그런데 현실은 이것보다 훨씬 심각할 수 있다. 서울이나 세종시 등 지역적으로는 주택 가격 30% 하락이 현실로 나타날 가능성이 있다. 또한 DSR > 40% 가구들은 연체할 가능성이 큰 가구들이며, DTA > 100 가구들은 주택 가격이 대출금액에도 못 미치는 가구들이다. 금리 급등 요인으로 주택 가격이 급락한다면 가계 대출 부실이 발생하고 대출 금융기관들의 재무 건전성도 크게 악화될 것이다.

한편 부동산 경기 둔화는 부동산업과 건설업 등 관련 업종의 수익성 저하와 부실로 이어지면서 경기침체와 함께 부동산 관련 기업 금융의 부실 위험을 높이고 금융 시스템의 안정을 저해할 수 있다.

부동산 관련 기업 금융은 〈표 5-4〉에서 보듯이 크게 기업 대출, PF 대출, PF 유동화증권, 사업보증으로 나뉜다. 그런데 우리 금융 시스템에 내재한 가장 큰 구조적 취약성은 부동산 PF 대출과 PF 유동화증권이다. PF 대출과 PF 유동화증권을 취급하는 금융기관들은 2022년 초부터 부동산 가격 급락, 원자재 가격 인상, 미분양 급증 사태에 직면하고 있는데, 금리가 급등하고 유동성이 메말라가면서 자금 확보와 차환에 어려움을 겪고 있다. 부동산 시장의 거품이 붕괴하고 부동산 시장이 경착륙한다면 취약한 부동산 관련 기업들과 함께 PF 대출과 PF 유동화증권을 취급하는 금융기관들의 부실이 우려된다. 특히 글로벌 금융위기 이후 여신전문사 및 증권사와 같은 비은행 금융기관들이 PF 대출 시장에서 큰 역할을 담당하고 있는데, 금리가 급등하고 유동성이 메마르면서 환매에 어려움을 겪고 있는 이들 기관의 금융 부실이 금융 시스템 리스크로 확산될까 걱정된다.

부동산 관련 기업 대출은 2017년 이후 풍부한 유동성과 부동산 시장 활황에 힘입어 빠른 속도로 증가하였다. 부동산업과 건설업이 전체 기업 대출에서 차지하는 비중도 2017년 말 30.7%에서 2022년 9월 말 33.7%로 상승하였다. 그런데 은행은 부동산 관련 건전성 유지에 신경을 쓴 반면 비은행권은 수익성 제고에 노력함으로써 부동산 관련 기업 대출은 비은행권 중심으로 빠르게 늘어났다.

글로벌 금융위기 직후 PF 대출 부실 사태를 겪었던 은행은 PF 대출에 소극적이었던 반면 사업 다각화와 수익성 제고를 노리던 비은행권은 PF 대출에 과감히 뛰어들었다. 2022년 9월 말 현재 은행의 PF 대출은

30.8조 원인 반면 비은행권의 PF 대출은 85.8조 원에 이른다. 한편 증권회사의 PF 대출 시장 참여로 PF 대출의 유동화가 빠른 속도로 증가해 전체 부동산 PF 익스포저에서 유동화증권이 차지하는 비중도 크게 늘었다. PF 유동화증권 발행 증가로 PF 사업과 자본시장 간 연계성이 높아졌으며, 채권시장과 단기금융시장의 충격이 PF 대출 시장에 직접적인 영향을 끼치게 되었다.

2022년 후반 급격한 금리 인상으로 시중 유동성이 떨어진 상태에서 은행들과 한전 등은 자금 확보를 위해 은행채와 특수채 발행을 크게 확대하였다. 상대적으로 안전하고 금리도 높은 은행채와 특수채에 자금이 쏠리면서 초우량채권의 회사채 구축crowding out 효과가 나타났다. 이 상황에서 강원도가 지급 보증을 철회하겠다고 나선 레고랜드 사태는 PF 유동화증권 차환과 신규 발행뿐만 아니라 PF 대출 자체를 어렵게 만들기도 하였다.

이런 악조건에서 금리 인상이 빨라지고 부동산 시장이 침체되면서 부동산 관련 PF 대출 부실이 더욱 우려되고 있다. 부동산을 개발할 때 이를 주관하는 시행사는 브리지론bridege loan을[9] 일으켜서 토지를 매입하고 건설을 담당할 시공사를 선정하며, PF 대출을 통해서 건설 자금을 확보한다. 이때 시행사는 상대적으로 고금리인 브리지론을 먼저 갚고 나머지 자금을 공사비로 충당한다. 그리고 PF 대출은 시행사가 부동산 분양 대금을 받아 갚는 것이 일반적이다.

그런데 부동산 경기 부진으로 아파트 분양이 제대로 이루어지지 않을 경우 사업을 맡은 건설사와 자금을 대출해 준 금융기관의 자금 회수가 어려워져서 부실 위험이 커진다. PF 대출에는 건설사의 지급 보증,

그리고 PF 유동화증권의 경우 이를 주선한 증권사의 지급 보증이 따르는 것이 보통이다. 부동산 경기가 침체하고 미분양이 쌓이면 지급 보증을 한 건설사와 증권사가 책임을 떠맡게 되면서 이들의 부실 위험이 커진다.

한편 기업 금융 중 신용보증기관의 사업자 보증 규모도 코로나19 사태 이후 크게 확대되어 2022년 9월 말 현재 330.4조 원에 이르렀다. 보증 유형별로는 신규 아파트 안정 공급을 위한 분양 보증이 225.6조 원, 그리고 임대보증금 보증이 58조 원에 이른다. 사업자 보증의 신용 리스크는 공적 보증기관이 담당하므로 사업자 보증 사고가 늘어나고 변제금액이 늘어난다면 공적 보증기관의 손실을 책임질 의무가 있는 정부의 재정부담이 그만큼 늘어날 것이다.

최근 들어 부동산 시장 침체로 인해 과거 인기 있던 지역의 미분양 사태가 우려되면서 정부가 부동산과 관련된 여러 정책을 내놓고 있다. 과거 부동산 버블 때 내놓았던 청약과 분양 관련 실거주 의무 제한, 전매 제한, 청약 제한 규제를 대폭 풀고 정부가 PF 대출 지급 보증을 하기에 이르렀다. 그러나 이러한 조치들도 아파트 가격이 하락하는 상황에서 신규 아파트 청약 가격이 주변 시세에 비해 높다고 인식될 경우 그 효력을 발휘하기가 힘들 것이다. 그동안 부동산 가격이 비정상적으로 급격히 오른 지역에서 고점 대비 상당한 수준의 가격조정은 불가피할 것이다. 다만 금융안정과 경제안정을 해치지 않도록 부동산 시장의 경착륙은 막아야 할 것이다.

[미주]

01 코로나19 관련 시장안정화 대책은 김인준(2021) 5장을 참조할 것.

02 한국과 미국의 기준금리가 역전된 것은 [그림 5-1]에서 보듯이 외환위기 이후 2000년대 초, 2006년 전후, 2019년 전후, 최근 등 네 번이다. 각 시기 중 최대 금리차는 각각 1.50%, 1.00%, 1.00%, 그리고 1.75%로 최근의 격차가 가장 크다.

03 마진 콜이란 투자 및 거래 과정에서 기준 유지증거금이 부족한 경우 투자 상품 거래를 중개하는 회사가 고객에게 추가증거금을 납부하도록 요구하는 것을 의미.

04 PIR 및 RIR 지수는 발표기관마다 기준이 약간씩 달라 구체적인 수치가 다를 수 있으나 추세 자체는 동일하게 나타난다.

05 KB국민은행(2023).

06 국가·도시 비교 사이트 Numbeo에 따르면 2023년 3월 서울의 PIR은 28.8로 파리 20.1, 로마 16.3, 런던 15.8, 시드니 14.3, 도쿄 13.2, 베를린 12.1, 뉴욕 10.2보다 훨씬 높다. https://www.numbeo.com/cost-of-living/

07 한국은행, 『금융안정보고서』, 2022. 12, 120쪽

08 가계의 채무 상환 능력을 소득 측면에서 평가하는 것이 원리금 상환 비율(Debt Service Ratio ; DSR)이고, 자산 측면에서 평가하는 것이 부채/자산 비율(Debt To Asset Ratio ; DTA)이다. 가계부실위험 지수(Housing Dept Risk Index ; HDRI)는 가계 부채의 부실위험이 얼마나 높은지를 가구의 소득 흐름은 물론 금융 및 실물 자산까지 종합적으로 고려하여 평가하는 지표로 DAR과 DTA를 결합한 것이다. HDRI는 DSR =40% 및 DTA =100%일 때 100의 값을 갖도록 설정되어 있다. 한국은행, 경제용어사전 참조.

09 브리지 론은 말 그대로 자금과 자금 사이에서 다리 역할을 해주는 대출이다. 일시적으로 자금 조달에 어려움을 겪는 기업에 제공하는 대출로 일종의 '임시방편 자금 대출'을 말한다.

CHAPTER 06

재정정책과 국가 부채

우리는 외환위기와 글로벌 금융위기를 겪으면서 대외신인도를 높이고 위기 극복을 위해 재정건전성을 유지하는 것이 무엇보다도 필요하다는 사실을 절실하게 느꼈다. 중규모 개방경제인 우리나라의 경우 재정건전성 유지는 외환보유고의 충분한 확보와 함께 경제위기를 사전에 방지하기 위해서 절대적으로 필요하다.

쌓이는 국가 부채는 미래 세대의 부담이다. 선심성 지출 확대는 득보다 실이 크며, 생산적인 재정지출과 조세 개혁을 통해 경제의 활력과 성장잠재력을 높여야 할 것이다. 성장잠재력을 높이기 위해서는 인력 양성, 사회간접자본, 구조 개혁과 기술 혁신에 정부 재정을 투입할 필요가 있다.

재정정책은 경기 조절 기능을 담당하므로 재정은 단기적으로는 적자를 볼 수 있다. 그렇지만 정부 재정은 지속 가능하고sustainable 장기적으로 균형을 이루는 것이 바람직하다. 그런데 언젠가부터 우리나라 정부의 재정정책 운용은 장기적인 관점보다 단기적인 인기만을 추구하는 것처럼 보이기 시작했다. 그 결과 역대 어느 때보다도 재정 상황이 취약해져 있다. 만일 또 다른 위기가 닥친다면 과연 이에 대처할 수 있는 여력이 있을까 하는 의구심을 지울 수 없다.

1. 급격한 재정 악화

(1) 지난 5년간 재정 추이

[그림 6-1]은 2011~2022년의 재정 총수입, 총지출, 통합재정수지, 그리고 관리재정수지의 추이를 보여준다. 지난 5년간 정부 총수입은 2017년 430.6조 원에서 2022년 617.8조 원으로 늘었으며, 총지출은 400.6조 원에서 682.4조 원으로 늘었다. 문재인 정부 초기 2년 동안에

그림 6-1 재정수지

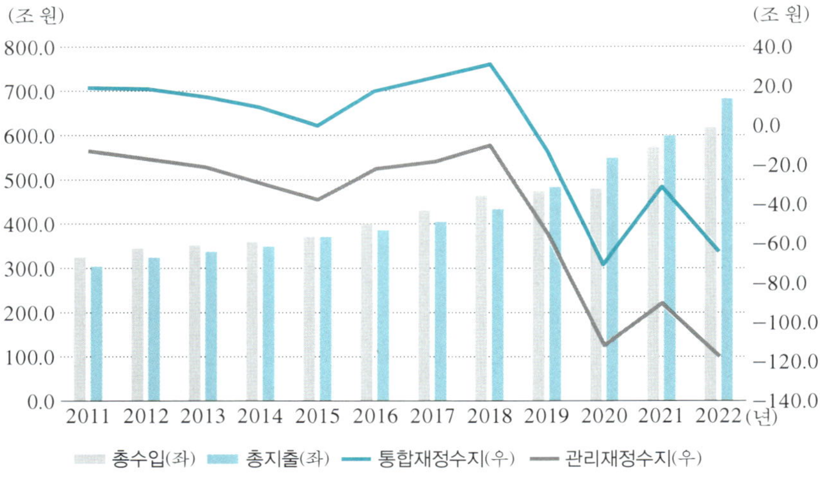

주 : 통합재정수지 = 총수입 - 총지출.
자료 : 기획재정부, 재정통계. https://www.openfiscaldata.go.kr/op/ko/index

는 총수입이 총지출보다 커서 통합재정수지가 흑자를 기록했다. 한편 관리재정수지는 정부의 통합재정수지에서 사회보장성 기금 수지를 뺀 수치로 정부의 재정건전성을 평가하는 지표로 사용된다.[1] 2017~2018년 기간 중에는 국민연금 등이 흑자를 기록해 통합재정수지가 흑자를 보였지만, 관리재정수지는 GDP 대비 -1% 전후 수준의 적자를 유지하였다.

그런데 문재인 정부가 이후 확대재정정책을 택하면서 코로나19 사태 발생 이전인 2019년에 이미 통합재정수지와 관리재정수지는 GDP 대비 각각 0.6%와 2.8%인 12조 원과 54.4조 원 적자를 기록하였다.

코로나19 사태가 발생하면서 정부는 이를 극복하기 위한 재난지원금 지급 등 재정지출을 대폭 확대하였으며, 이러한 추세는 2022년 예산 편성까지 이어졌다. 문재인 정부에서 세운 2021~2025년 국가재정운용계획에 따르면 코로나19 사태 종식 이후에도 GDP 대비 관리재정수지 적자 비율을 4%대 후반을 유지하며 확대재정정책을 지속하는 것으로 되어 있다(〈표 6-1〉). 재정의 지속 가능성보다는 기본소득제 등 선

표 6-1 문재인 정부 국가재정운용계획

(단위 : 조 원, %)

	2021	2022	2023	2024	2025
총수입	514.6	548.8	570.2	593.9	618.5
총지출	604.9	604.4	634.7	663.2	691.1
통합재정수지	-90.3(4.4)	-55.6(2.6)	-64.5(2.9)	-69.4(3.0)	-72.6(3.0)
관리재정수지	-126.6(6.2)	-94.7(4.4)	-104.7(4.7)	-108.4(4.7)	-109.2(4.6)

주 : 2021년은 추경 포함. ( ) 안은 GDP 대비 적자 비율.

자료 : 기획재정부(2021), 2021~2025 국가재정운용계획.

심성 정책에 관심을 가졌다. 코로나19 사태 극복을 위한 재정지출 확대가 불가피한 측면이 있지만 재정건전성을 고려하지 않은 확대재정정책은 문제가 있었다.

그 결과 2022년 통합재정수지와 관리재정수지는 각각 64조 6,000억 원, 117조 원 적자를 기록해 역대 가장 컸다. 통합재정수지는 전년 대비 34조 1,000억 원, 관리재정수지는 전년 대비 26조 4,000억 원 늘어났다. GDP 대비 관리재정수지 적자 비율은 5.4%로 1990년 이후 역대 두 번째로 높았으며, GDP 대비 통합재정수지 적자도 3.0%로 높게 나타났다.

과도한 재정적자가 누적되면서 우리나라 국가 부채는 최악의 상황으로 빠져들게 되었다. 정부의 부채 통계는 보통 국가 채무(D1), 일반정부 부채(D2), 공공부문 부채(D3) 등 세 가지 유형으로 관리된다.[2] 각각의 포괄 범위를 보면 국가 채무는 중앙 및 지방 정부의 회계 및 기금의 부채이고, 일반정부 부채는 국가 채무에 연금충당 부채 등을 더해 재무제표상 부채를 구한 후 비영리공공기관 부채를 더한 값이며, 공공부문 부채는 일반정부 부채에 비금융공기업의 부채를 더한 값이다.

〈표 6-2〉를 보면 2022년 말 기준 국가 채무가 1,068.8조 원, 일반정부 부채가 1,230.0조 원, 그리고 공공부문 부채(2021년 말 기준) 규모가 1,427.3조 원으로 GDP 대비 국가 채무 비율, 일반정부 부채 비율, 공공부문 부채 비율이 각각 49.7%, 54.3%, 68.9%에 달한다.

표 6-2 **국가 채무, 일반정부 부채, 공공부문 부채**(2022)

(단위 : 조 원, %)

	국가 채무	일반정부 부채	공공부문 부채
규모	1,068.8	1,230.0	1,427.3
GDP 대비 비율	49.7	54.3	68.9

주 : 공공부문 부채는 2021년

자료 : 기획재정부, 재정통계. https://www.openfiscaldata.go.kr/op/ko/index

지난 10년간 우리 국가 부채가 대폭 증가한 것도 문제지만 증가 속도가 너무 빠르다는 점이 더 큰 문제이다. 예를 들어, 국가 채무는 2016년 600조 원(626.9조 원)을 넘겼고, 2019년 700조 원(723.2조 원)을 돌파한 뒤 2020년 800조 원(846.6조 원), 2021년 900조 원(970.7조 원), 2022년 1,000조 원(1,067.7조 원)을 넘기면서 최근에는 매년 100억 원 이상씩 불어나고 있다([그림 6-2]).

그림 6-2 국가 채무 추이

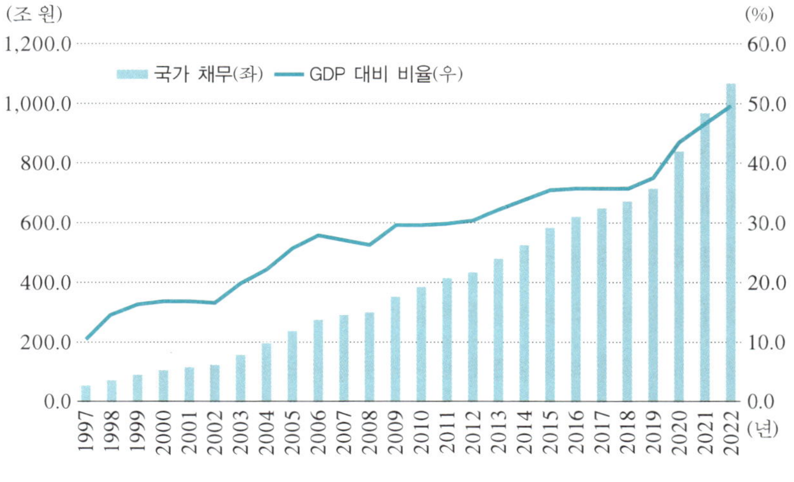

자료 : 기획재정부, 재정통계. https://www.openfiscaldata.go.kr/op/ko/index

공공부문 부채(D3)에 군인연금과 공무원연금 충당부채를 더하면 가장 광의의 정부 부채(D4)가 된다. 그런데 우리의 경우 D3와 D4 부채가 상당히 크다. 정부가 재정 부담이 있는 큰 사업을 공기업에 떠넘기는 경향이 있고 군인과 공무원의 연금 지급을 보증하고 있기 때문이다.

일반정부 부채와 공공부문 부채가 국가 채무와 같은 속도로 늘어난다면 부채 관리에 빨간불이 켜질 것이다. 정부는 국가 채무와 일반정부 부채의 대 GDP 비율이 너무 높아지지 않도록 관리해야 할 것이다. 이와 함께 비금융공기업의 부채가 GDP의 10%가 넘지 않게 이를 줄이는 노력도 함께 해야 할 것이다.

(2) 기존 재정정책의 기조 : 퍼주기 정책

이처럼 최근 들어 재정 상황이 급격히 악화된 이유로 물론 코로나19 사태에 대처하기 위한 재정지출을 들 수 있다.

코로나19와 싸우기 위해서는 대규모 정부 재정이 필요하다.[3] 먼저 코로나19 관련 검사test, 추적trace, 치료treatment에 필요한 보건의료 비용, 취약계층에 대한 최저생활 유지 지원금, 영업금지 제한 등 정부 조치로 인한 손실 보전금, 대출 만기 연장과 이자 상환 유예 등으로 인한 금융부문 손실에 대한 정부 분담금 등에 정부 재정이 크게 들어갔다.

정부는 코로나19 사태로 인한 소득 감소 보전 및 소비 촉진 등을 위한 저소득층 대책과 소상공인 대책 등도 마련하였다. 긴급재난지원금 지원과 함께 정부는 사회보험료 감면, 수출기업 보증 보험 지원, 벤처와 스타트업 자금 지원, 중소·중견기업 부담 경감을 위한 재원 지원 계획도 발표하였다. 한편 정부는 코로나19 사태로 인한 가계의 소득 감소 보전 및 소득 촉진 등을 위한 긴급재난지원금 필요성을 제기하고 재원을 마련하였다.

정부는 또한 소비 촉진을 위한 납세 기간 연장 및 세제 혜택, 수출기업 만기 연장 등 지원대책과 대규모 고용안정 특별대책도 세웠다. 고용안정 자금을 마련해 소상공인 기업 고용 유지 지원, 근로자 생활안정 대책, 긴급 일자리 창출, 실업대책에 썼으며 재원은 추경을 통해 확보하였다.

그런데 문제는 이러한 정책들이 위기 대처 방안을 넘어 포퓰리즘 정책으로 진행되어 버렸다는 것이다. 우리는 코로나19 사태 속에서 재정제약이 없는 것처럼 정치권이 선심성 정책을 남발하는 것을 보았다. 재원과 형평성을 고려하지 않은 손실 보상 방안, 선별과 보편 동시 재난지원금 방안, 기업 간 이익공유제 방안 등 포퓰리즘 정책이 난무하였다.

코로나19 사태로 인해 재정적자가 눈덩이처럼 늘어나는 상황에서 전 국민을 상대로 한 이와 같은 포퓰리즘 지원은 바람직하지 않을 뿐만 아니라 재원의 낭비다. 코로나19 사태 이후 방만한 재정·금융정책의 부작용으로 인한 부동산 가격과 주가 상승으로 자산시장 거품이 발생해 부의 양극화가 더욱 진행되어 버렸다. 전 국민 무차별 지원은 경기 부양 효과도 미미할 뿐만 아니라 또 다른 포퓰리즘을 낳고 재정 상황만 더욱 악화시켰던 것이다.

그 결과 지난 정부 출범 당시 660.2조 원이었던 국가 채무(D1)가 2022년에는 1,068.8조 원으로 5년 동안 400조 원 이상 증가하였고, GDP 대비 국가 채무 비율도 2017년 36.0%에서 2022년에는 거의 50%에 육박하였다. 이는 역대 정부들과 비교했을 때 가장 높은 수치인데, 코로나19 사태로 인한 확장재정을 감안해도 지나치다고밖에 볼 수 없다.

정부는 코로나19 사태를 극복하기 위해 책정한 사상 최대의 적자 예산 필요성과 동시에 앞으로 상환 계획을 솔직히 설명하고 이해를 구해야 했었다. 한 번 늘어난 재정적자를 줄이기는 쉽지 않다. 국가 부채 관리를 위해서는 긴축재정정책이 뒤따라야 하는데 긴축재정정책은 고통이 수반되고 인기도 없는 정책이기 때문이다.

우리 정부는 우리의 국가 부채가 아직 걱정할 단계가 아니라고 누누이 강조해 왔다. 이와는 달리 독일의 메르켈 총리의 경우 대국민 연설에서 독일 연방정부가 코로나19 팬데믹을 저지하고 위기를 극복하기 위해서 짧은 기간 막대한 예산을 투입했고 새로운 국가 부채가 많이 발생함을 인정하였다. 메르켈은 재정 지원이 이루어지지 않아 기업이 파산하고 수백만 명이 직장을 잃는다면 재정적으로나 사회적으로 더 큰 대가를 치르게 되었을 것이라는 점을 설명하였다. 메르켈은 이어 이런 수준의 재정 지원을 끝없이 지속할 수는 없으며, 2023년부터는 급격히 증가한 신규 국가 부채를 갚아나가기 시작해야 하므로 향후 수년간 예산정책과 관련해 엄청난 도전에 직면할 것이라는 점을 밝히고 국민의 양해를 구했다.

2. 재정 기조 전환과 적정 국가 부채 규모

(1) 국가재정운용계획

현 정부는 우리 경제·사회 재도약을 위한 재정의 역할은 적극적으로 수행하며 재정의 지속 가능성 제고를 위해 건전재정 기조 확립에 역점을 두는 정책을 채택하였다. 이에 따라 지난 수년간 확장적 재정운용 기조하에 전례 없이 빠르게 증가한 국가 채무 증가 속도를 안정화하기 위해 지출 절감, 총수입 확충 등을 통해 고착화되고 있는 관리재정수지 적자를 개선하는 방향으로 국가재정운용계획을 마련하였다.

새로운 재정운용계획에 따르면, 〈표 6-3〉에서 보듯이 2023~2026년 통합재정수지는 거의 균형 상태로 관리하고 관리재정수지는 −2% 중반에서 관리하여 적자 폭을 대폭 개선하는 정책을 채택하였다.

표 6-3 2022~2026 국가재정운용계획

(단위 : 조 원, %)

	2022년	2023년	2024년	2025년	2026년
총수입 (증가율)	609.1 (26.2)	625.9 (13.1)	655.7 (4.8)	685.6 (4.5)	715.2 (4.3)
총지출 (증가율)	679.5 (21.8)	639.0 (5.2)	669.7 (4.8)	699.2 (4.4)	728.6 (4.2)
통합재정수지 (GDP 대비, %)	−70.4 (−3.3)	−13.1 (−0.6)	−14.0 (−0.6)	−13.7 (−0.6)	−13.4 (−0.5)
관리재정수지 (GDP 대비, %)	−110.8 (−5.1)	−58.2 (−2.6)	−58.6 (−2.5)	−57.4 (−2.3)	−56.6 (−2.2)
국가 채무 (GDP 대비, %)	1,068.8 (49.7)	1,134.8 (49.8)	1,201.2 (50.6)	1,271.9 (51.4)	1,343.9 (52.2)
조세부담률	23.3	22.6	22.7	22.8	22.9
국민부담률	31.1	30.7	30.8	31.0	31.3

주 : 2022년 2차 추경 기준.
자료 : 기획재정부.

이를 뒷받침하기 위해 재정수입은 경제성장에 따른 세수 증가 및 기금 수입 증가를 통해 확보하고자 하였다. 동시에 윤석열 정부는 임기 동안 조세부담률을 23%를 넘지 않는 선에서 유지하고 국민부담률도 32% 수준 내에서 유지하려고 하고 있다.[4] 지출 측면에서도 강력한 재정지출 재구조화를 통해 필수 소요를 최대한 반영하면서도 총지출 증가율을 하향 조정하여 관리하고자 하였다. 이에 따라 재량지출 중 불요불급한 소요는 과감히 축소함으로써 1.5% 수준으로 증가 폭을 최소화하고, 의무지출은 필수소요 확대에 대응하기 위해 연평균 7.5%로 증가시키되 지출 효율화 추진 등을 통해 최대한 관리하기로 하였다.[5]

새로운 재정운용계획 효과는 2023년부터 나타날 것으로 보이는데, 통합재정수지는 GDP 대비 −0.6%인 13.1조 원 적자, 관리재정수지는 −2.6%인 58.2조 원 적자가 예상된다. 이는 2022년 통합재정수지 −2.5%, 54.1조 원 적자, 관리재정수지 −4.4%, 94.1조 원 적자 수준에 비해 대폭 개선된 수치이다. 또한 2023년 국가 채무 전망치는 1,134.8조 원으로 GDP 대비 49.8%로 2022년에 비해 0.1% 증가에 그칠 전망이다. 현 정부 들어 재정 기조를 건전재정 기조로 전환하고, 그에 따라 관리재정수지 적자 폭 및 국가 채무 수준을 관리할 계획을 세운 것은 그나마 다행이다.

(2) 적정 국가 부채 규모

〈표 6−4〉는 지난 5년간 국가 채무 추이 및 구성을 보여주고 있다. GDP 대비 국가 채무의 비율은 이전에는 서서히 증가해 왔는데, 지난 정부 5년간 폭발적으로 늘어나 무려 14%p나 증가하였다. 구성 면에서 국가 채무의 대부분은 중앙정부의 채무이며, 지방정부의 순채무는 극히

일부분에 불과하다.

표 6-4 국가 채무 추이 및 구성

(단위 : 조 원, %)

		2017	2018	2019	2020	2021	2022	2023
국가 채무(1 + 2)		660.2	680.5	723.2	846.6	970.7	1,068.8	1,134.8
(GDP 대비, %)		36.0	35.9	37.6	43.6	46.9	49.7	49.8
중앙정부	**계**(1)	627.4	651.8	699	819.2	939.1	1,037.7	1,102.1
	국채	623.3	648.4	696.3	815.2	937.0	1,035.8	1,100.7
	차입금	3.8	3.2	2.6	3.3	2.0	1.9	1.2
	국고채무 부담 행위	0.2	0.2	0.1	0.7	0.1	0.1	0.2
지방정부 순채무	**계**(2)	32.8	28.7	24.2	27.5	31.5	31.1	32.6
적자성 채무	**계**(1)	374.8	379.2	407.6	512.7	597.5	678.2	721.5
	일반회계 적자 보전	289.6	300.4	334.7	437.5	523.1	610.8	656.8
	공적자금 국채 전환 등	85.1	78.8	72.9	75.2	74.4	67.4	64.7
금융성 채무	**계**(2)	285.4	301.3	315.6	333.9	373.2	390.6	413.3
	외환시장 안정용	222.3	234.9	247.2	256.4	263.8	271.0	279.0
	서민 주거 안정용 등	63.1	66.4	68.5	77.5	109.3	119.7	134.2

자료 : 기획재정부.

또한 국가 채무는 향후 국민의 부담으로 상환해야 하는 적자성 채무와 채무에 상응하는 외화자산, 융자채권 등을 보유한 금융성 채무로 나누어 볼 수 있다. 이 중 지난 5년간 국가 채무를 급증시킨 것은 적자성 채무로, 특히 정부 재정적자를 보전하기 위한 것이 두 배 이상(110.9%) 폭증하였다. 이에 반해 향후 국민 부담으로 전가되지 않는 금융성 채무는 동 기간 44.8% 증가에 그쳤다. 한편 2023년 현재 적자성 채무는 721.5조 원으로 전체의 63.6%이며, 금융성 채무는 413조 원으로 36.4%이다. 금융성 채무는 외평기금과 주택기금의 채무가 대부분을 차지한다.

지난 수년간 급격히 증가한 추이를 고려해 볼 때 국가 부채의 적정한 관리가 필요하다고 생각한다. 그런데 적정 GDP 대비 국가 부채 비율이 얼마인지에 대한 이론적인 해답은 없다. 그리고 각국이 처해 있는 상황에 따라 그 해답은 각기 다를 것이다. 한 예로 유럽연합이 재정건전성 기준으로 삼는 GDP 대비 국가 부채 비율은 60%이며, 재정적자 비율은 3%이다. 여기서 국가 부채는 일반정부 부채(D2)를 의미한다.

적정 국가 부채와 관련하여 무엇보다도 중요한 것은 재정 여력fiscal space과 지속 가능성sustainability of national debt이다. 국가 부채의 증가요인을 분해해 분석해 보면, GDP 대비 국가 부채 비율 증가는 성장률과 이자율의 격차, GDP 대비 기초재정수지 비율 등에 의해서 결정된다.[6] 기초재정수지는 재정수지에서 기존 부채에 대한 이자 지급분을 제외한 경상 세출입에 의한 재정수지를 의미한다. 기초재정수지가 적자를 계속 보이거나 이자율이 경제성장 속도보다 크다면 GDP 대비 국가 부채의 비율은 빠른 속도로 증가해 부채 관리가 어려워질 것이다.

그런데 우리는 재정의 지속 가능성을 산정할 때 우리의 저출산 고령화 현상 또한 염두에 두어야 할 것이다. 한국은 고령화와 저출산 현상이 어느 나라보다도 빨리 진행되고 있는 사회다. 한국은 2017년에 이미 고령사회에 진입하였고, 앞으로 노인들의 평균 수명이 늘어나면서 의료비를 포함해 복지지출이 빠른 속도로 늘어날 것이다. 반면에 저출산으로 미래에 노인을 부양해야 할 생산가능인구는 계속 줄어 미래의 복지 수요를 부담하는 데 어려움이 커질 것이다. 2020년에는 처음으로 사망자보다 출생자가 적어서 인구 자체가 줄어들기 시작하였다. 우리나라의 경우 고령화와 저출산이 급속히 진행되면서 현 수준의 복지정책을 그대로 유지하더라도 국가 부채 비율이 급속히 상승할 것으로 예상된다.

또한 적정 국가 부채 비율은 비교 기준과 대상 국가들에 따라 각기 다를 수 있다. 비교 대상 국가들이 기축통화 국가라면 이들과 우리의 국가 부채를 동일 잣대로 비교할 수 없다. 우리는 1997~1998년 외환위기 당시 외환위기와 금융위기가 서로 연결되면서 어려움을 겪었다. 우리 화폐가 기축통화가 아니어서 해외 부채를 우리나라 화폐로 갚을 수 없었으며, 외환이 빠른 속도로 빠져나갔기 때문이다.

경제위기 시 미국, 유럽연합 회원국, 일본 같은 기축통화국은 자국 통화로 외채를 갚을 수가 있으므로 재정위기가 외환위기로 발전하지 않는다. 미국, 일본, 유럽연합 국가들이 상대적으로 높은 국가 부채 비율을 유지할 수 있는 이유이다. 그렇지만 일본과 같이 국가 부채 비율이 매우 높다면 기축통화국이라도 금융과 재정정책 등이 제대로 작동하지 못하고 부채의 늪에 빠져 경제가 장기적으로 활력을 잃게 될 것이다.

적정 국가 부채 비율은 한 나라의 전반적인 부채 총량에도 영향을 받을 것이다. 한 나라의 부채는 국가, 가계, 기업의 부채 합이다. 앞에서 우리는 우리 경제의 현황을 살펴보면서 우리의 가계와 기업의 부채 현황도 살펴보았다.

우리나라는 부동산 시장 거품으로 인한 주택담보대출 급등으로 가계 부채의 대 GDP 비율이 OECD 국가 중에서 가장 높은 국가이다. 만약 가계 부채가 부실해져 금융 부실로 연결되고 금융안정을 위해 재정이 투입되면 가계 부채는 정부 부채로 전환되고 정부 부채는 그만큼 증가할 것이다.

기업의 부채도 마찬가지다. 코로나19 사태 후유증으로 인해 자영업자와 중소기업이 어려움을 겪고 있다. 기업들이 부실해져 금융안정이 흔들려 정부 재정이 투입되면 기업 부채도 국가 부채로 전환될 것이다. 우리의 가계와 기업 부채 규모가 크며 그 증가 속도도 빠르다는 점을 유의하면서 국가 부채를 관리해야 할 것이다.

앞으로 금리 움직임도 국가 부채 관리에 지대한 영향을 줄 것이다. 코로나19 사태로 인해 풀린 돈이 글로벌 인플레이션을 유발하면서 2022년 이후 각국은 인플레이션을 막기 위해 경쟁적으로 고금리 정책을 펴고 있다. 금리 상승은 국가 부채 관리 비용과 국가 부채 비율 또한 높일 것이다.

우리와 같이 경제의 대외의존도가 높은 중견국은 글로벌 외부 충격에 그만큼 취약하다. 최근 무역수지가 적자로 전환되어 어려움을 겪고 있는데 이것이 경상수지 적자로 이어지면 우리도 재정적자와 국제수지 적자라는 쌍둥이 적자에 빠져 어려움을 겪을 수도 있다. 2000년대 들어와 글로벌 금융위기와 코로나19 사태와 같은 글로벌 차원의 경제위기가 10년 단위로 발생하고 있고 세계 경제 미래가 과거보다 불확실한 상황에서 우리의 국가신인도 확보를 위한 재정건전성 확보는 무엇보다 필요하다.

우리는 기축통화국도 아니며, 대외개방도가 높고 가계 부채와 기업 부채도 높은 가운데 저출산 고령화 사회로 진입해서 생산가능인구도 줄고 있다는 점을 명심하면서 재정 준칙을 법제화해서 국가 부채를 관리할 필요가 있다.

3. 건전재정 기조 유지와 국가 부채 관리

(1) 재난지원금과 기본소득제

코로나19 사태를 겪으면서 고통을 겪는 국민에게 재난지원금을 보편적으로 지원할지 선별적으로 지원할지가 뜨거운 이슈로 부상하였다. 2020년 총선 때 전 국민 재난지원금이 지급되었는데 그 위력은 대단하였다. 전 국민에게 지급하고 애국심에 호소해 기부형 반납을 권유하였음에도 98% 가구가 받아 썼다. 소득과 재산이 많아도 지원금을 취약 계층에게 양보한 사람들이 거의 없었다.

재난지원금은 코로나19 사태로 경제적으로 어려움을 겪고 있는 저소득층을 중심으로 이들에 대한 사회보장제도 틀과 함께 적정 규모를 산정해 지급하는 것이 바람직하다. 코로나19 사태로 저소득층 자영업자와 일용근로자들의 실업자 수가 크게 늘고 이들의 소득 또한 크게 줄었기 때문에 재난지원금은 최저생계비 유지 지원에 초점을 맞추어 취약계층 위주로 지급하는 것이 마땅하다. 5분위 소득이 1분위 소득에 비해 10배 이상인 상태에서 모두에게 재난지원금을 지급하는 것은 바람직한 정책 방향이 아니다.

그런데 전 국민 재난지원금의 위력을 본 뒤 정치권 일부에서 새로운 복지 체제로 기본소득제를 들고 나왔다. 위기 시 등장하는 전 국민 재난 지원금과는 달리 기본소득제는 재산이나 소득과 관계없이, 그리고 취업 의지와 관계없이 정부가 같은 금액을 온 국민에게 지급하는 것이다.

기본소득제의 문제는 지속 가능한지, 그리고 도덕적 해이 문제를 어떻게 해결할지 하는 것이다. 먼저 의미 있는 기본소득제는 재원 마련이 힘들어 유지하기 힘들다. 그리고 기본소득제와 기존의 복지제도와의 관계를 어떻게 정립할지도 문제다.

표 6-5 2023년 예산안

(단위 : 조 원)

구분	2022년 예산	2023년 예산안	증감
총지출	**607.7**	**639.0**	**31.4**
1. 보건·복지·고용	217.7	226.6	8.9
2. 교육	84.2	96.1	12.0
3. 문화·체육·관광	9.1	8.5	−0.9
4. 환경	11.9	12.4	0.5
5. R&D	29.8	30.7	0.9
6. 산업·중소기업·에너지	31.3	25.7	−5.6
7. SOC	28.0	25.1	−2.8
8. 농림·수산·식품	23.7	24.2	0.6
9. 국방	54.6	57.1	2.5
10. 외교·통일	6.0	6.4	0.4
11. 공공질서·안전	22.3	22.9	0.5
12. 일반·지방행정	98.1	111.7	13.6

주 : 교부세 및 교부금 포함.

자료 : 기획재정부.

〈표 6-5〉에서 보듯이 우리나라 2023년 총예산은 639조 원이며, 그중 가장 큰 비중을 차지하는 보건·복지·노동 분야 예산은 226.6조 원이다. 우리나라 인구를 5천만 명으로 잡고 1인당 월 10만 원을 지급하여도 소요 예산이 60조 원이다. 국방 예산 57.1조 원을 초과한다. 그런데 월 10만 원은 기본소득이 될 수 없고 용돈 수준에 머무를 것이다.

만약 월 100만 원을 지급한다면 필요한 재원이 600조 원이 되며, 2023년 정부 예산 639조 원에 버금간다. 2023년 예산에는 교육, 행정, 국방비 등이 모두 포함되어 있다. 기존 예산과 비슷한 재원이 필요한 기본소득제 도입은 바람직하지도 가능하지도 않다. 기존 조세부담률과 국민부담률도 23.3%와 31.1%인데, 여기에 기본소득제를 도입하면 국민부담률을 거의 두 배로 늘려야 한다. 가당치도 않은 것이다.

한편 기본소득제가 기존의 복지제도를 대체하는 것인지 아니면 기존 복지제도를 유지하는 가운데 새로운 제도를 도입하려는 것인지를 명확히 해야 할 것이다. 기존의 보건·복지·고용 예산에는 국민연금 지급도 포함되어 있을 뿐만 아니라 기존 복지정책의 혜택이 기본소득제 혜택보다 큰 사람들도 많이 있다. 그렇다면 기본소득제를 도입하더라도 기존의 보건·복지·고용 예산을 완전히 대체할 수 없다.

기본소득제의 또 다른 문제는 일을 열심히 할 유인을 빼앗아 간다는 것이다. 일을 안 해도 소득이 보장되는데 누가 열심히 일할 것인가 하는 도덕적 해이moral hazard 문제가 발생할 것이다.

보편적 기본소득제 도입 필요성이 제기된 이유는, 먼저 각국이 선별적 복지제도를 시행하고 있지만 완벽한 선별이 어려워서 부적격자가 부당한 혜택을 받는다든지 복지 혜택이 필요한 사람들이 오히려 사각지대에 방치되어 있으며 선별 비용이 많이 든다는 것이다. 두 번째 이유는, 기술의 급격한 발달과 함께 이를 소유한 극소수만 엄청난 부를 쌓고 사회 양극화가 극심해지며 기술이 노동을 대체하는 상황에서 정부가 기본소득을 주어서 최소한의 인간적 생활을 보장해야 할 필요가 있다는 것이다.

그런데 첫 번째 이유는 복지제도를 어떻게 개선해서 관리할 것인가의 문제이며, 선별 비용은 데이터의 축적과 기술의 발전으로 오히려 과거보다 줄어든 상태이다. 두 번째 이유인 기술이 인간을 대체해서 고용을 축소하는 문제는 현시점에서 이슈는 아니라고 본다. 기술에서 누구보다도 앞선 미국을 보더라도 지금 실업률이 역대 가장 낮은 수준이며 과거 역사를 보더라도 새로운 기술은 새롭고 더 나은 일자리를 늘 만들어 왔다.

오히려 문제는 기본소득제라는 이름 아래 용돈 수준의 현금을 살포하는 것이다. 여기에 재원의 한계를 이유로 상위 소득 20%와 나머지 80%를 갈라치기 하는 것이다. 국민적 합의로 복지예산을 늘린다면 이 예산은 취약층과 저소득층의 복지 향상과 이들의 노후생활 개선 자금으로 쓰이도록 해야 할 것이다.

소득 양극화를 줄이고 실업자와 저소득층의 기본소득 보장을 위해서는 예산 확보를 통해 실업급여제도를 개선하고 근로장려세제Earned Income Tax Credit를 도입하여 저소득층에게 직접 보조금을 지급하는 것이 바람직하다. 근로장려세제는 세금을 걷는 것이 아니라 지원해 주기 때문에 마이너스 소득세라고도 하며, 밀턴 프리드먼Milton Friedman이 주장한 부(−)의 소득세Negative Income Tax 개념에서 가져온 것이다.

사회보장제도와 관련해 최근 논의되고 있는 주제 중 하나는 전 국민 고용보험제도이다. 고용보험은 사회보험으로 실업급여(구직급여), 출산휴가 및 육아휴직 지원, 고용안정, 직업능력 개발 사업 등에 쓰인다. 실업급여 재원은 노사가 절반씩(급여의 0.9%) 분담하고, 출산휴가 및 육아휴직은 정부가 지원하며, 고용안정 및 직업능력 개발 비용은 사업주가 전액 부담한다.

전 국민 고용보험제도를 실행하려면 코로나19 상황에서 고용보험제도가 당면한 문제점에 대한 면밀한 분석이 선행되고 보완책이 마련되어야 할 것이다. 그런데 노동시장의 위기 대응을 고용보험제도가 맡고 있어서 실직자에게 주어지는 실업급여 재원인 고용보험기금이 곧 고갈될 것으로 보인다. 한편 전 국민이 고용보험제도에 가입한다면 현행 보험료 노사 분담 기본 원칙은 무너지고 보험기금만으로는 실업급여를 감당할 수 없을 것이다.

그렇다면 고용보험과 별도로 고용 유지와 실업 지원 등을 위한 특별 재원을 정부 복지예산으로 편성해 중소 영세 사업장 근로자나 일용직 근로자 등 고용보험 사각지대에 놓여 있는 사람들을 지원해야 할 것이다. 일자리 성격이 다른 종사자들이 적절히 보호받도록 현실적인 고용안전망 확충 방안을 제시하고 재원을 확보해 기존 고용보험제도를 재설계할 필요가 있다.

(2) 재정 준칙 법제화 필요성과 국가 부채

그런데 문제는 여와 야 어느 한쪽이 선심성 정책을 들고 나오면 다른 한쪽은 더욱더 큰 선심성 정책을 남발한다는 것이다. 이는 또한 포퓰리즘 정책의 문제이기도 하다. 포퓰리즘 정책의 또 다른 문제는 단기성 인기 정책으로 인해 장기적으로 커다란 부작용을 낳는다는 것이다. 이러한 부작용의 해결에는 고통이 뒤따르는데 아무도 이를 인정하지 않는다. 자기들은 특별한 능력이 있어서 이를 해결할 수 있다고 하면서 더욱 더 강도 높은 선심성 정책을 남발해 정치·경제를 멍들게 한다.

투표를 통해 집권 기간이 일정하게 정해지는 경우 정권을 쥐고 있는 세력들은 집권 기간 중 성과를 내지만 비용은 다음 정권이 지게 되는 정책들을 선호하게 되는 시스템적 결함이 있다. 특히 경제위기 상황이라 정책적 재량권이 크게 주어진 상황에서 이러한 문제가 더욱 두드러질 수 있다. 재정 준칙을 통해 재정적자와 국가 부채 상한선을 정하고자 하는 것은 이러한 재정정책의 근시 편향적 성격을 막기 위해서다. 재정당국의 역량이 크게 위축되고 정치권력에 의해 휘둘린다면 더욱 그렇다. 특히 표를 얻기 위해서 경쟁적으로 여야가 포퓰리즘 정책을 남발한다면 문제의 심각성은 더욱 커질 것이다.

포퓰리즘에 휘둘리지 않고 건전재정 기조를 확립하기 위해서는 재정 준칙fiscal rule의 법제화가 필요하다. 재정 준칙의 실효성을 담보하기 위해서는 여야 합의를 통한 국회에서의 법제화가 필요하다.[7]

재정 준칙이 갖추어야 할 3대 특성은 간결성simple, 집행성enforceable, 유연성flexible이며, 이들 간 균형을 이루는 것도 필요하다. 재정적자 한도를 관리재정수지의 3%, 그리고 국가 부채 한도를 GDP 60%로 설정하여 간결성을 유지할 필요가 있다. 또한 준칙 근거를 법률에 규정하고 즉시 적용하도록 하여 집행력을 확보하도록 해야 할 것이다. 경제위기 상황이나 정부 부채가 상한선을 넘는다면 재정준칙위원회의 결정을 통해 준칙을 유연하게 적용하도록 해야 할 것이다.

재정정책 법제화와 함께 한국은행의 금융통화위원회와 같은 독립성이 보장된 재정준칙위원회를 둘 필요가 있다. 여야 모두에게 일정한 숫자의 위원회 위원 추천권을 주어 합의제로 운영할 필요가 있다. 일반적인 정부 위원회처럼 운영되어서는 곤란하며 권한을 갖고 구속력과 책임의식을 지닌 금융통화위원회 수준의 자율성이 보장되면 재정의 건전성과 유연성이 함께 확보될 것이다.

(3) 국민연금 개혁과 운영

장기적인 재정 지속 가능성을 마련하기 위해서는 재정관리와 더불어 국민연금 관리도 반드시 고려해야 한다.

국민연금은 지금 그대로 가면 2050년대 중반쯤 기금이 완전히 고갈될 것으로 예상된다. 지금 20대가 은퇴할 때쯤 국민연금이 고갈된다는 것인데, 그렇다면 이들은 받지 못할 미래 국민연금을 위해 현재 보험료를 내야 할 이유가 없는 것이다. 국민연금은 개인연금이나 직장연금과는 구조가 근본적으로 다르다.[8]

개인연금이나 기업연금 등 사적연금은 내가 낸 돈은 오로지 나를 위해 적립된다. 그런데 공적연금은 다르다. 내가 낸 돈은 은퇴한 앞의 세대 소득원이며, 나의 은퇴 후 소득원은 다음 세대가 낸 돈이다.

국민연금은 국가 주도의 세대 간 소득 이전 시스템이다. 이런 시스템이 제대로 작동하기 위해서는 인구 구조가 중요한데 우리의 현재 인구 구조에서는 이러한 시스템이 제대로 작동하기 힘들다. 소득 이전 시스템이 제대로 작동하려면 앞세대를 부양하기 위한 뒷세대가 가진 '파이'가 충분히 커야 한다. 과거 고도성장기와 안정성장기에는 경제성장률도 높았고 인구도 빨리 늘어 뒷세대의 파이가 빠른 속도로 커졌다.

그런데 지금은 저출산 고령화 시대에 경제도 저성장기에 진입하였다. 올해 합계출산율은 0.78명까지 추락하였고 기대 수명은 84세에 육박하고 있다. 고도성장기나 안정성장기와는 정반대로, 파이는 자라지 않는데 연금 부담은 급격히 늘어나는 것이다.

청년들 관점에서 연금제도를 고쳐야 하며, 이제는 민간 주도의 개인연금과 직장 연금을 강화해야 한다. 개인과 직장 연금의 노후 준비 비중을 높이고 국민연금의 사회안전망 기능을 중시할 필요가 있다. 청년들에게 개인별 적립 연금을 늘리도록 유도하고 기업들에게 직원들의 노인복지에 앞장서도록 권장할 필요가 있다. 회사의 이익이 크게 일시적으로 늘어날 때 급격한 임금 인상이나 보너스 잔치보다 직장 연금에 참여를 권장해 직원들의 노후 문제 해결에 도움을 주는 것이 바람직하다.

청년 중심의 국민연금 개혁은 지금 논의되고 있는 국민연금 개혁 방안에도 여러 가지 시사점을 던져 준다. 먼저 국민연금을 덜 받는 쪽으로 구조조정하고, 연금 고갈을 막기 위해 보험료를 인상해야 하며, 가입연령 상한을 올려 납입기간을 늘려야 할 것이다. 국민연금의 부담을 줄이고 사적연금의 비중을 높이기 위해서 소득대체율은 현행 수준을 유지하는 것이 바람직하다. 연금 납입을 마치는 의무 납입 연령과 연금을 받는 나이인 수급 개시 연령을 일치시킬 필요가 있다.

국민연금, 공무원연금, 군인연금, 사학연금 등의 효율적 관리 또한 장기적인 재정 균형 확보를 위해서 필요하다.[9] 정부가 국민연금의 수탁

자로서 책임을 충실히 하는 것은 수익률을 극대화해서 장기적인 정부의 재정 부담을 줄이는 것이다. 다른 목적으로 국민연금이 운영된다면 재정 고갈을 앞당겨 미래 세대의 부담을 그만큼 늘리게 될 것이다. 사회복지사업 등을 위한 자금 확보는 연금이 아니라 정부 재정이 담당해야 할 것이다.

기금 규모 세계 3위권인 국민연금의 수익률 극대화를 위해서는 국민연금 지배구조 개혁을 통해 전문성과 독립성을 확보하고 자율성을 보장해야 할 것이다. 이를 위해서는 무엇보다도 국민연금의 탈정치화가 필요하며, 국민연금 기금운영위원회의 독립성을 보장하고 수익률 제고를 위한 경영진에 대한 인센티브 시스템 도입도 검토할 필요가 있다.

국민연금은 1988년 설립 이후 2021년 말까지 연평균 6.76%의 수익률을 기록하고 있다. 그런데 2022년 들어 인플레이션을 잡기 위해 국내외 금리가 급등하면서 주식과 채권 가격이 모두 급락하였다. 2022년 1년간 국민연금은 운영수익률 −8.22%를 기록하였다. 손실금은 79조 6천억 원에 이르며 연말 적립금은 890조 5천억 원으로 900조 원 밑으로 내려갔다. 자산별로는 국내 주식 −22.76%, 해외 주식 −12.34%, 국내채권 −5.56%, 해외 채권 −4.91%, 대체투자 8.94%로 집계되었다. 국내 주식시장 거품이 꺼지면서 국내 주식 수익률 하락 폭이 가장 컸다.

국민연금 수익률 극대화야말로 장기적으로 정부 재정의 지속성과 건전성 유지에 크게 공헌할 것이다. 지금은 국민연금 1%의 운영수익률 격차가 9조 원이나 된다. 물론 국민연금 수익률은 국내외 경제 환경에 따라 부침이 있으므로 유사한 연금이나 국부펀드와 비교하여 같은 시점 혹은 의미 있는 일정 기간을 통해 평가받아야 할 것이다.

국민연금 890조 5천억 원, 퇴직연금 336조 원에 더해 개인연금을 합하면 우리의 연금시장 규모도 작지 않다. 그런데 퇴직연금과 개인연금은 관리 소홀과 각종 규제로 인해 그 수익률이 평균 1~2%에 불과하였다. 퇴직연금과 개인연금도 제도 개혁을 통해 불필요한 규제를 과감히 풀고 전문가 집단의 책임 있는 운영을 통해 국민연금 수준의 수익률을 내도록 만들어야 할 것이다.

[미주]

01 사회보장성 기금은 국민연금, 사학연금, 산업재해보상보험기금과 고용보험기금을 포함한다. 사회보장성 기금 수익이 지출보다 크면 통합재정수지 흑자는 관리재정수지 흑자보다 그만큼 크게 평가된다.

02 D2의 경우 통합재정수지 위주로 국가 부채를 계산한 값이다. 만약 관리재정수지가 적자이나 통합재정수지가 균형을 이루면 D2 값은 변화가 없는 것으로 나타난다.

03 아래 부분은 김인준(2021), 5장을 참조.

04 조세부담률은 국내총생산(GDP)에서 조세(국세+지방세)가 차지하는 비중을 나타내며, 정부가 국민에게 어느 정도의 조세를 징수하는가를 측정하는 지표다. 조세부담률은 국민의 조세부담을 나타내는 대표적 지표이기는 하나 국민들이 강제적으로 납부해야 하는 연금 및 사회보험의 부담은 나타내지 못한다는 한계가 있다. 이 때문에 OECD에서는 미래에 보장급부를 받을 수 있는 권한을 부여하는 모든 강제적인 납부액으로 정의되는 사회보장기여금(social security contributions)을 일종의 조세로 분류하여 국민부담률을 산출하고 있다. 국민부담률이란 조세와 사회보장기여금이 국내총생산에서 차지하는 비중(조세부담률 + 사회보장부담률)으로, 조세부담률보다 포괄적으로 국민부담 수준을 측정하는 지표이다. KDI, 클릭경제교육.

05 의무지출은 법률에 따라 지출 의무가 발생하고 지급액과 대상 등이 법령으로 결정되는 법정지출을 의미한다.

06 한국은행, 『금융안정보고서, 2022. 12, p.27,

07 우리나라에서는 지난 2020년 10월부터 재정 준칙의 법제화 논의가 시작되었지만 아직

도 국회에서 표류 중이다. 현재 우리나라는 OECD 국가 중 튀르키예와 더불어 유이하게 재정 준칙을 도입하지 않은 국가이다.

08 이지홍(2023).

09 사학연금도 공적연금과 같은 취급을 받고 있다.

CHAPTER 07

대외경제정책과 국제수지 안정

코로나19 사태가 진정되면서 전체적인 대외거래가 정상화되고 우리나라의 대외경제 부문도 상당히 안정화될 것으로 기대했었다. 그러나 이러한 기대와는 달리 수십년 동안 유지되었던 흑자 기조가 반전되었을 뿐만 아니라 대외거래 및 환율 움직임 자체가 이전보다 훨씬 더 불안정한 모습을 보이고 있다.

대외경제 부문에서는 전반적인 경쟁력 약화에 따라 국내 수출이라든지 해외 투자 등이 위축되는 원인을 파악하는 것이 중요하다. 이와 더불어 우리나라의 경우 왜 변동성이 증가하는지, 그리고 다른 나라에 비해 왜 더 크게 나타나는지 파악하는 것도 중요하다. 이러한 대외거래의 취약성이 여러 차례 위기의 주요 원인이었기 때문이다.

우리 경제의 구조상 대외거래가 필수불가결하므로 안정적이고 지속적으로 확대될 수 있도록 관리하는 것이 필요하다. 따라서 자산시장 거품을 억제하고 점증하는 부채를 관리해 대내적인 취약성을 해결하는 것과 동시에 대외적인 경쟁력 확보 및 안정성을 강화하는 것이 우리나라의 지속적인 발전을 위해 특히 중요하다.

1. 국제수지 및 환율의 불안 심화

(1) 무역수지 악화와 원화가치 하락

2022년은 대외경제 부문에서 아주 극심한 불안을 보인 암울한 해였다. 연간 무역수지는 −478억 달러에 달해 사상 최대의 적자를 기록했다. 또한 원−달러 환율은 2022년 9월 1,400원을 넘어서더니 10월에는 1,444.2원까지 상승해 2009년 4월 이후 가장 높은 수치를 기록했다.

우리나라 무역수지가 연간 적자를 낸 건 글로벌 금융위기가 극심했던 2008년 이후 14년 만에 처음이다. 더욱 충격적인 것은 적자액이 역대 최고치를 기록했다는 것이다. 이러한 조짐은 이미 2022년 초부터

그림 7−1 무역수지 추이(월별)

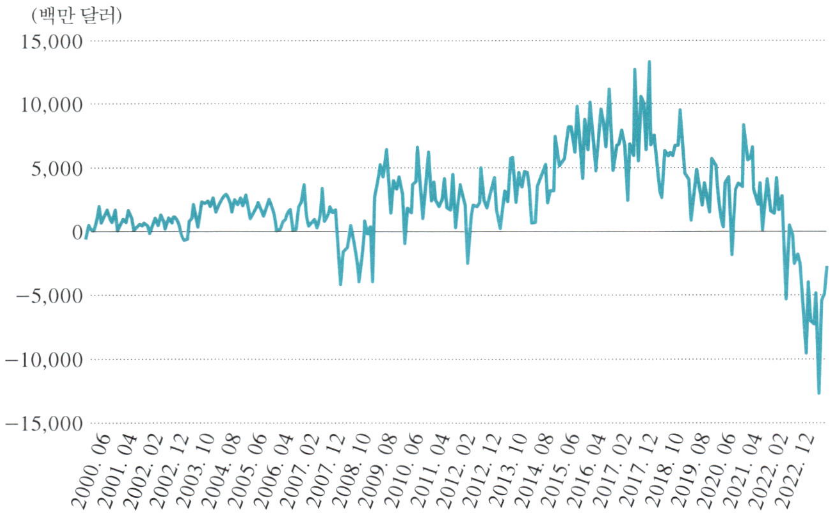

자료 : 관세청.

보이기 시작했다. 2022년 1월 무역적자가 51.5억 달러에 달하면서 역대 최고를 기록하더니 2023년 1월에는 125.3억 달러로 가볍게 사상 최고치를 또 갱신했다. 또한 2022년 3월부터 2023년 4월까지 무려 15개월 연속 무역적자를 기록하고 있는데, 5개월 이상 적자를 기록한 것은 2007년 12월부터 2008년 4월까지 5개월 연속 적자를 낸 이후 14년 만이다.

또한 환율이 1,300원을 넘어선 것은 글로벌 금융위기 이후 처음이며, 더욱이 5개월 동안 계속 1,300원을 넘어선 것도 글로벌 금융위기 이후 13년 만에 처음이다. 2022년 12월 말부터 1,300원 이하로 떨어지면서 조금 진정되나 싶더니 2023년 2월 말부터 다시 1,300원을 넘고, 이

그림 7-2 환율 추이(일별)

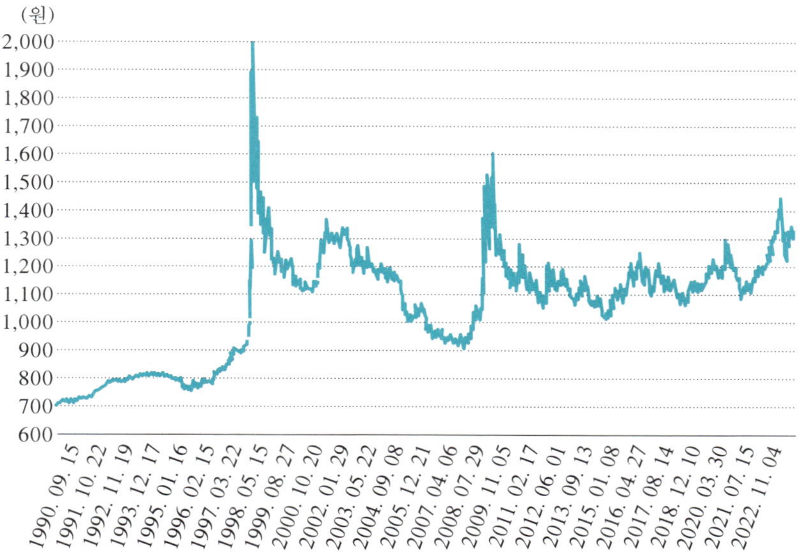

자료 : 한국은행, 통계시스템.

후 1,300원 이상을 유지하고 있다. 1997년 외환위기 및 2008년 글로벌 금융위기 당시 환율이 더 높은 수준까지 올라가기도 했지만, 1,300원 이상에서 머문 기간은 최근이 더욱 길다.

물론 2022년 이후의 특수한 상황이 이러한 대외경제 부문의 불안을 야기한 주요 원인 중 하나이다. 연간 전체적으로 수출이 6,444억 달러에서 6,836억 달러로 전년도에 비해 6.1% 증가했지만 수입은 6,151억 달러에서 7,314억 달러로 훨씬 빠르게 18.9% 증가했다. 특히 2022년 2월 발생한 우크라이나 전쟁으로 에너지 가격이 급등하면서 원유, 가스, 석탄 등 3대 에너지원 수입액이 급증한 것이 무역적자를 초래한 주요 원인이다. 예를 들어 에너지원과 관련된 광물성 연료 한 항목에서만 2021년 956억 달러에서 2022년 1,539억 달러로 적자가 확대되어 총 무역수지 적자 증대 771억 달러의 대부분을 차지하고 있다.

표 7-1 **수출입 현황**

(단위 : 백만 달러, %)

	수출금액	수입금액	무역수지
2021년	644,400	615,093	29,306
2022년	683,584	731,369	−47,784
2022년 − 2021년 (변화율)	39,184 (6.1%)	116,276 (18.9%)	−77,091

자료 : 관세청

또한 우리나라의 최대 수출시장인 중국이 코로나19 사태에 따른 지역봉쇄, 부동산 시장 위축 등으로 경기가 부진해지면서 대중 수출이 감소한 것도 무역적자를 초래한 큰 요인이었다. 중국 및 홍콩의 무역수지는 2021년부터 2022년 사이 무려 325억 달러나 악화되었다(〈표 7-2〉). 그 외에 사우디아라비아 등 중동 국가들과 호주, 말레이시아 등 자원이 풍부한 국가들에 대한 무역수지가 크게 악화되었는데, 이는 국제정세 불안에 따른 에너지 및 자원 가격의 상승과 큰 관련이 있다.

표 7-2 무역수지의 지역별 현황

(단위 : 백만 달러)

국가	2022 무역수지	2021 무역수지	무역수지 변화
전체	−47,784	29,306	−77,091
중국	1,213	24,284	−23,071
사우디아라비아	−36,775	−20,946	−15,828
홍콩	25,773	35,219	−9,446
아랍에미리트연합	−11,525	−3,343	−8,181
카타르	−16,040	−11,190	−4,849
쿠웨이트	−12,000	−7,905	−4,095
이라크	−8,333	−4,345	−3,988
말레이시아	−3,775	−348	−3,426
인도네시아	−5,518	−2,174	−3,344
호주	−26,176	−23,167	−3,008

자료 : 관세청

한편 환율이 급등한 것도 2022년 이후의 특수한 상황이 주요 원인 중 하나로 작용하였다. 무엇보다도 달러화를 강하게 만드는 요인들의 역할이 컸다. 미국 연방은행은 치솟는 물가를 안정시키기 위해 40년 만에 가장 공격적으로 금리를 올려 달러화 가치가 크게 상승하였다. 또한 우크라이나 전쟁으로 세계 경제의 불확실성이 증대하고 유럽 경제의 취약성이 확대되자 안전자산인 달러화에 대한 선호도가 커졌다.

이와 더불어 원화를 약화시키는 요인들도 작동했다. 경상수지가 적자로 돌아서고 미국 경제에 비해 상대적으로 성장세가 약하다는 인식으로 달러화에 대해 원화가 약세를 벗어나지 못하고 있다. 또한 원화와 동조성이 높은 중국의 위안화가 약세를 보이는 점도 원화 약세를 자극하는 요인으로 꼽혔다.

(2) 국제수지 및 환율의 새로운 움직임

그러나 여기서 한 가지 주의 깊게 살펴볼 것이 있다. 이와 같은 최근의 대외경제 불안은 지난 수십년 동안 여러 차례의 위기 때 보았던 상황과는 아주 다르다는 점이다. 최근의 대외경제 불안 현상을 2022년의 특수한 상황으로만 치부하기에는 무역거래 및 환율 변동이 위기 때 흔히 나타나는 현상과는 다른 특징을 보이고, 또한 장기적으로 관측되었던 움직임과도 부합되지 않는 추세를 보이고 있다. 이는 무엇인가 이번 위기가 이전의 위기에서 보지 못했던 문제점을 내포하고 있고, 한국 경제의 구조적 취약성이 변화 및 악화되었음을 암시하는 것일 수도 있다.

우선, 실물의 대외거래 측면에서 국제수지, 특히 무역수지 및 경상수지의 움직임이 과거와 상당히 다르게 나타나고 있다.[1] 이전에는 경기 침체 시 보통 불황형 흑자 현상이 나타난 반면, 이번에는 그런 현상이 나타나지 않고 있다. 불황형 흑자란 경기가 불황기에 접어들었을 때 수출과 수입이 함께 둔화되지만 경기 둔화로 인한 수입 감소가 수출 감소보다 더 커서 무역수지가 흑자로 나타나는 형상을 말한다. 이러한 현상은 외환위기와 글로벌 금융위기로 인해 극심한 불황을 겪었던 1998년 및 2009년에도 볼 수 있었고, 일시적으로 경기가 지지부진했던 2016년에도 볼 수 있었다. 그러나 이번 위기에는 과거와 달리 경기 부진과 함께 무역수지도 악화되는 이중고의 현상이 나타나고 있다.

그런데 더더욱 문제는 무역수지 적자가 장기적인 추세 전환의 조짐으로 나타나고 있다는 것이다. 연도별 데이터를 통해 무역수지의 장기 추세를 보면, 원유가가 사상 최고 수준에 달했던 2008년을 제외하고는 무역수지가 외환위기 이후 지속적으로 흑자를 보여주고 있다. 그러나 이러한 흑자는 2017년 952억 달러를 정점으로 이후 감소 추세로 급격히 전환되었다. 급기야 2022년에는 비록 우크라이나 전쟁으로 인해 유가가 상승했다고는 하지만 2008년에 비하면 훨씬 낮음에도 사상 최대의 무역수지 적자를 기록하였다. [그림 7-1]에서 보듯이 최근 들어서도 무역수지 적자 추세는 반전되지 않고 있으며, 비록 적자 폭은 감소되었지만 장기적인 흑자 추세로 전환되는 데는 상당한 시간이 걸릴 것으로 보인다.

환율의 움직임에서도 과거와는 다른 현상이 많이 관측되고 있다. 우선 환율이 경제 상황과 상당히 따로 움직이고 있다. 경상수지가 지속적인 흑자임에도 2021년 이래 원화가치가 급격하게 약화된 것은 좀처럼 보기 드문 현상이다. 금융수지를 고려해도 이러한 현상은 더욱 특이하게 보이는데, 순대외자산이 계속 증가함에도 원화는 약화되고 있다.[2] 과거의 데이터를 살펴보면 국제수지가 흑자임에도 거의 2년이라는 장기간에 걸쳐 40% 이상 원화가 약화된 경우는 없었다. 외환위기 및 글로벌 금융위기 당시와 비교해도—그 당시 원화의 절하 정도가 위기라는 특수한 상황 때문에 크기로는 더 컸지만—절하가 지속된 기간은 최근이 더 길다.

이번 위기 중 기초경제여건에 비해 원화가치가 빠르게 추락한 것도 특이하지만, 이전의 위기 때와 비교해 주변국의 통화와 많이 다르게 움직이고 있다는 점도 새로운 현상이다. 장기 절하 추세를 보인 2021년 이후 원화는 일본 엔화를 제외하고는 동아시아의 어느 통화보다도 가파르게 절하되었다. 일본의 경우 다른 국가들과는 달리 지속적으로 완화정책을 사용했으므로 엔화의 달러화에 대한 약세가 확대된 것은 당연하다. 그러나 주변의 동아시아 국가들, 특히 과거 동일한 외환위기를 겪었던 국가들의 통화가 약 15% 정도 절하된 데 반해 우리나라 원화의 경우 40% 정도가 절하되어 이전과는 달리 상대적으로 훨씬 가파르게 통화가치가 추락하였다.

2. 무역수지 악화의 주요 원인

(1) 과도한 지역 편중화

무역거래가 급격하게 악화되고 환율의 변동이 상대적으로 과도하게 나타나는 가장 큰 이유는 한국 경제의 구조적 취약성 때문이다. 특히 대외부문에서 이러한 구조적 취약성은 대외거래의 지나친 편중화 때문에 나타나고 있다.

무역거래에서의 편중화는 크게 지역적 편중화와 거래상품의 편중화로 구분할 수 있다. 우선 지역적 편중화와 관련해[3] 우리나라의 수출대상 국가 집중도는 1,019.0p로 세계 10대 수출국(평균 1,214.7p) 중 캐나다(5,734.4p)에 이어 두 번째로 높은 것으로 나타났다. 한국 다음으로는 일본(971.0p), 네덜란드(863.7p), 벨기에(779.0p), 미국(729.9p), 중국(562.5p) 순이었으며, 10대 수출국 중 국가 집중도가 가장 낮은 나라는 독일(434.8p)로 조사되었다.[4] 한국의 전체 수출 대비 수출 상위 5개국에 대한 수출 비중은 58.6%로 캐나다(86.1%)에 이어 두 번째로 높았다.

우리나라의 지역적 편중화의 문제점은 무엇보다도 우리나라 수출시장이 너무 과도하게 중국에 의존하고 있다는 것이다. 외환위기 직후인 2000년대 초 우리나라 전체 수출에서 중국 시장의 비율은 10.7%에 불과했다. 그러나 이후 중국 경제가 급성장하고 아울러 중국이 우리나라 수출기업의 생산 거점으로 자리 잡으면서 글로벌 금융위기 직전에는 22.1%, 이후 2010년대에 들어서면서부터는 약 25% 정도를 차지하고 있다. 이러한 비율은 미국 시장 및 유럽 전체 시장을 합친 것과 유사한

그림 7-3 수출시장 국가별 비중

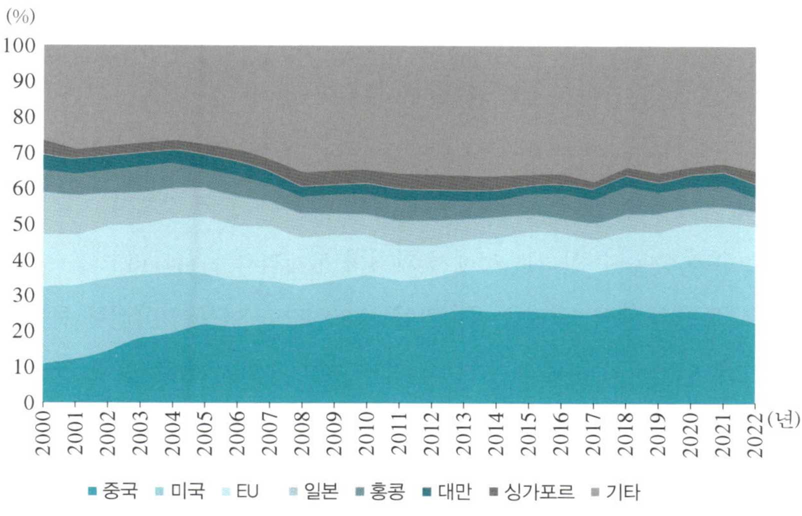

자료 : 한국무역협회, 무역통계.

수준으로, 우리나라의 대외무역 거래가 얼마나 중국의 상황에 취약한가를 잘 보여준다.

특정 지역에 대한 무역 편중 현상은 과거에도 한국 경제의 발목을 잡는 심각한 문제로 작용했다. 1960년대 이후 수출진흥정책을 필두로 경제개발을 본격적으로 추진할 때 우리의 가장 큰 해외 시장은 미국이었다. 1960~1970년대에는 전체 수출의 30% 이상을 차지했고 1990년대까지도 20% 이상의 비중을 유지했다. 이에 미국의 경제 상황이 한국 경제의 성장을 좌우할 정도로 영향을 미쳐 "미국이 기침을 하면 한국은 독감으로 죽는다"라는 말까지 나올 정도였다.

경제개발에 따른 고도성장기의 또 다른 지역 편중화 문제는 수입 측면에서도 제기되었었다. 특히 일본과의 무역에서는 부품 및 장비 수입으로 대규모의 적자가 누적되면서 우리나라 전체 경상수지를 만성적인 적자로 만들었다. 따라서 당시 우리나라 대외무역의 문제점을 개선하기 위한 정책으로 지역다변화 정책이 단골 메뉴로 등장하였다.

최근 중국 편중화 현상은 일부 과거의 문제점을 공유하지만 많은 면에서 과거와는 다른 양상을 보이고 있다. 우선, 우리나라 수출시장의 1/4을 차지하고 있어, 중국 경제의 등락에 따라 한국 경제가 지나치게 큰 영향을 받을 수 있다는 점에서 과거의 문제점과 유사하다고 볼 수 있다. 그동안은 중국 경제가 지속적인 고도성장을 이루어 이러한 문제점을 크게 인식하지 못했다. 그러나 최근 코로나19 사태 중 봤던 것처럼, 이제는 중국 경제도 고도성장을 지속하기는 어렵고 더욱이 경기변동 현상이 과거에 비해 크게 나타날 것이다. 즉, 지금까지처럼 중국에 대한 편중도를 크게 유지한다면 한국 경제의 대외 취약성은 더욱 악화될 우려가 있다.

그런데 과거와는 달리 중국 편중화는 추가적인 문제점을 유발할 수 있다. 과거 우리나라는 미국 등 선진국 시장에 최종 소비재를 주로 수출하였다. 하지만 현재 중국에 최종 소비재를 일부 수출하기는 하지만 중간재를 더 많이 수출하고 있다. 즉, 중국은 자국의 최대 수출시장인 미국, 유럽으로 보내기 위한 제품을 한국에서 부품 및 중간재를 수입해 제조하고 있다. 따라서 미국 및 유럽 시장이 등락하면 한국 경제는 이중으로 영향을 받는다. 즉, 미국 및 유럽 시장이 침체하면 우리나라는 우선 그 자체로 수출에서 직접적인 영향을 받는다. 다른 한편으로는 중국의 미국 및 유럽 시장 수출이 감소하면서 최대 시장인 중국에 대한 수출이 감소하는 간접적인 영향을 받게 된다. 이러한 문제점은 유럽 위기가 발생했을 때 심각하게 대두되었으며, 최근 코로나19 사태 이후에도 유럽 경제가 좀처럼 회복되지 못하면서 커다란 우려를 낳고 있다.

과거와 다른 더욱 큰 문제는 장기적으로 중국이 추격하면서 한국 경제의 경쟁력이 하락하는 데 따른 문제이다. 중국이 우리나라 기업의 중간재 수출시장으로 기능한다고 해도 위에서 지적한 문제가 발생할 수 있다. 그런데 2000년대 들어서면서 중국이 한국과의 기술 격차를 좁히고 일부 분야에서는 오히려 앞서고 있다. 이로 인해 세계 시장에서 우리나라의 전체적인 수출 경쟁력이 감소했을 뿐만 아니라 중국 시장 자체도 상실해 가고 있다. 따라서 과거에는 중국의 대외수출이 증가하면 한국 경제에도 도움이 되었지만, 지금은 오히려 부정적인 영향이 더 크게 나타날 수 있다. 1990년대 중국의 대외수출 증가가 동남아시아 국가들의 해외 시장을 잠식해 그들에게 부정적 영향을 주었었는데, 동남아시

아 국가들이 겪었던 문제를 지금은 한국이 겪게 되었다는 것이다.[5]

우리나라가 지나치게 중국에 편중하게 된 근본적인 이유는 중국 경제가 워낙 빠른 속도로 장기간 성장해 왔고 또한 상당 기간 중국의 인건비가 저렴했기 때문일 것이다. 그러나 우리 정부의 대외경제 정책 측면에서의 문제도 지적하지 않을 수 없다. 중국이 부상하고 미국과 중국이 아시아 지역에서 격돌할 가능성이 커지는 상황 속에서 우리 정부는 그동안 경중안미經中安美(경제는 중국, 안보는 미국)라는 전략성 모호성을 유지해 왔다. 따라서 꼭 국제정치적인 이슈가 아니더라도 경제에 관한 한 중국과의 관계를 더욱 증대하려고 했다. 특히 최근 들어 점차적으로 우리에게 중국 경제의 매력이었던 투자환경, 인건비 등이 악화됨에도 특별한 경제정책이 없었던 지난 정부로서는 그나마 중국에 의존하는 수밖에 없어 중국 편중화를 더욱 심화시켰던 것이다.

이러한 문제를 악화시킨 또 다른 원인은 연이은 위기에 대한 대응책에서 비롯되었다. 1997년 외환위기 및 2008년 글로벌 금융위기가 발생했을 때 한국 경제는 다른 동아시아 국가들보다 큰 타격을 입었다. 이에 일각에서는 한국 경제의 대외노출 정도가 과도해 늘 위기의 충격을 받는 것이라고 지적하면서, 대응책으로 내수확대 전략을 제시하였다. 지난 정부의 소득주도성장 전략 또한 대외경제정책 측면에서는 이와 같은 내수확대 전략의 일환으로 볼 수 있다. 내수확대 전략을 추구하다 보니 새로운 시장에 대한 개척을 소홀히 하고 기존 시장만 유지되면 된다는 소극적인 대외경제 기조를 취하게 되었다. 특히 중국 경제가 확대되는 과정에서 중국 시장이 우리 경제를 살려준다는 안이한 생각을 갖게 되어 중국에 대해 과다 의존하는 경향이 더욱 심화되었고, 중국의 오만을 자초하게 되었다.

(2) 과도한 품목 편중화

우리나라의 대외부문 취약성은 지역적 편중화 못지않게 무역 품목 편중화에도 기인하고 있다. 무역 품목 편중화란 수출 및 수입 품목 중에서 특정 품목의 비중이 지나치게 높아 이들의 등락에 따라 국가 전체의 수출 및 수입이 영향을 받는다는 것이다. 우리나라 수출의 경우 2000년대 이후에는 반도체, 조선, 석유화학, 자동차 등이 큰 비중을 차지하고 있다. 우리나라의 수출 품목 집중도는 779.3p로 세계 10대 수출국(평균 548.1p) 중 가장 높은 것으로 조사되었다(한국경제연구원, 2023). 우리 다음은 일본(753.0p), 중국(640.2p), 캐나다(621.5p), 벨기에(584.1p), 독일(529.7p) 순으로 수출 품목 집중도가 높았으며, 10대 수출국 중 품목 집중도가 가장 낮은 나라는 네덜란드(372.1p)로 한국의 절반 수준에 불과했다. 또한 상위 10대 수출 품목의 수출액이 전체 수출에서 차지하는 비중도 한국(68.7%)이 세계 10대 수출국(평균 58.8%) 중 가장 높게 나타났다.

최근 우리나라의 주요 수출 품목들은 물론 상당한 수준의 기술집약적이고 부가가치가 높은 품목들이다. 그런데 흥미로운 특징 중 하나는 이들 품목들이 상대적으로 경기변동에 민감하고 등락 폭이 크다는 것이다. 따라서 반도체, 조선 등 일부 품목들만 영향을 받아도 우리나라 전체 수출실적이 영향을 받게 되는 약점을 안고 있다.

이러한 문제점은 외환위기 및 글로벌 금융위기의 원인과 관련해서 이미 노정된 바 있다. 반도체 착시는 1997년 외환위기 직전에 처음 나타났다. 1993~1995년 당시 반도체 산업은 전대미문의 호황기를 누렸다. 폭발적인 반도체 수출 호조에 힘입어 1995년 한국의 수출은 1,251억 달러를 기록해 사상 처음으로 1,000억 달러를 넘어섰다. 그러나 1996년 한국의 주력 품목이던 D램 가격이 폭락하였고, 이러한 반도체 추락은 1997년 외환위기를 부른 계기가 되었다.[6] 또한 조선업 착시는 글로벌 금융위기 직전에 나타났다. 2006~2007년 조선산업은 오일쇼크 이후 30년 만의 호황기를 누렸다. 이로 인해 엄청난 달러 선물환이 유입되면서 외환시장에서 현물환 및 선물환율이 왜곡되어 무위험 금리차익covered interest rate differential이 발생했다. 당연히 이 기회를 포착하기 위해 단기 차입자금이 대규모로 유입되면서 결국에는 외환위기 때와 같이 글로벌 금융위기의 단초를 제공했던 것이다.

2022년 무역수지가 사상 최악의 적자를 보인 것은 에너지원 수입 증대 외에도 수년간 우리나라의 반도체 수출이 상당히 호조를 보이다가 2022년 급감한 것도 상당히 중요한 역할을 하였다. 즉, 이른바 '반도체 착시 현상'이 그동안 우리 경제의 현실을 제대로 보지 못하게 만들어 왔던 것이다.

경기변동에 민감한 특정 품목의 수출에 과잉 의존하다 보면 국가 경제 전체의 부침도 이에 크게 영향을 받는다. 이러한 문제점은 라틴아메리카 국가들이 반복적으로 겪고 있는 문제를 상기시킨다. 2000년대 들어서면서 중국의 고성장으로 인해 원자재 수요가 급증함에 따라 라틴아메리카 국가들은 수출 증가와 더불어 경제적 성장이라는 수혜를 누리게 되었다. 이 시기 브라질의 대두 및 철광석, 아르헨티나의 소고기 및 대두, 칠레의 구리 수출 등이 급격히 증가하면서 라틴아메리카는 10여 년에 걸쳐 과거 유례없는 장기 호황으로 GDP가 3배 이상 증가하였다.

그러나 2010년대 들어 중국의 경제성장 둔화로 원자재 수요가 감소하고 가격이 하락하면서 라틴아메리카의 경제성장률이 급락하였다. 외부적인 요인보다도 내부적인 요인이 이러한 하락세에 더욱 큰 역할을 하였다. 무엇보다도 정책적인 측면에서 원자재 수출로 호황을 누리다 산업화를 해야 할 시점을 놓친 것이 결정적인 실패로 작용했다. 또한 포퓰리즘 및 부정부패와 같은 고질적인 병폐도 경제 상황 악화에 큰 기여를 했다. 이러한 문제들은 여전히 지속되고 있어 일부에서는 과거 1980년대와 같은 잃어버린 10년이 재현되고 있다는 우려를 표명하기도 한다.[7] 특정 품목 수출에 과다하게 의존하고 있는 우리로서는 막연히 남의 일로만 여길 수는 없다.

무역 품목 편중화 현상은 수입부문에서도 여실히 나타나고 있다. 앞에서 여러 차례 강조한 것처럼 우리나라 전체 수입에서 3대 에너지원이 차지하는 비중은 25%에 달하고 있다. 2022년 역대 최악의 무역수지 및 상품수지 적자의 가장 큰 요인도 에너지원 수입액의 급증이다. 이처럼 수입 전체에서 일부 품목의 비중이 과도하게 크다 보니 이 품목들의 가격변동에 따라 우리나라 무역수지, 경상수지뿐만 아니라 경제 전체가 영향을 받는다. 1970년대 두 차례의 석유위기, 2010년대 중반 에너지 가격의 등락에 따른 대외부문 격동은 이러한 문제를 잘 보여주고 있는 대표적인 사례이다.

우리나라 경제구조 특성상 3대 에너지원을 전적으로 외국으로부터 수입해야 하기 때문에 불가피한 측면이 있는 것은 사실이다. 그러나 이러한 문제를 가중시킨 것 또한 정부 정책에 기인한 바 크다. 대표적으로 지난 정부에서 탈원전 정책을 표방하면서 에너지원에서 원전의 비중을 축소시키려고 하였다. 이에 따른 부족분이 청정에너지로 충분히 대체될 수 있다면 문제가 완화될 수도 있었겠지만, 현실은 그와 정반대의 결과를 초래했다. 오히려 원전 등을 발전시키면 수입부문에서 지나친 에너지원 편중화도 상당히 완화시킬 수 있을 것이고, 동시에 원전 수출 등을 확대해 수출부문에서의 편중화도 어느 정도 개선시킬 수도 있을 것이다. 따라서 정책적인 실패가 무역거래의 취약성 및 최근 불안을 가중시킨 측면이 크다.

3. 금융시장의 취약성과 환율 변동성

(1) 환율의 과도한 변동성

우리나라 대외부문의 취약성은 국제수지뿐만 아니라 환율의 움직임에도 여실히 반영되고 있다. 대외적인 취약성을 환율을 통해 판단하고자 하는 경우 현재 환율 수준이 기초경제여건을 적절히 반영하고 있는가, 그리고 환율의 등락이 경제 상황 변화에 비해 얼마나 크게 나타나고 있는가를 분석해 봐야 한다.

코로나19 사태 이후 원-달러 환율은 계속 상승하다가 거의 내내 1,300원 이상에서 유지되고 있다. 글로벌 금융위기 이후 2022년 초까지 대략 1,100~1,200원 사이에서 움직이던 것을 고려하면, 지난 해 환율이 급등한 것은 기초경제여건에 비해 원화의 가치가 과소평가된 것으로 판단할 수 있다. 이는 코로나19 사태가 진행되면서 우리나라의 경제적 강건성에 대해 국제금융시장에서 불안 및 의구심을 나타낸 것이라고 해석할 수 있다.

한국 경제의 대외적인 취약성을 더욱 잘 나타내는 것은 환율의 변동성이다. 우선 단기적으로 지난 해의 월별 환율 변동을 보면, 2022년 10월에는 전월에 비해 92.6원이 올라 2011년 9월 이후 가장 큰 상승을 보였다. 이와 동시에 11월에는 전월에 비해 105.5원이 떨어져 2009년 3월 이후 가장 큰 낙폭을 기록하였다. 불과 한 달 만에 298.1원(92.5원 상승에서 105.5원 하락)의 등락폭을 기록한 것은 글로벌 금융위기가 한창인 2009년 2~3월 이후 처음이다.

보다 초단기적으로 일별 데이터를 보더라도 지난 해 환율 변동성은 아주 크게 나타났다. 예를 들어 환율이 급격히 하락한 11월 원-달러 환율의 전일 대비 변동폭은 12.3원, 변동률은 0.90%로 코로나19 사태가 본격적으로 확산되기 시작한 2020년 3월(13.8원 및 1.12%) 이후 최고치를 기록했다. 또한 11월 환율 표준편차를 보면 36.4원으로 2011년 9월(46.0원) 이후 11년 2개월 만에 가장 높은 변동성을 보였다.[8]

문제는 이와 같은 환율의 급변동성이 위기 기간 중에만 크게 나타나는 것이 아니라 장기간에 걸쳐 점증하고 있다는 것이다. 1990년대 이후 환율 변동성 추이를 보면, 1990년대에 비해 2000년대에는 거의 두 배, 2010년대에는 거의 세 배로 커졌다.[9] 물론 이처럼 환율 변동성이 점차 커지는 것은 자본유출입의 변동성이 증가한 데 상당 부분 연유한다. 그러나 주목해야 할 것은 2000년대 이후 상당 기간 동아시아의 다른 국가들에 비해 환율 변동성이 과도하지 않았는데, 최근에 와서 신흥국은 물론이고 선진국 평균보다도 높게 나타나 상대적으로 더욱 변동성이 커졌다는 점이다(〈표 7-3〉).

표 7-3 주요국 환율 변동성 추이

	2010~2014	2015~2019	2020~2021	2022	2023. 1~4.
선진국 평균	0.64	0.59	0.56	0.74	0.65
신흥국 평균	0.56	0.60	0.59	0.75	0.58
한국	0.56	0.51	0.51	0.67	0.70

주 : 선진국은 호주, 캐나다, 스위스, 덴마크, 유로지역, 영국, 일본, 노르웨이, 뉴질랜드, 스웨덴 등 10개국. 신흥국은 브라질, 인도, 태국 등 24개국(한국 포함).

자료 : 한국은행(2023), 통화신용정책보고서, p.32.

(2) 금융 취약성과 환율

이처럼 환율 변동성이 점증하고 주변 다른 국가들에 비해 더욱 큰 이유는 여러 가지가 있다. 앞에서 설명한 것처럼 무역거래가 지나친 변동성을 보이고 있고,[10] 또한 북한이라는 특수 요인 때문에 지정학적 위험이 큰 것도 중요한 이유가 될 것이다. 그러나 이와 더불어 더욱 중요한 이유는 금융시장의 효율적 기능과 관련된 취약성 때문이다.

국제금융시장에서 우리나라 금융부문을 취약하게 보고 있는 대표적인 사례로 글로벌 금융위기 당시 CDScredit default swap 프리미엄의 변화를 들 수 있다.[11] 다음 [그림 7-4]는 글로벌 금융위기 전후 동아시아 4개국의 CDS 프리미엄 변화를 보여주고 있다. 2008년 9월 리먼 브라더스 사가 도산하기 전까지는 우리나라의 국채(외평채)에 대한 프리미엄이 가장 낮았다. 그런데 9월 이후에는 필리핀 국채의 프리미엄과 유사한 수준으로 급격히 상승한다. 즉, 평소에는 우리나라 경제에 대한 신뢰도

그림 7-4 동아시아 4개국의 CDS 프리미엄

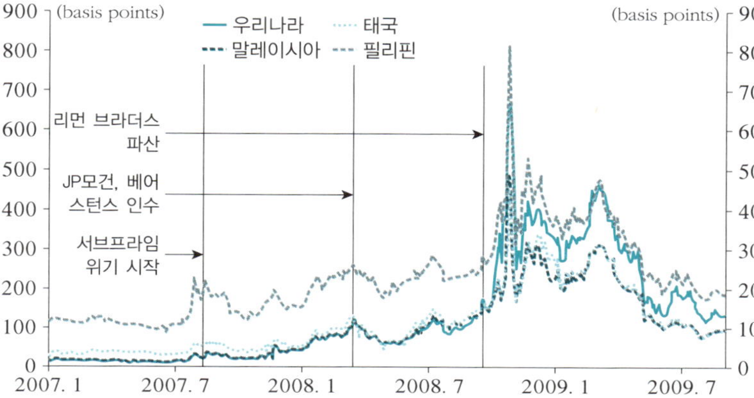

자료 : 한국은행(2009).

가 가장 양호한 반면, 일단 위기가 도래하면 필리핀 경제만큼이나 불안하게 볼 정도로 신뢰도가 급격하게 악화되고 있다. 여러 원인이 있겠지만, 중요한 요인 중 하나는 한국의 금융시장이 대외적인 충격에 취약하다고 국제금융시장에서 인식하고 있다는 점이다.

우선 우리나라 외환시장은 거래규모에 비해 시장구조가 충분히 발달하지 못하여 충격 흡수 기능이 미흡한 실정이다.[12] 또한 각 금융시장이 효율적으로 기능하지 못하고 그들 간의 연계도 긴밀하게 이루어지지 않아 외부적인 충격이 있을 때 과민반응을 보이곤 한다. 예를 들어 외환시장에서 선물환 공급이 급증해 무위험 금리차익 기회가 발생한다고 해도, 외환시장 및 다른 금융시장이 효율적으로 기능하면 이러한 기회는 순식간에 사라지게 된다([그림 7-5]). 그러나 우리나라의 경우 그렇지 못해 [그림 7-6]에서 보는 것처럼 무위험 금리차익 기회가 수개월에서 수년간 지속되곤 한다. 이로 인해 단기 차입자금 유입이 급증했다가 충격

그림 7-5 엔/달러 무위험 금리차 추이

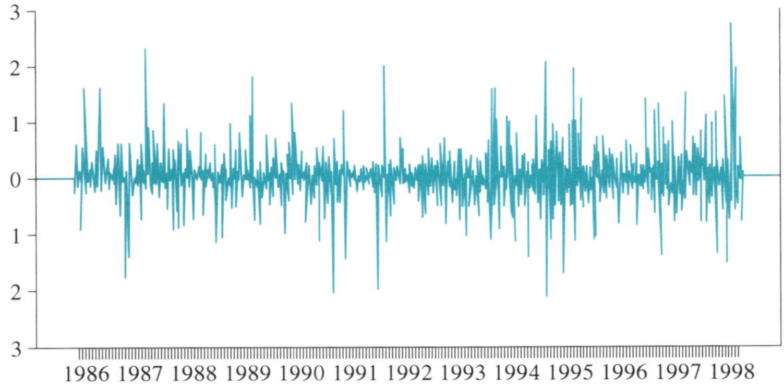

자료 : Bhar et al.(2004).[13]

그림 7-6 원/달러 무위험 금리차 추이

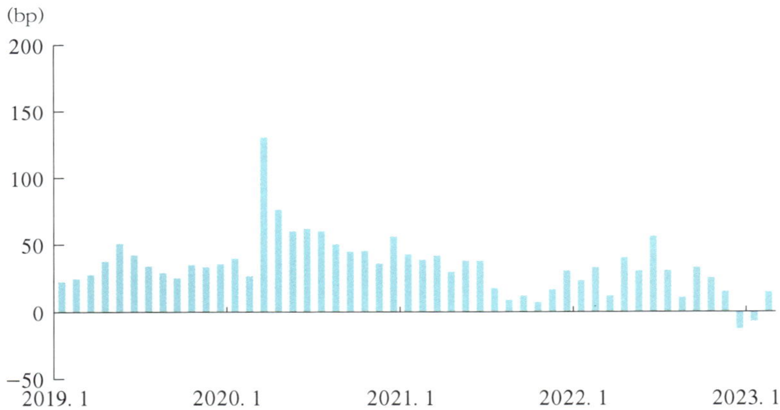

자료 : 한국은행.

이 가해지면 급격히 유출되어 환율이 급변하고 위기가 발생하는 현상이 나타나는 것이다.

이와 같은 취약성은 엇박자 난 금융자율화 및 개방정책에 기인한 바 크다. 정부는 오랫동안 금융시장의 효율성 및 강건성을 제고하고자 외환위기 이후 과감한 개방정책을 취했다. 덕분에 우리나라 금융시장은 선진국에 가까운 개방도를 가졌다. 그러나 아직까지는 상당한 규제로 인해 그에 상응하는 발전 정도를 갖추지 못하고 있다. 이로 인해 국제금융시장에서 우리나라는 상당히 대외충격에 취약하다고 인식되고 있다.

특히 외환시장에서 이러한 문제점이 많이 나타나고 있다. 한국의 무역과 자본시장은 빠른 성장과 발전을 거듭했지만, 외환시장은 큰 변화 없이 과거의 구조를 유지해 왔다. 1997년 외환위기 트라우마로 정책 방점이 '시장 안정'에 찍히면서 외환시장 변화는 쉽지 않았고,[14] 이로 인해 외환시장이 충분히 깊고 넓게 발전하지 못했다. 그 결과 선박 수주가 호황일 때 조선사의 막대한 선물환 매도로 원화가 절상 압력을 받고, 연기금과 개인의 해외 투자가 늘어나면 원화가 절하 압력을 받는 등 일부 참가자의 거래 방향이 환율 움직임에 미치는 영향이 크다. 또한 이러한 이유로 무위험 금리차가 효율적으로 해소되지 못하고 장기간 지속되어 금융위기의 단초가 되곤 하였다.

정부는 지난 2월에야 해외에 소재한 외국 금융기관이 국내 은행 간 시장에 직접 참여할 수 있도록 외환시장의 빗장을 풀고, 개장 시간도 런던 금융시장의 마감 시간인 한국 시간 새벽 2시까지 연장하겠다고 밝혔다. 심지어 중국도 2010년 이후 역외 위안화 시장을 개설·확대했는데, 지금까지 원화는 역외 외환시장에서 거래할 수 없고 국내에서만 거래가 가능한 데다 해외 소재 외국 금융기관은 국내 은행 간 외환시장에 직접 참여할 수 없었던 것이다. 정부는 외환보유고 증가와 민간 대외자산 확대, 외화유동성 공급망 다변화 등으로 그간 한국 경제의 대외 건전성이 강화된 만큼, 이제는 외환위기 트라우마를 딛고 외환시장을 개방·경쟁적 구조로 전환하기 위해 외환정책을 개선하겠다고 강조했다.

외환시장의 구조적인 문제점 외에도 지난 수년간 진행되어 온 위기대응 정책도 오히려 잠재적인 불안을 더욱 가중시킨 측면이 있다. 우선 코로나19 사태 중 도입된 원금 상환 만기 연장, 이자지불 유예 등 금융특혜정책으로 인해 기업부도율이 아주 낮은 수준이고, 은행들은 역대 최대의 호황을 누리고 있다. 그러나 국제금융시장에서는 이러한 정책들이 정상화되면 숨겨진 리스크가 그대로 노정될 우려가 있어 현재의 모습을 그대로 받아들이지 않고 의구심이 가득하다. 이번 정부 들어서도 금융특혜 정책을 연장하겠다고 하는데, 이는 국제금융시장의 신뢰를 더욱 훼손시킬 우려가 있다.

또한 현재 한국 경제가 처한 상황은 이전과 상당히 달라서 국제금융시장의 신뢰를 확보하기가 쉽지 않다. 무엇보다도 한미 금리의 역전 격차가 역대 최고의 수준이므로 자본 이탈 등 이에 따른 충격이 더 크게 나타날 수 있다. 더욱이 이전과는 달리 세계 경제가 불황인 상황이므로 추가적인 외부 충격이 가해질 우려가 있다.

외적 요인보다도 더욱 큰 문제는 한국 경제의 현실적인 모습이 이전보다 훨씬 열악하다는 것이다. 우선 기초 체력 면에서 이전에 비해 상당히 약화되어 잠재성장률이 역대 최저 수준에 이르고, 대외부문에서 무역수지도 역대 최악으로 나타나고 있다. 이러한 우리 경제 기초 체력에 대해 의구심이 커지고 있으며, 다른 나라보다 충격에 대한 취약성이 더 크다고 보고 있다. 예를 들어 미국 연방은행의 금리 인상 후유증으로 일부 미국 은행들이 파산했는데, 이들은 건실한 은행들이었음에도 시장가격 변동의 충격을 받았던 것이다. 그런데 우리나라에서는 불량기업 연명 정책으로 금융특혜 정책을 사용해 은행들의 잠재적 리스크가 상당히 크며, 따라서 미국과 같은 공격적인 금리 인상이 불가능하다.

최근 글로벌 인플레이션에 대응하기 위해 각국의 중앙은행들이 도입한 금리 인상 및 긴축통화 정책은 단기적으로 금융 리스크가 나타나기도 했지만, 장기적인 관점에서는 일종의 축복blessing in disguise으로 볼 수도 있다. 글로벌 금융위기 이후 초저금리와 금융과잉financial excess이 지속되었었는데, 코로나19 사태 이후 이 현상은 더욱 심화되었다. 만일 이를 해결하지 않고 넘어가면 이후 훨씬 더 큰 경착륙 후유증에 직면할 수도 있는데, 긴축통화정책을 통해 어느 정도 금융과잉 문제가 해소된 것이다. 그러나 우리나라의 경우 현재의 상황이 상당히 취약하다 보니 미국과는 달리 "blessing in disguise"를 누리지 못하지 않을까 하는 우려가 든다.[15]

[미주]

01 여기서는 최근의 변화를 보다 극적으로 보여주는 무역수지를 중심으로 설명하고자 함.

02 2022년 말 현재 순대외자산은 7,713억 달러로 GDP의 절반에 육박하는 역대 최대 수준을 기록했다.

03 중국, 미국, 독일, 네덜란드, 일본, 한국, 이탈리아, 벨기에, 프랑스, 캐나다 등.

04 한국경제연구원(2023)은 허핀달-허쉬만 지수(Herfindahl-Hirschman Index ; HHI)를 사용하여 수출의 품목 집중도와 국가 집중도를 측정하였다. 캐나다는 미국으로의 수출이 전체 수출의 대부분(77.0%, 2022년 기준)을 차지하고 있어 국가 집중도가 매우 높게 나타나고 있다.

05 Eichengreen et al.(2007). 이 논문에서 위안화가 절하될 때 중국의 수출이 증가하는데,

이로 인해 미국, 유럽 등 세계 시장에서 중국과 경쟁하는 동남아시아 국가들은 부정적 영향을 받는 반면, 중국에 중간재를 수출하는 한국은 오히려 긍정적인 영향을 받는다는 것을 보여주고 있다.

06 1998년 당시 재정경제원 차관이었던 강만수 씨는 IMF 구제금융을 받은 이후 "반도체 특수에 취해 외환위기가 닥쳐오는 것을 빨리 간파하지 못했다"고 밝힌 바 있다.

07 임혜란 · 이영섭(2020), 8장.

08 환율 표준편차는 월평균 환율을 일일 종가와 비교한 것으로, 종가 환율이 평균 환율과 차이가 클수록 표준편차가 크게 나타난다.

09 서영경 · 성광진 · 김동우(2011).

10 한국은행(2023)은 무역수지의 충격이 1개월 시차를 두고 환율에 반영되는 것으로 추정하고 있다.

11 CDS는 채권 발행사가 부도 등으로 어려움을 겪을 경우 손실의 일부 또는 전부를 보전받을 수 있도록 한 보험 성격의 신용파생상품으로 신용부도스왑이라고도 한다. CDS 거래에서 신용위험을 이전한 대가로 지급하는 수수료를 CDS 프리미엄이라고 한다. 국제금융시장에서는 각국의 정부가 발행한 외화표시 채권에 대한 CDS 프리미엄을 해당 국가의 신용등급이 반영된 지표로 활용하고 있다.

12 이승호 · 김한수(2022) 참조.

13 Bhar et al.(2004).

14 우리나라가 외환위기로 인해 가졌던 낙인효과 및 트라우마 효과에 대해서는 김인준 · 이영섭(2019), 제21장을 참고할 것.

15 이영섭(2023).

CHAPTER 08

산업정책과 글로벌 경쟁력

최근 미·중 간 갈등을 비롯한 국가들 간의 첨예한 대립에서 가장 핵심적인 내용은 반도체 기술 등을 바탕으로 한 국가 경쟁력 우위 확보이다.

과거에는 선진국들이 산업정책을 적극적으로 추진하지 않았다. 산업정책은 주로 개도국에서 유치산업을 보호하기 위한 정책으로 사용되었다. 우리나라도 개발경제 초기에 산업정책을 효과적으로 사용해 전체적인 국가 경쟁력을 상당한 수준까지 향상시킬 수 있었다. 그러나 최근에는 선진국에서도 최첨단 산업을 육성해 국제경제질서에서 패권을 확보하고자 적극적으로 사용하고 있다.[1] 따라서 과거에는 유치산업보호론과 같은 논리가 가장 주된 논리였으나, 최근에는 경제안보 등이 더욱 강한 논리로 제시되고 있다.

미국, 중국, 일본, EU 등 주요 나라들이 기술 경쟁력을 확보하고자 거의 전쟁 수준의 경쟁체제에 돌입했고, 적극적으로 산업정책을 동원해 자국의 기업들에 대한 지원을 아끼지 않고 있다. 이와는 달리 우리나라는 다른 나라들처럼 반도체 산업, 배터리 산업 등 첨단 기술 주도권을 확보하기 위한 절박함이 부족하다는 느낌을 지울 수 없다. 현재와 같은 상황에서 왜 산업정책이 지지부진한지, 그리고 정책적인 미흡이 국가 경쟁력에 어떤 영향을 미칠지 세밀하게 살펴볼 필요가 있다.

1. 산업 활력 저하와 산업 간 괴리 확대

코로나19 사태가 잠잠해진 이후 진행되고 있는 산업별 경기 추세를 보면 여기서도 과거와는 다른 모습을 많이 발견할 수 있다.

전체적인 산업의 경쟁력을 종합적으로 나타내는 GDP 증가율 추세를 보면, 외환위기 및 글로벌 금융위기 때와 유사하게 2020년 (−)성장을 기록한 후 이듬해인 2021년 급격하게 반등하는 "V"자형 회복 패턴

그림 8-1 위기 전후 성장률 변화

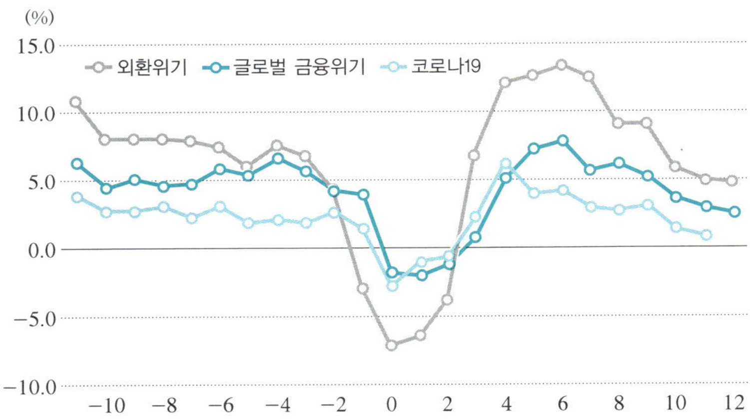

주 : 각 위기에서 분기별 성장률(전년 동기 대비)이 가장 낮았을 때를 기준으로 한 위기 전후의 성장률

자료 : 한국은행.

을 보이고 있다. 그러나 반등 이후 2022년에는 다시 성장률이 2.7%로 하락하고 있는데, 이는 과거 다른 위기 때와 비교해 보면 훨씬 낮은 수치이다([그림 8-1]). 물론 코로나19 사태 이후 우크라이나 전쟁 등 지정학적인 사건이 겹쳐 급등한 인플레이션을 억제하고자 긴축 정책으로 선회한 것이 일부 원인일 수 있다. 그러나 각 위기 중 바닥을 친 이후의 회복 추세를 비교해 보면, 코로나19 사태 이후 4분기 동안은 오히려 글로벌 금융위기 때보다 더 빠른 회복세를 보였었는데, 이후 성장률이 급락하면서 다른 위기 때보다 훨씬 저조한 성장세로 추락하고 있다. 전체적으로 저성장이 고착화되면서 코로나19 사태 이후 정상화되는 과정에서도 과거보다 훨씬 낮은 수준으로밖에 회복되지 못하고 있는 것이다. 이러한 저성장 추이는 장기적인 측면에서 우리나라 전체 산업의 경쟁력 저하와도 연계되어 있다.

이번 경제위기의 상황을 이전의 위기와 더욱 뚜렷하게 차이가 나게 하는 것은 산업 간에 회복 추세가 너무 다르다는 것이다. 무엇보다도 가장 극적인 차이점은 실물부문과 자산시장 간 괴리가 예전에 비해 아주 커졌다는 것이다.

과거의 위기 경험을 보면 실물경제와 자산시장이 시차가 있기는 하지만 함께 부침하는 추세를 보였다. 그러나 코로나19 사태 직후에는 실물경제가 마이너스 성장을 기록하는 가운데 자산시장이 회복 단계를 넘어 과열 현상을 보이는 K자형 회복K-recovery 패턴을 보였다. 주식시장은 2000년 3월 바닥을 친 후 6개월 만에 코로나 사태 이전의 수준을 회복했다. 부동산 시장은 코로나19 사태에도 떨어지기는커녕 2021년 10월까지 지속적으로 상승했다. 2000~2022년 기간 중 실물부문은 최대

4.9%의 성장을 보였던 반면, 주식시장은 최고 51.8%, 그리고 부동산 시

그림 8-2 2020년 이후 GDP 추이

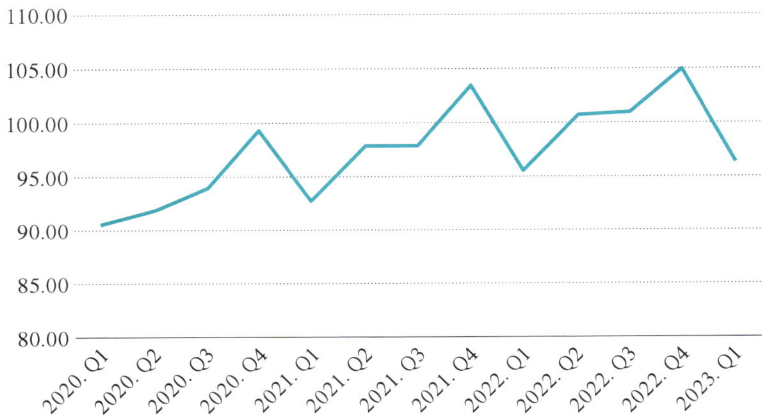

주 : 2019년 4/4분기(= 100) 대비 GDP의 추이를 나타냄.
자료 : 한국은행.

그림 8-3 2020년 이후 자산시장 추이

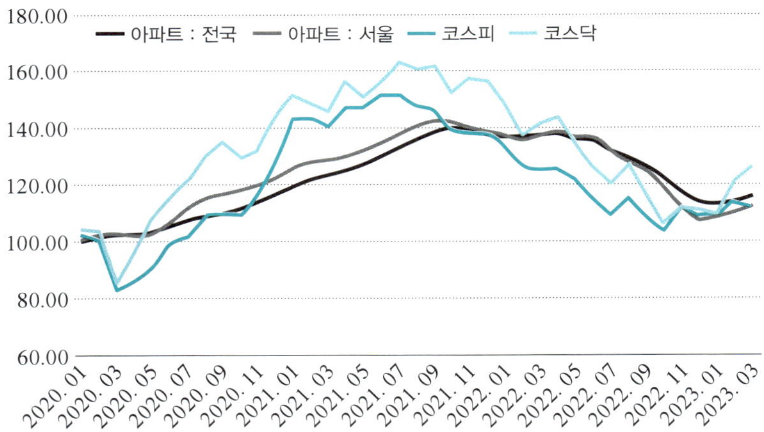

주 : 2019년 12월(= 100) 대비 아파트 가격 및 주가지수 추이를 나타냄.
자료 : 한국은행 ; 한국부동산원.

장은 최고 42.9%의 가격 상승을 보이는 대조적인 행보를 나타내었다 ([그림 8-2] 및 [그림 8-3]).

2022년 후반 들어 인플레이션을 진정시키고 자산시장의 과열을 억제하고자 금리를 상승시킨 이후에도 여전히 실물경제와 자산시장의 움직임은 괴리를 보이고 있다. 긴축 정책의 여파로 경제성장률이 감소했는데, 자산시장에서는 급격한 조정이 일어나 주식시장은 고점 대비 56.0% 감소했고 부동산 시장도 29.5% 하락했다. 이전의 위기 때는 위기 이후 회복 과정에서 실물경제 및 자산시장이 동반 상승했던 것과는 달리 이번에는 자산시장이 급등락을 하면서 양자 간의 괴리가 크게 나타나고 있다.

산업 간 괴리는 실물부문 내에서도 뚜렷이 나타나고 있다. 코로나19 사태 직후 2020년 산업별 성장률을 보면 〈표 8-1〉과 같이 제조업, 건설업, 서비스업이 각각 −0.7%, −1.3%, −1.1%였다가 2021년 이후에는 건설업을 제외하고는 회복세를 보이고 있다. 그렇지만 서비스업 내에서 대면 서비스업과 비대면 서비스업 간에 충격 차이가 두드러지게

표 8-1 **산업별 성장률**

(단위 : %)

	제조업	서비스업	건설업	GDP
2017	3.2	3.7	5.9	2.6
2018	2.9	3.3	−2.8	3.8
2019	2.2	1.1	−2.6	3.4
2020	−0.7	−1.1	−1.3	−0.8
2021	4.3	7.1	−1.9	3.8
2022	2.6	1.5	0.7	4.2

자료 : 한국은행.

나타나고 있다. 대면 서비스업인 도·소매, 숙박, 운수·창고, 문화서비스 분야 성장률이 각각 2020년 −5.5%, −17.3%, −17.1%로 현저히 낮은 수준이었다가 2022년에는 5.1%, 6.3%, 11.6%로 다른 산업에 비해 훨씬 커다란 등락을 보이고 있다([그림 8−4]).

그림 8−4 서비스업 내 성장률

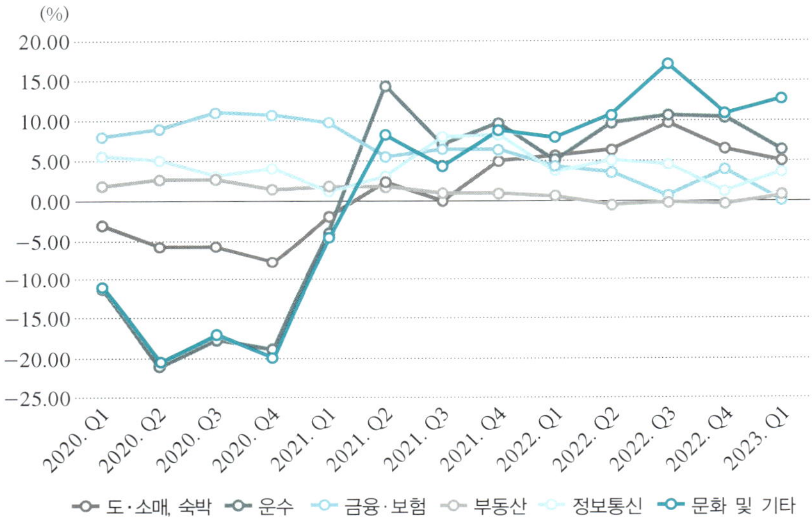

자료 : 한국은행.

코로나19 사태 직후 반도체, 배터리, 전자상거래, 바이오 산업 등 비대면 서비스 산업과 혁신 산업은 빠른 성장세를 기록하였다. 반면에 여행, 관광·항공, 숙박·음식점업 등 대면 서비스업 등은 전염병 확산에 따른 경제활동 위축과 정부의 영업시간 제한, 그리고 조업 중단 조치 등 어려움을 크게 겪으면서 마이너스 성장을 기록하였다. 그 결과 전자상거래, 그리고 제조업 중심의 혁신 산업과 오프라인off-line 중심의 서비스업 간 K자형 추세를 보였다.

그러나 2022년 중반 이후 봉쇄조치가 풀리면서 대면 서비스업에서의 "보복 소비"가 폭발적으로 증가해 거의 이전의 성장세를 회복하였다. 반면 반도체, 전자상거래 등은 예상보다 침체되면서 전반적인 GDP 상승세를 둔화시킬 정도로 부진한 상황에 빠져 있어 최근의 산업 간 성장세는 "역 K자형" 추세를 보이고 있다.

이처럼 코로나19 사태의 충격 이후 전체적인 산업생산성 회복이 과거에 비해 저하되는 가운데, 실물부문과 자산시장 간의 괴리가 확대되고 실물부문 내에서도 특히 서비스업 내에서의 산업 간 괴리가 심화되는 현상을 보이고 있다. 물론 최근의 특수한 상황이 이러한 특징을 만들어 낸 원인 중 하나이다. 예를 들어 코로나19 사태 이후 급등한 인플레이션을 억제하고자 각국 중앙은행이 긴축으로 돌아서면서 침체 상황이 전개된 것이 성장률을 저하시킨 주요 요인으로 작용하였다. 또한 실물 및 금융 부문 양극화는 엄청난 금융 및 재정 지원으로 유동성이 과다해져 실물부문은 휘청이는데 자산시장에서는 거품이 야기되었다가 최근 금리 인상으로 거품이 꺼진 데 따른 결과이다. 서비스업의 극심한 부침은 봉쇄조치 등 특히 대면 서비스를 요하는 산업에 가해진 충격이 큰 요인으로 작용하였다.

그러나 이번 위기에서 관측된 이러한 특징들은 정책의 변화에 따른 결과를 넘어 우리 경제의 취약성을 여실히 보여주고 있다. 특히 뚜렷한 K자형 및 역 K자형 현상은 과거 1997년 외환위기나 2008년 글로벌 금융위기와는 완전히 다른 양상이며, 이는 결코 장기간 지속될 수 없다. 따라서 정책적인 대응에서도 과거와는 다른 접근이 필요하며, 정책적

지원도 더욱 세부적으로 개별 업종 위주의 핀셋 지원이 필요하다.

2. 산업정책의 변화와 글로벌 경쟁력

(1) 전반적인 글로벌 경쟁력 저하

아래의 [그림 8-5]는 국가 경쟁력 순위를 대표적으로 보여주는 IMD 자료이다. 이에 따르면 2023년 우리나라의 경쟁력 순위는 28위로 총 조사대상 63개국 중 중간 정도에 해당한다. 글로벌 금융위기 이후 순위가 향상되기는 했지만, 지난 10여 년 동안 25위 수준에서 크게 벗어나지 못하고 있고, 코로나19 사태 이후에는 오히려 경쟁력 순위가 23위에서 28위로 5계단 하락했다. 이는 우리나라의 글로벌 경쟁력이 전체적인 차원에서 크게 개선되지 못하고 있음을 보여준다.

그림 8-5 우리나라의 국가 경쟁력 순위

자료 : IMD, World Competitiveness Yearbook.

세계 경제에서의 글로벌 경쟁력을 보다 더 잘 나타내주는 지표는 수출 경쟁력이라고 할 수 있다. 〈표 8-2〉는 과거 1960년대부터 지금까지 우리나라의 10대 수출 품목을 보여주고 있다. 이 표에서 쉽게 알 수 있는 것은 성장 및 수출을 주도하는 산업이 계속 변화되어 오고 있다는 것이다. 과거에는 1차산품 위주였지만 점차 경공업 제품, 중공업 제품, 그리고 첨단 고부가가치 제품으로 주요 품목이 이동해 왔다. 1960년대의 경공업, 1970~1980년대의 중화학공업, 1990년대의 자동차, 전자, 기계, 철강산업, 그리고 2000년대 이후의 반도체와 IT 관련 제조업 등 수출주력산업은 시대와 환경의 변화에 따라 변화하면서 한국의 경제발전을 이끈 원동력이었다.

표 8-2 우리나라의 10대 수출품목

	1960	1970	1980	2000	2021
1	철광석	의류	의류	반도체	반도체
2	중석	한판	철강판	컴퓨터	자동차
3	생사	가발	신발	자동차	석유제품
4	무연탄	철광석	선박해양구조물	석유제품	합성수지
5	오징어	전자제품	음향기기	선박해양구조물 및 부품	선박해양구조물 및 부품
6	활선어	과자제품	인조장섬유직물	무선통신기기	자동차부품
7	흑연	신발	고무제품	합성수지	철강판
8	합판	연초-담배	목재류	철강판	평판디스플레이 및 센서
9	미곡	철강제품	영상기기	의류	컴퓨터
10	돼지털	금속제품	반도체	영상기기	무선통신기기

자료 : 무역협회.

이와 동시에 눈여겨 보아야 할 것은, 과거에는 전 세계 시가총액 최고 기업들의 핵심 분야를 우리 산업이 끊임없이 추격해 왔다는 점이다. 1980년대 Shell, BP 등이 세계 최대의 기업이었을 때 우리나라도 석유화학산업에 뛰어들어 결국 주요 수출 품목 및 성장동력을 만들어 냈다. GM, Ford 등이 세계 최대의 기업이었을 때 우리나라도 자동차산업에 진출해 결국은 따라잡았다. 또한 IBM 등이 세계 최고의 기업이었을 때 우리나라도 전자산업에 진출해 결국에는 IT 관련 제품들이 최대 수출 품목 및 핵심 성장동력으로 자리 잡았다. 전 세계 시가총액 최고의 기업이라는 것은 당대 최고의 부가가치 산업을 선도하고 있다는 의미이다. 이런 분야를 끊임없이 추격했다는 것은 그동안 우리나라 산업 경쟁력이 지속적으로 상승하고 최첨단 수준에서 경쟁하기에 이르렀다는 것을 의미한다.

그렇다면 최근에는 한국의 산업 경쟁력이 어느 정도나 되는지 살펴보자.[2] 한국의 제조업이 경쟁력을 아직 갖고 있기는 하지만 선진국들과 후발 개도국 사이에서 치열해지는 경쟁으로 어려움을 겪고 있다. 선진국들은 첨단 기술집약적인 산업에서 여전히 경쟁력을 갖추고 있거나 강화해 나가고 있고 후발 개발도상국들은 저임금 및 경제 개혁을 바탕으로 빠르게 경쟁력을 증진해 오고 있다. 특히 중국의 약진은 놀라운 것으로 저임금에 기초한 경쟁력에서 이제는 기술집약적인 산업에까지 많은 분야에서 한국뿐만 아니라 선진국까지 추월하고 있다.

주요 국가별 수출 1위 품목 변화를 살펴보면 중국의 약진이 더욱 두드러진다. 중국은 2005년 이후 세계 수출시장 점유율 1위 제품을 가장 많이 보유하면서 이 부문에서 독주체제를 굳히고 있다. 세계 수출 1위 품목 수도 꾸준히 증가해 2020년 현재 총 1,798개 품목을 보유하고 있다. 그 뒤로 독일(668개), 미국(479개), 이탈리아(201개), 일본(154개) 순이며, 한국은 총 77개 품목으로 전년도와 마찬가지로 세계 10위를 기록했다. 이는 2019년 대비 6개 품목이 증가한 수치인데, 중국은 46개, 독일은 10개, 인도는 3개, 네덜란드는 11개, 스페인은 7개가 증가했다. 반면 미국은 45개, 이탈리아는 3개, 일본은 16개, 프랑스는 13개 품목이 전년 대비 감소했다. 중국의 꾸준한 품목 수 증가에 비해 다른 나라들의 품목 수는 대체적으로 감소하고 있으나 한국의 경우는 연도별로 소폭의 등락을 보이고 있다. 최근 부상하고 있는 인도는 148개 품목으로 6위에 자리 잡으면서 한국을 추월하였다.

표 8-3 **주요 국가별 수출 1위 품목 변화 추이**

(단위 : 개)

2007		2010		2015		2020	
국가 순위	품목 수	국가 순위	품목 수	국가 순위	품목 수	국가 순위	품목 수
중국	1,201	중국	1,353	중국	1,742	중국	1,798
독일	892	독일	764	독일	635	독일	668
미국	665	미국	631	미국	606	미국	479
이탈리아	340	이탈리아	251	이탈리아	195	이탈리아	201
일본	251	일본	251	일본	175	일본	154
네덜란드	159	네덜란드	121	네덜란드	145	인도	148
한국(15위)	62	한국(15위)	71	한국(14위)	68	한국(10위)	77

자료 : 한국무역협회.[3]

우리나라가 지난 5년 동안 세계 수출 1위를 유지한 품목은 총 41개로 화학 및 철강이 주를 이루고 있다. 한편 우리나라 최대의 수출 품목인 메모리반도체의 경우 점유율이 소폭 하락해 중국에 1위 자리를 내주었다. 세계 수출 1위 품목 중 많은 품목에서 수출 강국들과 치열하게 경합 중으로 앞으로 1위 유지가 쉽지만은 않은 상태이다. 특히 중국의 공격은 더욱 가속화되고 있는 추세로, 2020년에도 1위에서 탈락한 11개 품목 중 중국이 추월한 품목 수가 3개로 가장 많았다.

여기서 한번 짚고 넘어가야 할 문제는, 한국이 2020년 세계 수출액 순위 6위였음에도 1위 품목 보유 순위는 10위에 그쳤다는 점이다. 또한 1위 품목의 수출액은 전년 대비 역대 최대인 479억 달러나 감소했으며, 총수출액에서 차지하는 비중도 12.4%로 급락해 2016년 이후 처음으로 20% 이하로 내려갔다. 점점 거세지는 국제경쟁과 특히 후발주자들의 약진은 한국에게 큰 위협이 되고 있다.

그동안 한국이 경쟁력을 가지고 있었고 아직도 전체적인 수출 물량에서 큰 비중을 차지하고 있는 품목들은 반도체, 자동차, 조선 등이다. 그런데 이러한 주력 수출품목들을 자세히 들여다보면 많은 문제를 안고 있다. 주요 수출품목인 반도체의 경우 D-RAM에 치중한 형태로 시장가격의 등락에 따라 수출 또한 움직이며 더 큰 시장인 비메모리 분야의 시장점유율은 아직도 크지 않은 형편이다. 자동차의 경우도 현재 한국의 생산 능력은 5위로 큰 비중을 차지하고 있으나 자동차 부품산업의 경우 상대적으로 경쟁력이 낮고 고부가가치 부품산업에서는 배터리 등을 제외하고는 거의 진출하지 못하고 있는 실정이다. 결국 낮은 부품산업 수준은 고가 부품의 해외의존도를 높임으로써 산업의 부가가치의 해외 유출을 낳고 자동차산업의 경쟁력 확보에도 걸림돌이 되고 있다.

또 다른 수출 주력 품목인 조선의 경우도 사정은 크게 다르지 않다.

한때 한국의 선박수주량, 선박건조량, 선박수주잔량은 1위이거나 거의 1위에 근접했었다. 그러나 이 분야에서도 중국이 부상하여 이미 선두 자리를 내주었으며 경쟁은 더욱 거세지고 있다. 또한 내수 기반이 약하고 해외의존도가 높은 조선업은 특성상 해외 시장 변화에 큰 영향을 받으며 경기변동에 민감하게 반응한다. 특히 한국 조선업체의 매출은 고부가가치의 해상플랜트나 크루즈선이 아닌 상대적으로 저가격, 저부가가치 선박에 의존하고 있어 경기변동에 따라 부침이 심하다. 기술경쟁력 확보를 통한 고부가가치 품목으로의 다양화가 절실하게 요구되고 있다.

이렇게 보면 점점 거세지는 경쟁국들의 추격을 뿌리치고 지속적인 수출 증대를 위해서 정부와 기업 모두가 다양한 노력을 기울여 수출 경쟁력을 유지·확보하고 지속적인 경쟁력을 갖춘 고부가가치 품목의 개발이 절실하다. 또 해외 생산 확대로 인한 국내 제조업 공동화에 대한 대응으로 고부가가치 핵심 부품 소재와 장비를 국내에서 생산하고 최종품 조립을 위해 해외 생산기지로 수출하는 국제분업구조를 구축하여 기술 경쟁력과 가격 경쟁력 모두를 향상시키는 것이 필요하다. 산업구조의 고도화는 산업의 외형적 성장뿐만 아니라 생산성 향상이라는 질적 향상도 함께 따라야 하는 것이다.

(2) 글로벌 경쟁 강화와 산업정책

여기서 더욱 우려되는 것은, 우리나라 수출에서 큰 비중을 차지하고 있는 분야가 반도체, IT 등이었는데 최근 이 분야가 기술 패권 경쟁으로 글로벌 경쟁이 아주 격화되고 있다는 점이다. 이와 같은 글로벌 경쟁 심화는 특히 코로나19 사태 이후 더욱 첨예화되고 있다.

코로나19 사태로 인한 각국에서의 봉쇄조치로 글로벌 공급망에 대혼란이 발생하였다. 이에 더해 일부 국가들이 지정학적인 이유로 공급망의 단절을 무기화하면서 글로벌 공급망의 불안정성이 더욱 높아지고 있다. 이에 각국은 글로벌 공급망의 확대보다도 안정성에 대해 더 큰 관심을 갖게 되었고, 이로 인해 전 세계 글로벌 공급망도 재편되고 있다. 이 과정에서 미국과 중국은 향후 세계 패권을 가름할 기술 패권 경쟁에서 우위를 점하고자 전 세계적인 글로벌 공급망 재편을 자국에게 유리하게 이루어지도록 경쟁하고 있다.

이전까지의 글로벌 공급망 확대 과정은 분업화를 통해 제품의 생산비용을 감소시켰던 반면, 최근 진행되고 있는 글로벌 공급망 재편은 생산비용을 증가시킬 가능성이 크다. 그렇지만 중국의 봉쇄조치, 우크라이나 전쟁 등에서 볼 수 있듯이 지정학적 여건이 전 세계 공급망에 심각한 영향을 미칠 수 있기 때문에, 각국은 생산비용이 상승함에도 공급망 안정성을 확보하고자 글로벌 공급망 재편을 둘러싼 경쟁을 지속적으로 추진할 것이다.

이를 가장 첨예하게 보여주는 사례가 글로벌 반도체 패권 경쟁이다. 특히 미국과 중국은 반도체 패권이 향후 국제질서의 패권을 좌우할 수 있다고 보고 글로벌 반도체 패권 장악에 드라이브를 걸기 시작했다.

미국은 바이든 정부가 들어서면서 리쇼어링reshoring을 적극적으로 추진하고 있으며, 또한 중국으로 향하는 첨단 장비 공급에 제동을 걸고 있다. 미국은 칩스법Chips for America Act 등을 통해 반도체 설비 확충, 핵심 생산기술 R&D, 미국 내 파운드리 건설에 천문한적인 지원을 하기로

했다. 이와 더불어 신뢰할 수 있는 우방국을 중심으로 공급망을 재편하는 이른바 프렌드 쇼어링friend shoring 역시 중국을 배제한 글로벌 공급망 재편 전략의 하나로 추구하고 있다.

이에 대응해 중국은 2025년까지 반도체 자급률 70% 달성을 목표로 신시대 집적회로 산업과 소프트웨어 산업의 질적 발전 촉진을 위해 반도체 소재 및 설비 산업 발전 추진을 계획하고 있으며, 반도체 산업 육성 기업에 대해 적극적인 세제지원을 하고 있다.

유럽 역시 2030년까지 글로벌 생산에서 EU 점유율을 20% 달성하는 것을 목표로 EU 예산 중 RRFRecovery and Resilience Facility를 통해 향후 2~3년간 1,450억 유로를 투자하기로 했다. 일본은 차세대 반도체 기술 개발 및 AI 칩 및 차세대 컴퓨팅 사업에 엄청난 예산을 투자하기로 했다.

이처럼 미국, 중국뿐만 아니라 일본, 유럽 국가들도 노골적으로 반도체를 비롯한 기술 주도 분야에 산업정책을 통해 지원을 하면서 기술 패권 경쟁에 뛰어들고 있다. 반면 우리나라는 그동안 별다른 대응책 없이 방관하면서 기업들만 옥죄는 시대를 역행하는 정책을 하고 있다. 이에 따른 당연한 결과는 기술 패권 경쟁에서 우리나라의 지위가 더더욱 추락하고 있다는 것이다.

이를 잘 보여주는 것이 2010년대 중반 이후 대만과의 전세 역전이다. 1990년대까지 우리의 부러움을 샀던 대만은 2000년대 초반 이후 1인당 소득이 한국보다 낮아지면서 '아시아의 네 마리 용(한국, 대만, 싱가포르, 홍콩)' 가운데 가장 뒤처졌다는 평가를 받았다. 이에 대만 정부는 기술력 확보만이 글로벌 경쟁에서 우위를 점할 수 있다고 인식하고 적극적인 산업정책을 추진한다.

특히 2016년 이후 집권한 대만의 차이잉원 1기 및 2기 정부는 '기술이 대만 안보의 보장판'이라는 기치를 걸고 반도체, 정보·디지털 등 6대 핵심 산업을 선정해 집중 지원에 나섰다. TSMC에 패키지 공정비용을 지원하고 주요 기업 R&D 총액의 40~50%에 달하는 보조금을 지급하며 강력한 산업 '마중물'을 부었다. 대만 최대 첨단 공업단지인 신주과학단지 개·보수에 273억 대만달러(약 1조 2,000억 원)를 들이며 공장 면적을 6배 키웠고, 가오슝·차오터우 등에 과학단지를 신설해 반도체 산업 클러스터를 조성했다. 이 과정에서 단지에 입주하는 기업에 소득세를 면제해 주고 R&D 비용을 지원하는 파격 패키지도 내놨다.[4]

이러한 적극적 산업정책의 결과는 고스란히 대만의 경제성과에 반영되고 있다. 최근 5년간 대만 1인당 GDP는 연평균 7.2%씩 급증하면서 2022년 3만 5,513달러를 기록해 20년 만에 한국(3만 3,592달러)을 추월하였다. 또한 2021년 기준으로 매출 10억 달러를 넘은 반도체 대기업이 한국은 12곳인 데 비해 대만은 28곳으로 2배가 넘는다. 이 같은 정책효과는 수출에도 그대로 반영되어, 최근 5년간 한국의 수출액은 연평균 2.9%씩 증가한 데 반해 대만의 수출액은 연평균 9.1%씩 급증해 훨씬 뛰어난 성과를 보여주고 있다.

대만이 이처럼 글로벌 경쟁에서 기술우위를 확보하고자 반도체 산업 지원 정책에 관해선 여당이든 야당이든 한 목소리를 내고 있는데, 우리나라는 정쟁으로 인해 지원방안이 제대로 실천되지 못하고 있다. 기술 경쟁력 지원을 위한 산업정책이 늦어질수록 결국 국가 간 기술력의 차이로 돌아오게 될 것이다. 이는 곧 우리나라 전반적인 산업 경쟁력이 약화되는 원인으로 작용할 것이며, 더욱이 그나마 경쟁력을 유지하고 있던 분야에서마저도 경쟁력을 상실하게 되는 심각한 결과를 초래할 것이다.

이런 상황에서 우리나라는 다른 나라들처럼 반도체 산업의 주도권을 위한 절박함이 부족하지 않느냐는 지적이 수없이 제기되었었다. 미국과 중국, 대만, 일본 등 주요 국가들의 반도체 육성 정책이 시행되고 있지만, 우리나라는 반도체 업계 지원을 위한 규제 개선, 세액 공제 등 적극적인 투자 정책이 미뤄지고 있기 때문이다. 국내 메모리 생산을 위한 용인 반도체 클러스터는 몇 년째 난항을 겪다가 2023년 3월에야 삼성전자를 앞세워 2042년까지 총 300조 원을 들여 세계 최대 규모의 첨단 시스템반도체 클러스터를 조성하겠다고 정부가 밝혔다. 2022년 8월 발의된 K-칩스법 또한 여·야당 간 이견 차이로 국회에서 계속 표류하다가 지난 3월에야 겨우 통과되었다.

우리나라는 산업정책에 대한 소홀도 문제지만, 산업정책에 대한 무지 또는 산업정책의 오용을 통해 글로벌 경쟁력을 더욱 악화시키고 있다. 산업정책은 특정 산업에 대한 지원도 있지만, 특정 기술에 대한 지원으로 산업중립적으로도 실행 가능하다. 더더욱이 이러한 산업정책은 경제발전의 핵심 동력인 기업가정신을 자극할 수도 있고, 신생 이노베이션 기업에 대한 자극제 역할을 할 수도 있다. 그런데도 산업정책의 전환에 실패하고 산업정책을 포퓰리즘 지원 정책의 일환으로 동원하고 있다. 결국 우리 경제의 산업 경쟁력을 약화시키고 있을 뿐만 아니라 새로운 기업의 탄생을 저하시켜 산업 간 양극화도 심화시키고 있다.

흔히들 기업들이 장기 비전이 부족하고 세상의 흐름을 이해하지 못해 최적의 전략을 마련하지 못한 게 전반적인 경쟁력 하락의 주요 원인이라고 기업을 나무란다. 그러나 기업을 나무라기 전에 그 이상으로 국가와 정부의 정책 부족을 탓하는 것이 맞다. 산업정책은 홀로 이루어지는 것이 아니라 정부-민간의 융합적인 노력의 결과이다.[5] 기업가정신은 맨 땅에서 나오는 것이 아니다. 무모한 도전을 할 수 있는 환경이 조성되어야 기업가정신도 나온다. 현재는 어떤가? 정치, 관료주의, 온갖 규제 및 징벌로 정상적인 도전도 어렵게 만들고 있어 그나마 남아 있던 기업가정신도 사라질 지경이다.

3. 산업 간 양극화

경제위기가 산업에 미치는 영향을 볼 때는 전반적인 산업 경쟁력의 변화와 더불어 산업구조에 대한 영향, 특히 개별 산업에 대한 영향이 어떻게 나타나는지를 살펴보아야 한다. 개별 산업에 대한 영향을 살펴보면, 왜 산업 양극화가 경제 양극화(소득 및 부의 양극화)를 악화시키고 저성장을 더욱 악화시켜 '성장과 분배의 악순환 고리'가 고착될 수 있는지, 그리고 실물과 금융 분야 간의 격차가 발생하는지를 설명할 수 있다.

산업 간 양극화는 중공업과 경공업 간, 수출산업과 내수산업 간, IT산업과 비IT산업 간의 차이 등 다양한 측면에서 고찰할 수 있다. 그러나 현재 우리나라에서 가장 큰 문제는 제조업과 서비스업 간 격차가 더욱 확대되는 데 있으므로 이에 초점을 맞추고자 한다.

(1) 제조업-서비스업 격차 심화

개별 산업에 대한 영향은 다양한 지표로 살펴볼 수 있는데, 산업 간 차이를 가장 잘 나타내주는 것은 부가가치 생산성이다. 우선 제조업과 서비스업을 비교해 보면, 양자 모두 부가가치 생산성이 전체적으로 증가하는 추세를 보이고 있다. 그러나 제조업 대비 서비스업의 상대적인 부가가치 생산성을 살펴보면 아래의 [그림 8-6]에 나타나 있듯이 양 산업 간의 생산성 격차가 계속 확대되고 있으며, 최근에는 이전에 비해 그 격차가 더 크게 나타나고 있다. 이러한 격차 확대는 위기의 여파가 제조업보다 서비스업에 더 큰 영향을 미쳤음을 보여준다. 그러나 한국 서비스 산업의 큰 약점은 서비스 산업 내에서도 부가가치가 낮은 분야의 비중이 과하게 높고 고부가가치 창출 분야가 상대적으로 취약하다는 것이다.

그림 8-6 부가가치 노동생산성 지수 추이(2015년 = 100)

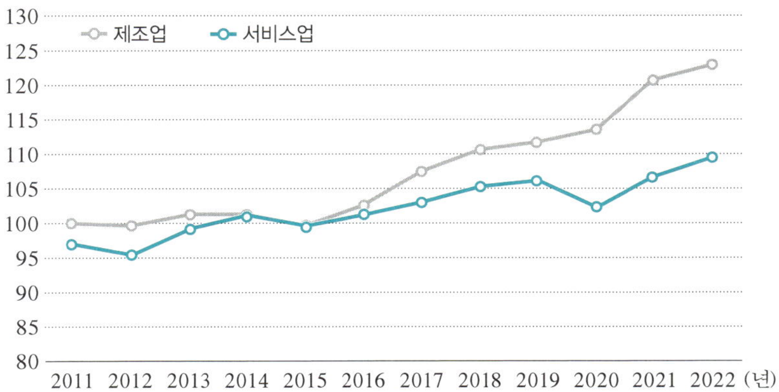

자료 : 생산성본부.

서비스 산업의 산업구조를 들여다 볼 때 중요하게 고려해야 할 문제 중 하나는 다른 산업과의 연관성이다. 특히 한 산업의 비중 증가가 다른 산업의 생산에 어떠한 영향을 미치는지를 함께 살펴보아야 한다. 서비스 산업 중 숙박, 음식, 부동산·임대업 등은 기본적으로 소비를 충족시키기 위한 산업으로 이러한 산업들은 다른 산업들로의 파급효과, 특히 생산성에 미치는 효과가 그리 크지 않다. 반면 물류, 금융업, 정보통신업 같은 경우는 제조업의 생산성 및 효율성을 증진시키는 파급효과가 큰 서비스 산업이다. 이와 같은 생산적인 서비스 산업의 비중으로 산업 고도화의 질적인 측면을 평가할 수 있을 것이다.

[그림 8-7]에 나타난 한국 서비스 산업의 구조를 노동투입 측면에서 보면 도·소매업 분야가 전체 서비스업 노동투입의 30%에 가까운 비중을 차지하고 있고 그 뒤로는 숙박·음식업이 20%에 조금 못 미치는

그림 8-7 서비스업 노동투입의 양

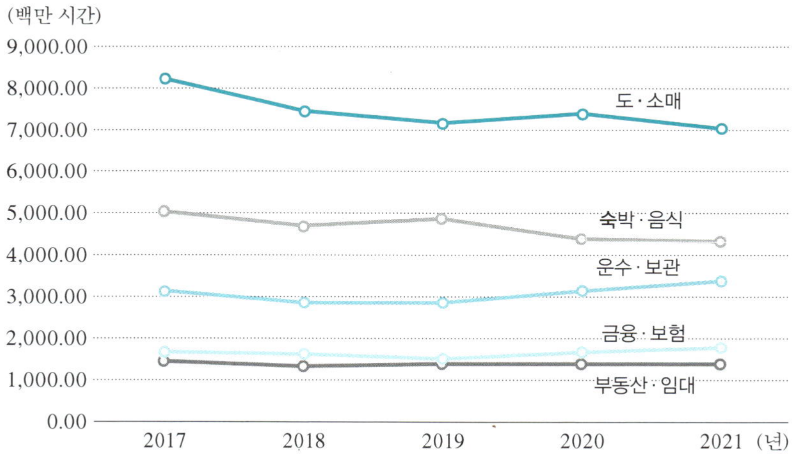

자료 : 생산성본부.

비중을 차지하고 있다. 반면 제조업 생산성 증대에 큰 영향을 미칠 수 있는 운수업과 금융·보험업은 각각 9%, 2%대의 비중만을 보이고 있다. 다른 선진국들에 비해 비생산 서비스업의 노동투입 비중이 크다는 것은 한국의 서비스 산업이 효율성이 떨어지는 구조로 관련 산업 파급효과가 미미하여 성장에 장애요소로 작용할 수 있음을 보여준다.

이와 같은 서비스 산업의 다른 산업에 대한 파급효과를 가장 잘 나타내주는 것이 예금취급기관의 대출 중 서비스업 내의 대출구조이다. [그림 8-8]은 서비스 산업 내의 대출구조를 보여주고 있는데, 제일 큰 비중을 차지하는 부문은 부동산·임대업으로 2022년 현재 37.3%이다. 다음으로는 도·소매업이 19.6%이며, 금융·보험업 13.1%, 숙박·음식업 7.1%, 운수업 3.8%, 정보통신업이 3.2% 비중을 보이고 있다. 특히 비생산적 서비스업인 도·소매업과 부동산·임대업에 대부분의 대출이

그림 8-8 예금취급기관의 서비스 업종별 대출 비중

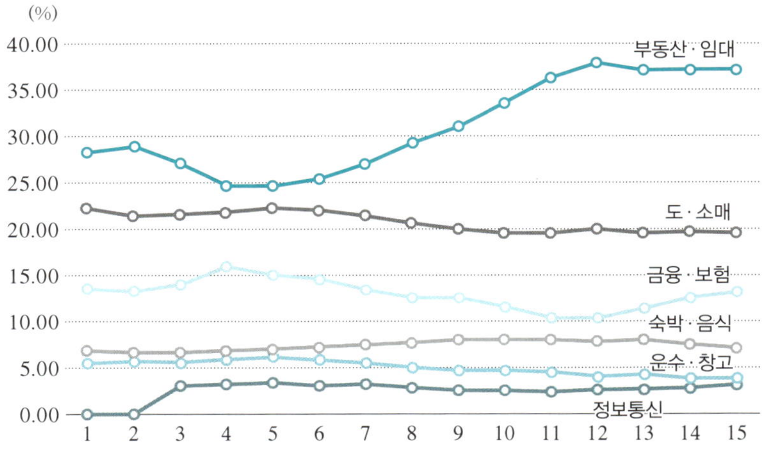

자료 : 한국은행.

집중되고 있다는 것은 연관 산업들에 대한 파급효과를 고려한 서비스 산업의 효율성이 높지 않다는 것을 의미한다. 따라서 금융, 물류, 정보통신 등의 생산적 서비스 산업에 대한 투자 증대가 이루어져 서비스 산업 및 연관 산업의 생산성이 동반 성장하는 고효율 구조로 바뀔 필요가 있다. 또한 과도하게 부동산 및 임대업에 몰린 대출은 지난 몇 년간 초래된 부동산 버블을 잘 설명해 주고 있다. 동시에 이 부문에 대한 대출은 극히 최근 긴축 기조로 전환한 이후 이어지는 부동산 가격의 하락과 증폭되는 불확실성 때문에 부실채권이 될 가능성도 높아 또 다른 부담 요소로 작용하여 성장을 저해할 수도 있어 적절한 대책이 필요하다.

(2) 산업 양극화와 산업정책

앞에서 보았듯이 이번 위기의 개별 산업에 대한 영향이 각각 다르게 나타나 산업 양극화가 상당히 심화되었다. 물론 산업 양극화가 최근 새로 나타난 현상은 아니다. 그러나 경기침체가 진행되는 현재의 상황에서 과거 어느 때보다도 심하게 나타나고 있고 또한 향후에 더욱 악화될 가능성이 크다는 점은 지극히 우려스럽다. 산업 양극화가 심화되면 여러 가지 부작용이 나타날 수 있는데, 특히 저성장을 더욱 악화시키고 전반적인 경제 양극화로 확산될 수 있다.

무엇보다도 산업 간 격차가 커지면 산업연관효과를 누릴 수 없어 전체적인 생산성이 악화될 수 있다. 그렇지 않아도 낙수효과 등 산업 간 연관효과가 점점 약해지고 있는데, 산업 간 양극화가 심화되면 이러한 효과를 기대하기가 더욱 어려워 전체적인 산업생산이 위축될 수 있다.

게다가 상대적으로 낙후된 서비스 산업의 비중이 커지고 있는데, 낙후된 산업의 경우 인적자본 양성 등에 충분한 투자를 하기 어려워 경제 전체의 생산성이 더욱 저하될 우려가 있다.

산업 간 격차는 전체적인 성장성 저하뿐만 아니라 분배구조 또한 악화시켜 성장과 분배의 악순환 고리를 고착시킬 수 있다. 제조업 등 선도산업에서 성장을 주도하더라도 산업 간 격차가 커지면 상대적으로 노동집약도가 높은 서비스 산업 등이 선도부문에 비해 성장세가 크게 뒤처져 경제성장의 고용 증대 효과가 제약을 받게 된다. 게다가 과거에 비해 고용탄성치가 상당히 감소되고 있다. 이처럼 산업 간 성장 연관 효과 감소 및 고용이 뒤따르지 않는 성장으로 인하여 노동집약도가 큰 서비스 산업 종사자들의 소득이 정체됨으로써 산업 간 격차가 소득 격차 및 전반적 경제 양극화로 확산될 수도 있다.

실제적으로 우리나라의 산업구조 변화 과정에서 이러한 문제가 그대로 나타났으며, 최근의 위기 중에도 현실화되고 있다. 우리나라에서 1950년대 이후 농업부문의 비중은 지속적으로 감소한 반면 제조업 및 서비스업의 비중은 증가하였다. 1990년대 중반까지는 농업에 종사하였던 노동력이 농업보다 노동생산성 및 소득이 높은 제조업과 서비스업으로 옮겨갔다. 농업 중심의 산업구조가 제조업 및 서비스업 중심으로 바뀌면서 경제성장과 소득분배 개선을 동시에 이룰 수 있게 된 것이다. 그러나 1990년대 중반 이후부터는 생산성이 가장 높은 제조업 분야에서 고용이 줄어들면서 제조업에서 이탈한 노동력이 상대적으로 생산성이 낮은 서비스업으로 옮겨가게 되었는데, 이로 인해 성장 기반이 취약해지고 소득분배 역시 악화되는 현상을 겪고 있다.[6]

탈공업화, 서비스업 비중 증가는 대부분의 선진국에서 나타나는 보편적 현상이라고 볼 수 있다. 그러나 우리의 경우 저성장 및 분배 문제에 관한 부담이 더 클 수 있다. 많은 선진국들은 이미 1980년대부터 탈공업화를 경험하였지만, 당시 이들 국가들에서 서비스업의 생산성은 제조업보다 높거나 비슷한 수준이었다. 이처럼 선진국들은 제조업 및 서비스업 간의 생산성 격차가 크지 않은 상태에서 탈공업화가 지속됨으로써 서비스업에서의 고용이 증가하더라도 산업 간 양극화에 따른 성장률 저하 또는 분배 악화의 문제는 그렇게 크지 않았다. 반면, 우리의 경우 서비스업의 고용 팽창이 제조업에 대한 생산성 열위가 확대되는 상황에서 급속도로 진행됨으로써, 그만큼 성장 및 분배 문제에 대한 부담이 빠른 기간 내에 누적되었다고 볼 수 있다.

이번 위기 중에는 이러한 문제가 더욱 뚜렷하게 나타나고 있다. 예전에 외환위기 중에도 양극화가 심해졌는데, 그때는 선도산업이 아주 급속도로 팽창한 반면 낙후산업은 지지부진해 산업 간 격차가 확대되었다. 그러나 최근에는 선도산업의 확대 속도가 이전만 못한 반면 일부 서비스업과 같은 낙후산업의 몰락 속도는 아주 커 산업 간 및 기업 간 격차가 확대됨과 동시에 전체적인 생산성도 저하되고 있다.

최근의 새로운 현상은 산업 양극화가 경제 양극화를 악화시키는 심각한 문제를 안고 있다. 과거에는 선도산업이 확장될 때 낙수효과가 상당히 존재해 낙후산업의 실업자 등을 해소함으로써 산업 양극화가 소득 및 부의 양극화로 전이되는 것을 어느 정도 억제할 수 있었다. 그러나 최근에는 낙후산업의 몰락으로 대량의 실업자가 발생해도 선도산업이 이를 뒷받침하기에는 역부족이어서 산업 양극화가 소득 및 부의 양극화를 더욱더 악화시키고 있다.

이러한 문제는 실물부문과 금융부문의 양극화에서도 유사하게 나타나고 있다. 서비스업은 제조업에 비해 금융 여건 변화로부터 더 큰 영향을 받고 있어 서비스업에 대한 금융 공급이 위축될 경우 전체 산업생산에 미치는 부정적 영향이 가장 큰 것으로 나타난다. 그런데 금융부문이 금융서비스를 통해 실물부문에서 생산 및 고용을 유발하는 효과는 2000년대 이후 저하되고 있다. 이는 주로 부동산·임대업 등 생산유발효과가 크지 않은 일부 업종에 대한 금융서비스가 확대된 데 기인한 것으로 보인다. 따라서 이번 위기 중 실물부문이 폭락해 실업 문제가 심각해져도 사상 최대의 수익을 내고 있는 금융권에서의 고용창출 효과는 지극히 미미하다. 앞에서 지적한 금융의 자산 버블 촉진으로 소득 및 부의 양극화가 악화되는 현상 외에도, 추가로 실물 및 금융 부문 간의 양극화가 소득 및 부의 양극화를 더욱 악화시키고 있다.

산업정책은 전반적인 경쟁력 향상뿐만 아니라 산업 간 양극화를 개선하기 위해서도 필요하다. 산업정책 차원에서 산업 양극화를 개선하기 위한 최우선 방향은 낙후산업에 대한 지원이 아니라 산업정책 본연의 목적인 혁신과 구조조정을 통해 전반적인 산업 경쟁력을 제고하는 것이다. 즉, 선도산업이 기술혁신 등을 통하여 새로운 성장동력을 지속적으로 발굴할 수 있도록 R&D 투자 확대, 인적자원 개발을 위한 환경을 구축해 주는 것이 바람직하다. 아울러 산업연관 관계가 보다 강화될 수 있도록 제도적인 지원도 마련해야 한다.

물론 낙후 산업 및 기업이 생산성과 경쟁력을 높일 수 있도록 기술개발, 저임금 노동력 확보 등을 적극 지원할 필요가 있다. 아울러 자금 및 연구개발 지원 정책에서 서비스업에 대한 차별을 시정하여 서비스업과 제조업의 균형발전을 도모해야 한다. 우리 정부도 제조업과 서비스업이 밀접하게 연관되어 있어 서비스업의 성장이 뒷받침되지 않으면 지속 가능한 성장sustainable growth이 불가능하다는 점을 인식하고 다양한 서비스업 육성 정책을 시행해 왔다.[7]

그러나 낙후 산업 및 기업에 대해 보호 또는 보상 차원에서의 지원보다는 경쟁력을 강화할 수 있는 방향으로의 산업정책이 더 필요하다. 예를 들어 그동안 낙후되었던 서비스 산업을 경쟁력을 가진 성장부문으로 육성하기 위해서는 서비스 시장을 과감히 개방하고 서비스 산업에서도 외국과 치열한 경쟁을 하도록 유도하는 것이 바람직하다. 또한 선도부문과 낙후부문이 고착화되지 않고 이동성mobility을 가질 수 있도록 불공정한 진입장벽들을 제거해 주어야 한다. 그리고 무엇보다 중요한 것은 한계기업을 보호하기보다는 시장기능에 의해 상시 퇴출될 수 있도록 하는 것이다.

최근에는 산업정책이 본연의 목적을 상실하고 낙후 산업 및 기업을 보호하기 위한 퍼주기 정책으로 변질되어 전반적인 경쟁력 저하뿐만 아니라 산업 간 양극화를 오히려 심화시켰다. 코로나19 사태 이후 이자지불 유예, 원금 상환 연기 등의 지원 정책은 극심한 어려움에 있는 기업들의 숨통을 트이게 했지만, 장기적인 차원에서는 좀비기업을 연장시킴으로써 오히려 전반적인 산업 경쟁력을 약화시키고 있다.

이와 유사한 문제가 1997년 외환위기 때도 발생했다. 외환위기를 극복하기 위해 정부가 대기업에 대해서는 과감한 구조조정을 추진한 반면, 중소기업에 대해서는 별도의 대책을 마련하고 엄청난 지원을 해주었다. 그러나 결과적으로는 재벌의 영향력이 더욱 커지고 중소기업은 이전에 비해 상대적으로 약화된 것이 현실이다. 물론 중요한 이유 중 하나는 위기가 발생했을 때 상대적으로 재무상태가 좋은 대기업들은 대처하기 쉬운 반면 여력이 부족한 중소기업들은 더욱 큰 충격을 받기 때문이었다. 그러나 또 다른 중요한 이유는 정부 정책의 진정성과도 관련이 있다. 1997년 외환위기 당시 중소기업에 대한 여신은 매우 제한되어 있어서 은행 여신에서 작은 부분만을 차지하고 있었다. 이에 정부는 중소기업의 구조조정에는 큰 관심을 보이지 않았다. 정부는 중소기업의 구조조정 추진보다는 중소기업의 파산을 막고 고용을 유지하기 위해 필요한 유동성을 공급하는 데 주력하였다. 정부는 중소기업의 성과가 재벌과 대기업의 성과에 연동된 경우가 많다고 보았다. 이에 따라 대기업의 문제를 해결하면 자연히 중소기업의 문제도 해결될 것이라는 판단하에 중소기업의 개혁 문제를 상대적으로 소홀히 하였다. 이것이 오히려 중소기업의 경쟁력을 약화시킨 측면이 있다.

이러한 사례는, 산업정책의 본질을 망각하고 단순한 보호 기조를 유지하는 경우 보호하려는 산업 및 기업의 전반적인 경쟁력 저하뿐만 아니라 양극화 문제도 심화시킬 수 있음을 잘 보여준다.

[미주]

01 *Economist*(2023), January 10th.

02 이 부분은 이영섭 외(2013)를 일부 참조.

03 김아린 · 정혜선(2022).

04 임혜란(2023).

05 *Economist*(2023). January 10th 참조.

06 이영섭 외(2013), 『한국의 정치경제』, 1장.

07 영국의 경우는 우리와는 반대로 제조업이 서비스업에 비해 경쟁력이 크게 뒤처져 있었다. 이에 따라 영국 정부는 2000년대 초 제조업 발전을 위한 7가지 핵심 과제를 선정하고 각 과제에 대한 정부의 지원 실적과 향후 지원 방향을 제시하였다. 영국의 경우 우리와 정반대의 상황이었지만 그럼에도 동일한 인식, 즉 양자 간의 밀접한 연관성으로 산업 간 격차가 확대되면 지속 성장이 불가능하다는 인식을 공유하고 있다. 한국은행(2004).

PART 03

향후 우리 경제가 나아갈 길은?

그동안 수많은 나라들의 발전 경험을 통해 알 수 있는 것은 국가의 발전은 외부환경에 대한 냉철한 인식을 바탕으로 국가 내부의 자율적 대응전략이 적절하게 마련되어야 가능하다는 점이다. 따라서 우리 경제가 앞으로 나아갈 길을 제시하기 위해서는 무엇보다도 지금 현재 진행 중이고 향후 전개될 메가트렌드의 변화를 정확히 파악함으로써 외부환경의 도전과 기회의 측면을 잘 포착하는 것이 무엇보다도 중요하다.

코로나19 사태의 충격은 상상을 초월할 정도로 커서 그 자체로 대대적인 정책 전환을 유발했지만, 이와 더불어 글로벌 금융위기 이후 누적되었던 문제점들을 부각시켜 장기적인 측면에서도 새로운 패러다임 전환을 촉진하고 있다. 글로벌 차원에서 중요하게 부각되고 있는 이슈들은 크게 글로벌 경제 패러다임의 전환을 가져오는 이슈들과 국제정치질서의 변화를 초래하는 이슈들로 나누어 볼 수 있다. 새로운 메가트렌드의 변화를 따라가지 못하는 경우 우리나라는 주변국으로 전락할 수 있으므로 이를 정확하게 이해하고 우리에게 현실적이고 타당한 위기 대응 및 발전 전략을 마련하는 것이 필요하다.

지금 우리가 당면하고 있는 위기를 극복하고 장기적인 발전을 도모하려면 단기적인 접근과 중장기적인 접근을 구분해 처방을 제시해야 한다. 단기적인 처방은 경제적 충격을 완화하고 금융안정을 달성하는 데 초점을 맞추어야 한다. 반면 중장기적인 차원에서는 거대한 패러다임 전환에 대응해 고질화된 저성장-양극화의 문제를 극복하기 위한 구조적 개혁을 추진하고 새로운 발전 동인을 개발하는 데 초점을 맞추어야 한다. 이와 더불어 경제정책이 정치수단화되는 것을 방지하고 정책효과를 높이기 위해서는 경제정책 개혁과 더불어 저변의 정치·사회제도 개혁이 수반되어야 한다.

CHAPTER 09

글로벌 경제 패러다임의 변화

향후 중요하게 부각될 이슈들은 너무 많아 열거하기도 어려운데, 우리에게 직접적이고 심각한 영향을 미칠 수 있는 이슈는 크게 네 가지 범주에서 살펴볼 수 있다. 첫 번째는 글로벌 경기침체가 단기적으로 도래할 뿐만 아니라 장기적으로 이어질 수 있다는 것이다. 두 번째는 지난 수십 년간의 세계화 추세에서 탈세계화 추세로 전환하면서 많은 문제가 야기될 우려가 있다는 것이다. 셋째는 AI 등 신기술의 발전으로 디지털 전환이 이루어지면서 새로운 기회와 동시에 도전에 직면하게 된다는 것이다. 넷째는 미국과 중국 간의 패권 경쟁이 더욱 격화되면서 우리로서는 더욱 어려움이 가중될 것이라는 점이다. 이 중 지정학적인 문제와 직결된 마지막 이슈는 다음 장에서 다루고, 나머지 세 개 이슈는 이 장에서 살펴보고자 한다.

1. 글로벌 경기침체의 도래

(1) 긴축정책 전환

코로나19 사태는 글로벌 경제에 엄청난 충격을 가져와 2020년에는 대공황 이후 가장 낮은 −3.3%의 성장률을 기록했다. 이에 각국은 신속한 백신 보급, 공격적인 재정 및 금융 확장 정책을 시행해 2021년 글로벌 경제는 예상보다 빠른 6.1%의 성장세를 보여주었다. 그러나 2022년에 들어서면서 우크라이나 전쟁, 중국의 봉쇄정책 지속 등으로 회복세가 둔화되면서 다시 3%대의 성장률을 보였고 이후의 전망도 이 수준에서 크게 벗어나지 못하고 있다.

그런데 이러한 전망이 장기적으로 이어질 가능성이 있다. 무엇보다도 최근 급격히 악화된 인플레이션의 후유증이 쉽게 사라지지 않을 수 있다. 글로벌 금융위기 이후 확산된 과도한 신용이 특히 코로나19 사태 이후 폭발적으로 증가했다. 과잉 유동성과 더불어 코로나19 사태에 따른 공급망 장애 및 우크라이나 전쟁으로 인한 에너지 가격 급등이 결합되어 석유파동 이후 가장 높은 인플레이션을 유발했다. 이에 대응하기 위해 주요국 중앙은행들이 강력한 긴축정책을 지속함으로써 글로벌 경제는 40여 년 만에 또 한 번 스태그플레이션 상황에 접어들게 되었다.

이에 따라 글로벌 경제성장률도 3.0%를 하회하는 수준에 그칠 것으로 예상되고 있으며 추가 하락 가능성도 배제할 수 없는 상황이다. 특히 IMF는 주요국 중앙은행들이 긴축 기조를 다소 완화하더라도 수요가 쉽게 회복되지 못해 글로벌 경제는 향후 5년간 이전의 성장세를 회복하기는 어려울 것으로 전망하고 있다.

긴축으로의 정책 기조 전환에 따른 실물부문의 충격이 장기화할 경우 재정·금융·외환 건전성이 취약한 국가들에서 금융 및 외환 위기 발생 가능성이 커지면서 국제금융시장이 불안해지고 충격이 증폭될 가능성이 크다. 아울러 신흥국의 부채가 급증한 상황에서 실물 부진의 장기화는 채무 상환능력 악화, 신용 리스크 확대, 신용경색으로 이어지면서 금융부문을 통한 충격이 더욱 증폭될 소지가 있다. 코로나19 사태에 따른 충격 이후 유발된 스태그플레이션의 극복 과정은 각국이 처한 경제 상황에 따라 다를 것이다. 우크라이나 전쟁의 후유증 퇴치와 글로벌 경제의 회복을 위해서는 국제적인 차원에서의 협력이 무엇보다도 필요한데 현실은 이를 기대하기 힘들다.

(2) 글로벌 부채 관리 문제

그런데 장기 전망을 더욱 어둡게 만드는 것은 순환적 경기변동 요인 외에 구조적인 요인들이 낙관적이지 않다는 것이다. 무엇보다도 이전의 경기침체 사례와는 달리 글로벌 경제의 부채 규모가 사상 최대인 가운데 각국이 긴축정책을 동시다발적으로 단행하고 있기 때문이다.

코로나19 사태로 인한 경기침체를 막기 위해 각국이 재정지출을 늘리고 돈을 푼 결과 글로벌 부채의 총액은 2019년 말 257.4조 달러에서 2020년 말 281.5조 달러, 2023년 1/4분기 304.9조 달러로 증가하였다. 글로벌 부채/글로벌 GDP 비율은 2019년 320%에서 위기 직후인 2020년 말 355%로 급증했다가 2023년 1/4분기 335%로 감소했다. 글

그림 9-1 글로벌 부채 추이

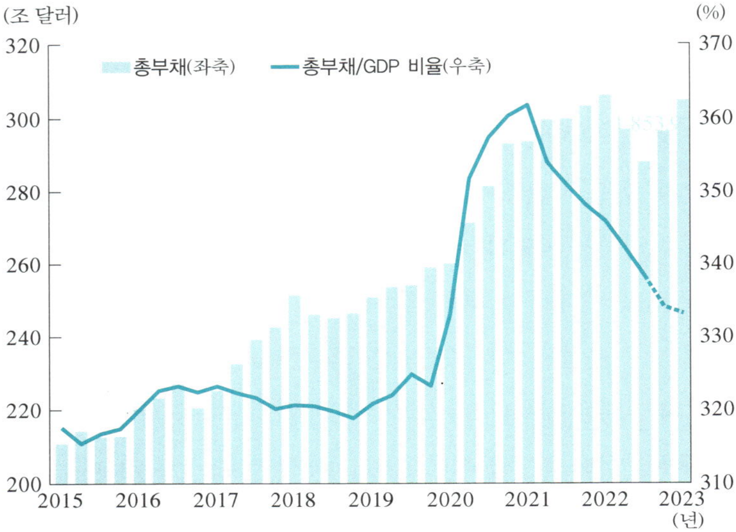

자료 : IIF, Global Debt Monitor.

로벌 금융위기 당시 300% 이하에 머물렀던 것에 비해 여전히 부채 규모가 과중한 상태이다.

글로벌 부채의 증가는 모든 부문에서 나타나고 있다. 각국 정부가 코로나19 사태를 극복하기 위해서 재정지출을 대폭 늘린 결과 재정적자가 확대되고 정부 부채가 대폭 늘어났다가 최근 일부 조정되는 추세이다. 그 결과 정부 부채/GDP 비율이 2019년 88%에서 2020년 105%로 큰 폭으로 늘어났다가 2023년 1/4분기 95.5%로 다소 감소했다. 정부 부채뿐만 아니라 가계 및 기업의 부채도 빠르게 증가하였다. 코로나19 사태와 더불어 대규모 차입이 이루어짐에 따라 글로벌 가계와 기업 부채의 합은 2019년 글로벌 GDP의 124%에서 2020년 165%, 2023년 1/4분기 158.3%로 코로나19 이전에 비해 대폭 상승하였다. 선진국의 경우 0%대의 금리 수준에서 가계는 저리로 돈을 빌려 상대적으로 높은 수익이 예상되는 부동산이나 주식에 투자하였다. 기업은 경제위기가 진행되고 금리가 낮은 상황에서 유동성을 확보하고자 대규모로 차입하였다. 그러나 미래가 불확실한 관계로 확보된 유동성이 투자로 이어지지는 않았다.

글로벌 부채는 글로벌 금융위기 이후 빠르게 증가했는데, 지난 15년과 같은 속도로 쌓인다면 부채 규모는 2030년 360조 달러에 이를 수 있다고 IIF는 보고 있다. 글로벌 부채의 이면에는 항상 자산시장의 거품이 껴 있고 인플레이션을 가져올 요인들이 깔려 있다. 글로벌 부채를 해결하는 가장 이상적인 방법은 물가가 안정된 가운데 경기가 회복되는 것이다. 글로벌 부채 관리에 실패한다면 글로벌 자산시장 붕괴나 글로벌 인플레이션이 일어나면서 세계 경제가 어려워질 수 있다. 특히 신흥시장에서 채무불이행이나 지불유예 선언과 같은 문제가 발생할 수 있다. 2021년 이후 이러한 문제가 현실화되면서 각국 정부는 자산 거품 및 인플레이션 억제를 위해 분투하고 있다.

부채의 급격한 증가는 선진국 및 후진국 모두가 공유하는 문제인데, 사상 최대 규모의 글로벌 부채 속에서 각국의 동시다발적인 긴축은 전혀 예상하지 못한 문제를 낳을 수 있다. 고금리 정책이 장기화되는 경우 지금까지 유예되었던 민간의 부채 부담이 그대로 실물지표로 이전 및 현실화되어 경기에 부작용을 초래할 수 있다. 또한 국제금융시장에서 금리가 상승하면 개도국의 고질적인 부채위기가 또다시 발생할 우려가 있다. 더욱이 현 상황에서는 이러한 잠재적인 위험이 개도국을 넘어 선진국 시장에서도 나타날 가능성이 크다. 무엇보다도 글로벌 부채 규모가 1980년대의 외채위기, 1990년대 말의 동아시아 위기, 2000년대 말의 글로벌 금융위기 당시보다 훨씬 더 크다. 또한 글로벌 금융시장이 더 복잡한 형태로 얽혀 있고 선진국 시장에서도 많은 취약점이 나타나고 있다. 최근의 영국 국채시장의 폭락이나 미국 국채시장에서 나타난 일부 불안은 이러한 위험을 잘 보여준다.

미국은 다른 국가에 비해 선도적으로 대규모 양적 완화Quantitative Easing 정책에서 양적 긴축Quantitative Tightening 정책으로 전환하고 있는데, 이러한 전환은 상당한 위험 요인을 수반한다.[1] 미국뿐만 아니라 대다수 국가들이 과도하게 팽창된 부채 규모를 어느 정도 안정된 수준으로 회복시키기 위해 재정 및 금융 정책의 긴축 기조를 지속할 가능성이 크다. 따라서 사상 최대 규모의 글로벌 부채 속에서 지속되는 긴축정책은 많은 위험을 낳을 것이며, 이러한 위험은 향후 상당 기간 동안 글로벌 경제에 매우 중대한 하방 위험 요인으로 작용할 것이란 점은 분명하다.

(3) 글로벌 경제의 잠재성장 동력 약화

긴축정책으로의 기조 전환 및 글로벌 부채 관리는 위기 이후의 후유증을 해소하기 위한 차원임에도 상당히 장기적인 영향을 미칠 수 있다. 그러나 글로벌 경제의 장기 추세를 더욱 침하시킬 수 있는 요인은 잠재성장 동력이 이전에 비해 전반적으로 약화되었다는 것이다.

가장 대표적인 글로벌 장기 전망 자료인 Goldman Sachs 및 PwC 자료에 따르면, 글로벌 경제는 연평균 2021~2030년에는 2.7~2.8%, 2031~2040년에는 2.4~2.5%, 그리고 2041~2050년에는 2.1~2.4%

성장할 것으로 예상된다.[2] 이는 글로벌 금융위기가 발생하기 이전 2000년대의 연평균 3.6% 및 코로나19 사태 발생 이전 2010년대의 3.2%에 비해 상당히 둔화된 수치이다. 글로벌 경제의 장기 둔화 추세는 인구 증가율의 둔화를 반영하고 있지만, 그보다 더 중요한 요인은 전반적인 생산성이 약화될 것으로 추정되고 있기 때문이다. 특히 탈세계화에 따른 보호주의 강화, 지정학적 갈등으로 인한 불확실성 증대 등은 생산성 제고에 커다란 장애 요인으로 작용할 것이다.

그림 9-2 글로벌 경제성장률 장기 전망

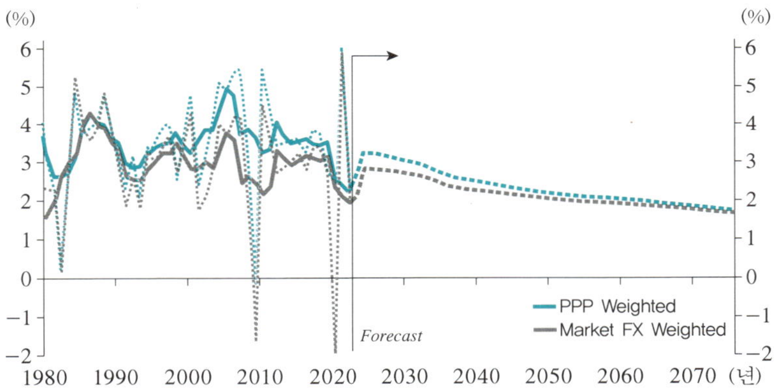

자료 : Goldman Sachs(2022).

글로벌 경제의 장기 둔화는 선진국, 신흥국을 가리지 않고 보편적으로 나타나고 있다. 선진국 경제의 성장률은 1970년대 중반 이후 하락 추세를 지속 중이고, 향후 2050년까지 연평균 2020년대 1.8%, 2030년대 1.6% 및 2040년대 1.2%로 전망된다. 선진국에 비해 신흥국은 성장률이 높을 것으로 예상되어 향후 2050년까지 각각 3.8%, 3.2% 및

2.6%로 전망되고 있다. 그러나 신흥국들이 상대적으로 빠른 경제성장률로 인해 글로벌 경제에서 차지하는 비중이 커진다 해도 이것이 글로벌 경제의 전체적인 성장률 전망을 끌어올리지는 못할 것으로 보인다. 무엇보다도 2000년대 이후 글로벌 경제의 성장을 견인했던 중국의 경제성장이 2020년대 4.0% 이하, 그리고 2030년대 이후에는 2% 초반으로 둔화 추세가 뚜렷해질 전망이고, 중국을 대체할 만한 신흥국도 없다. 물론 향후에는 이전의 중국에 이어 인도, 베트남, 나이지리아 등이 가장 뛰어난 경제적인 성과를 보일 것으로 예상되지만, 과거 중국이 글로벌 경제성장에 기여한 만큼 이들이 기여할 것으로 기대하기는 어렵다.[3]

게다가 아래와 같은 리스크 요인들이 부정적으로 작용해 장기 전망을 더욱 어둡게 만들 수도 있다.

첫째, 코로나19 사태 이후 급격하게 악화된 탈세계화 및 보호무역주의 추세는 지속적인 성장의 핵심인 생산성 자체를 약화시킨다. 일부에서는 탈세계화가 다시 세계화 추세로 전환되리라 기대하기도 하지만, 지정학적인 문제, 각국 내 포퓰리즘 정부의 득세, 세계화 부작용의 지속 등으로 인해 추세 전환은 생각보다 쉽지 않을 것으로 우려된다.

둘째, 기후변화 및 자연재해 증대도 장기 전망을 지속적으로 위협할 수 있는 위험 요인이다. 자연재해가 증대하면 인명피해는 물론 인프라 시설 등 성장에 필요한 자본들이 파괴될 수 있다. 이러한 위험은 특히 저소득국가에서 현실화될 개연성이 크다. 아주 열악한 농업에 생계를 의존하고 있는 이들 국가에 자연재해가 발생하면 생존을 위해 기후난민들이 급증하게 될 것이다. 이로 인해 인구가 줄어들고 특히 생산노동력이 부족하게 되면 이들 국가에서 그나마 성장을 견인할 수 있는 인구 요인까지 훼손될 우려가 있다.

셋째, 전반적으로 인구 증가율이 둔화될 것으로 가정하고 있지만, 이러한 추세는 장기적으로 회복될 가능성이 작아 보인다. 선진국에서 인구 증가를 위해 다양한 정책들을 오랫동안 시도했지만 사실상 성과는 거의 없다.[4] 또한 신흥국에서도 인구 증가율 추세가 둔화되고 있으며 장기적으로 지속될 전망이다. 중국에서는 1자녀 정책을 포기하고 출산을 장려하고 있지만, 이미 사회적인 환경이 바뀌어 정책전환만으로 갑자기 인구 증가율을 회복시키기는 거의 불가능하다. 주지하다시피 생산노동력이 감소하면 결국에는 생산성도 둔화될 가능성이 크며, 또한 정부재원이 줄어듦과 동시에 한정된 재원이 생산성 향상에 투입되지 못해 성장이 더욱 저해될 우려가 크다.

넷째, 글로벌 경제의 장기 전망 기관들에 따르면, 선진국에 비해 신흥국이 더 빠르게 성장함으로써 국가 간 불평등은 다소 완화되지만, 국가 내 불평등은 오히려 더욱 악화될 것으로 예상된다.[5] 불평등이 악화되면 사회적 갈등이 심화되는 경향이 있는데, 그렇지 않아도 정치적으로 불안정한 신흥국에서 사회적 갈등이 심화되면 외국인 투자가 위축될 것이다. 특히 포퓰리즘 정부가 이를 정치적으로 악용해 외국인 혐오 및 탈세계화를 부추기게 되면, 그 피해는 더욱 크게 나타날 것이다.

2. 탈세계화와 자국 우선주의의 부상

(1) 탈세계화의 확산

글로벌 경제의 장기 전망을 어둡게 하는 또 다른 구조적 요인은 코로나19 사태 이후 탈세계화와 자국 우선주의 경향이 급격하게 강화되었다는 것이다. 탈세계화의 조짐은 오래전부터 나타났지만 특히 코로나19 사태를 전후해 전면적으로 부각되었고 패러다임의 전환을 가져올 것으로 전망된다.

지난 수십년간 세계화가 확대되면서 글로벌 경제의 성장과 각국의 상호교류에 커다란 기여를 하였다. 상품, 서비스, 노동, 자본 등의 국제거래가 크게 확대되었고, 국가 간 상호의존성이 심화되면서 무한 경쟁과 아울러 상호 협력이 증대되면서 글로벌 경제가 공동의 경제질서와 규범을 만들었다. 이를 통해 소비자들의 후생이 증대되고 기업의 혁신이 촉발되어 지속적인 성장을 가능하게 만들었다. 뿐만 아니라 상호 인적 교류의 증대로 타문화에 대한 이해가 증대되었으며 문화적 다양성이 증진되는 효과도 거두었다.

그러나 세계화의 긍정적 기여와 더불어 내부적으로 부정적 영향도 점증되었다. 가장 심각한 부작용은 국가 간, 그리고 국가 내 계층 간 불평등이 심화되었다는 것이다. 불평등의 악화를 세계화 탓으로만 돌릴 수는 없지만, 경제위기나 이민 문제와 결합되면서 외국에 대한 배타적인 태도 및 세계화에 대한 반대 기조가 확산되기 시작했다. 1999년 시애틀에서 예정된 세계무역기구WTO 제3차 각료회의 개막식이 반세계화

시위대의 격렬한 반대로 무산된 것은 이를 상징적으로 잘 보여주는 사건이다.

2008년 글로벌 금융위기는 이러한 반세계화 흐름에 기폭제 역할을 했다. 글로벌 경기가 침체되어 실업률이 급증하자 이민자에 대한 반감이 커졌고 유럽에서는 난민 문제까지 겹치면서 외국인에 대한 인식이 급격히 악화되었다. 이러한 분위기에 편승해 2016년 영국에서 브렉시트가 가결되고 미국에서 트럼프 대통령이 당선되면서 반세계화 움직임은 거대한 흐름이 됐다. 특히 코로나19의 대유행, 우크라이나 전쟁, 그리고 코로나19 이후 더욱 격화된 미·중 패권 전쟁으로 세계화는 또 한 번 결정적인 타격을 입게 되면서, 탈세계화가 뉴노말로 자리 잡을 전망이다.

그림 9-3 전 세계 GDP 대비 교역 비중 및 외국인 직접투자 추이

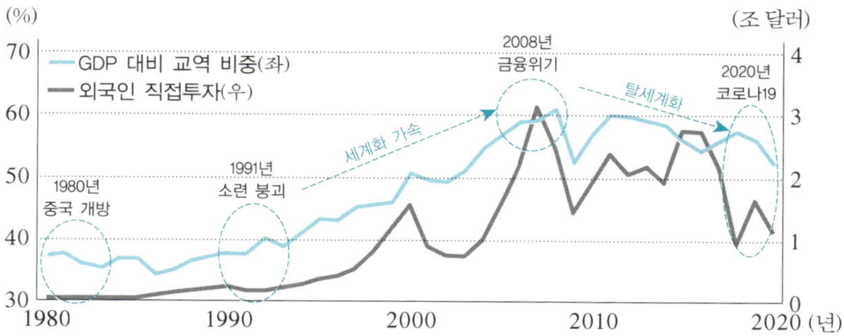

자료 : World Bank.

(2) 탈세계화의 후유증

탈세계화 현상이 가속화되면서 자국 우선주의와 보호무역주의 확산, 글로벌 공급망 재편, 그리고 각국 내 공격적 산업정책의 추세가 강화될 것으로 보인다.

사실 코로나19 사태 이전에도 보호주의 경향이 증대하고 있었다. 특히 글로벌 금융위기 이후 미국과 중국 간에 패권 경쟁이 심화되면서 포괄적 보호주의가 등장하게 되었다. 기존의 보호주의가 '상품무역'에 대한 장벽을 사용하는 것이라면 최근의 포괄적 보호주의는 '해외 경제주체'에 대해 모든 종류의 차별적 정부개입을 사용하고 있다.[6] 중국이 WTO 회원국이면서도 보조금 지급, 국유기업 지원, 외국자본 통제, 기술탈취 등 다양한 '불공정' 무역행위를 지속하자, 중국의 부상을 억제하고자 했던 미국이 중국의 불공정 행위에 대한 대응이라는 명분으로 적극 사용한 것이 그 배경이었다. 그러나 최근에는 미국이 이러한 정책 기조를 중국뿐만 아니라 심지어 우방국에까지 적용하고 있다.

코로나19 사태와 우크라이나 전쟁 발발은 포괄적 보호주의를 더 강화하는 계기가 되었다. 코로나19 사태로 인한 각국의 생산 감소, 특히 중국에서의 봉쇄정책으로 글로벌 공급망에 대혼란이 초래되었다. 더욱이 우크라이나 전쟁으로 러시아에서의 에너지 공급이 중단되면서 미·중 갈등 외에 또 다른 정치적인 문제로 인해 글로벌 공급망의 불안정성이 더욱 부각되었다. 이에 각국은 자체적인 생산능력의 향상을 통해 공급망의 안정성을 확보하는 데 더 큰 관심을 갖게 되었고 보호주의를 더욱 강화하게 되었다.

이러한 보호주의를 뒷받침하기 위해 각국 정부는 다양한 무역정책 외에도 산업정책을 적극적으로 사용하고 있다.[7] 이전 산업정책의 기본 논리가 유치산업 보호였다면, 최근 전개되고 있는 새로운 산업정책의 가장 큰 특징은 경제안보를 강화하기 위해 대외적인 의존도를 축소해야 한다는 점을 강조하고 있다. 예를 들어 미국은 중국의 굴기를 억제하기 위해 공급망의 탈중국화를 본격화하고 자체 공급망을 확대함으로써 산업 기반을 강화하고 양질의 일자리를 창출하는 21세기형 산업정책을 추진하고 있다. 또한 EU는 핵심 원자재, 기술, 식량, 인프라 등 전략부문에 대한 대외의존도 축소와 유럽 내 생산을 강화하는 전략적 자율성 정책을 추진하고 있다. 중국도 이와 크게 다르지 않은데, 기존의 국제대순환 전략에서 국내순환에 중점을 두는 쌍순환 전략으로 이행하였다.[8]

표 9-1 전통적 산업정책과 새로운 산업정책

	전통적 산업정책	새로운 산업정책
목적	▪ 특정 산업의 보호, 육성 ▪ 유치산업 보호	▪ 미션 지향, 중장기 사회·경제 과제 해결 ▪ 경제안보(공급망 안전 확보)
이론적 근거	▪ 시장실패의 시정	▪ 불확실성下 정부에 의한 시장의 창출 ▪ 리스크를 감수하는 기업과 국가 ▪ 정부투자가 민간투자를 유도하는 crowd-in
정책 프레임워크	▪ 미시공급 측 ▪ 관주도	▪ 미시정책과 거시정책의 통합, 수요와 공급의 통합 ▪ 산관학 연계, 규제·제도, 국제표준화, 민간자본 유도, 국제협력 등 정책수단 총동원
기술	▪ 응용·실용화 지향	▪ 야심적·극적 혁신 창출
정책평가	▪ 선진국 산업과 기술의 추격	▪ 기술의 스필오버, 학습효과, 인재육성 효과 등 부차적 효과도 포함하여 평가

자료 : 정대희(2022)를 일부 수정.

탈세계화에 따른 자국 우선주의와 보호무역주의 확산으로 국제무역의 장벽이 생기고, 자국의 안정적인 공급망 확보를 우선시하는 이기적 산업주의가 만연하게 되면 글로벌 경제의 장기적인 전망이 더욱 어두워지게 된다. 보호무역주의로 인한 관세 및 비관세 장벽 도입으로 거래비용이 상승하게 되고, 글로벌 공급망이 교란되고 국제적인 분업체제가 약화되면서 원자재 비용이 상승하는 등 세계 경제의 비효율성이 증가하면서 글로벌 경제의 구조적인 하방 리스크가 커질 우려가 있다. 세계화가 확산될 때는 전 세계에서 가장 값싸고 좋은 제품을 구입하고, 글로벌 공급망의 분업화를 통해 가장 낮은 비용으로 제품을 생산하는 것이 가능했었다. 그러나 탈세계화로 인해 무역장벽이 높아지고 또한 글로벌 공급망 재편으로 선택 가능한 옵션이 줄어들어 생산비용이 증가함으로써 결국 전 세계적인 성장률 감소와 소비자의 후생 감소를 초래하게 될 것이다.

(3) 경제정책 차별화와 국가 간 갈등 심화[9]

코로나19 사태로 인한 경기침체를 벗어나기 위해 각국이 독자적인 경제정책을 추구하면서 각국 간의 경제적 격차가 더욱 커졌다. 이에 더해 최근 심화된 인플레이션에 대처하기 위한 정책도 자국만의 사정을 고려해 추진되면서 국가별 경제 상황이 큰 차이를 보이고 있다. 이에 글로벌 경제가 구조적 침체secular stagnation에 직면한 가운데 국가 간 빈부 격차가 확대되고 경제 민족주의가 더욱 확산되는 양상을 보인다.

코로나19 사태 직후 미국의 경제학자들은 경기 부양을 위한 과감한 확대재정정책을 주문하면서 미국은 재정적자와 부채 문제를 걱정할 필요가 없다고 주장하였다. 달러가 기축통화이고 부채가 달러 표시이므로 달러 부채를 걱정할 필요가 없다는 것이다. 저금리가 지속되는 상황에서는 확대재정정책을 써도 원리금 상환debt service 비용이 낮다. 확대재정정책을 통해 경제가 정상화되어 경제성장률이 재정적자 비율보다 높아지면 정부 부채의 비율이 높아지지 않는다. 또한 일본처럼 GDP 대비 정부 부채 비율이 높더라도 중앙은행이 국채를 대규모 매입할 수 있다. 제2차 세계대전 전비 조달에 따른 미국의 막대한 정부 부채도 인플레로 해결되었다.

이러한 무해한 무시benign neglect 정책은 코로나19 이후 인플레이션 문제에 대처하는 과정에서도 그대로 나타나고 있다. 긴축정책으로의 전환에 실기했다는 비판을 받고 있는 미국 연방은행은 미국 경제가 다른 선진국에 비해 견실한 사정을 고려해 공격적으로 금리를 인상해 왔다. 이로 인해 국제금융시장에 큰 혼란이 있었지만, 다른 나라의 사정은 전혀 아랑곳하지 않은 채 미국 자체만의 경제 상황을 고려해 정책결정을 내리고 있다. 기축통화국이며 패권 국가인 미국은 상황 변화에 따라 과감한 통화·재정 정책을 독자적으로 채택하는 것이 가능하다. 그러나 우리나라를 비롯한 비기축통화국들은 이러한 대외적인 요인에 큰 제약을 받는다.

정도의 차이는 있으나 또 다른 기축통화국인 유럽연합도 어느 정도 독자적인 경제정책 채택이 가능하다. 그런데 유럽연합은 여러 국가의 연합체여서 미국과 사정이 다르다. 출범 초기부터 특히 남유럽과 북유럽이 경제 상황, 생활방식, 시민의식 등 차이가 커서 two-track 유럽을 구축할 필요성이 거론되었다. 코로나19 사태로 남부 유럽 국가들이 더 큰 타격을 입었는데, 이들 국가는 그 이전부터 국제수지와 재정수지 악화로 경제적 어려움을 겪고 있었다. 코로나19 사태가 종료된 후에도 스페인, 포르투갈, 이탈리아 등 남유럽 국가들은 여전히 국제수지 악화, 재정수지 악화와 국가 부채 급증에 직면하고 있다.

한편 경제 규모가 세계 2위이고 자본 이동을 통제하고 있는 중국도 독자적인 재정·금융 정책을 채택하는 데 제약 요인이 적다. 중국 또한 코로나19 이후 과도한 이동제한, 부동산 시장 혼란 등으로 난관에 직면했는데, 미국, 유럽 국가들과는 차별되는 독자적인 정책을 고수하였다. 이러한 정책들은 글로벌 공급망을 파괴하고 세계 경제의 인플레이션 억제 노력에 반하는 것으로 타국에 대한 영향은 전혀 고려하지 않는 정책이다. 특히 미국의 금융 패권에 도전하고 있는 중국은 이번 기회를 이용해서 위안화를 달러에 필적할 만한 기축통화로 만들려는 노력을 배가할 것이다. 이러한 시도는 국제 간 위안화 직거래 확대, 전자지갑을 이용한 위안화 전자 상거래 확대, 인민은행의 전자화폐 발행 등으로 나타나고 있다.

코로나19 사태 중에도 그랬지만 그 이후 전개되는 양상은 국가 간의 갈등을 더욱 심화시키고 있다. 그동안 미국은 경제위기 상황에서 리더십을 발휘하곤 하였다. 2008년 글로벌 금융위기 상황에서도 미국은 G20을 중심으로 리더십을 발휘하여 위기 해결에 공헌하였다. 그러나 코로나19 사태 초반 트럼프 대통령은 사태의 심각성을 오판하고 자만에 빠져 신속한 대응에 실패하면서 미국을 코로나19 사태의 가장 큰 피해국으로 만들었다. 또한 트럼프 대통령의 미국 우선주의는 사태 해결을 위한 공조와 협력을 기대하였던 우방을 크게 실망하게 하였다. 이후 등장한 바이든 정부도 크게 다르지 않은데, 미국 중심의 공급망 재편, 칩스법, 인플레 감축법IRA 등 동맹국에까지 차별을 가하는 자국 우선주의 정책을 취하고 있다.

이와 함께 유럽 대표국가들인 독일, 영국, 프랑스, 이탈리아의 코로나19 사태 대응 및 이후의 행태도 이들이 과연 세계가 동경하는 선진국인가 하는 의문을 제기하게 만든다. 남유럽과 북유럽 국가들의 불협화음을 보면 유로존의 존속 가능성에 대한 의문을 가지게도 만든다. 최근 ECB가 인플레이션에 대처하기 위해 긴축정책 기조로 전환하고 있는데, 그 후유증에 대해 유로존 차원의 공동 대처가 이루어지지 않는다면 잠재되어 있는 유로존 분열의 방아쇠trigger가 될 수도 있을 것이다.

코로나19 사태, 우크라이나 전쟁 등 최근의 사태들은 글로벌 경제를 더욱 분열시키고 있다. 중국의 부상으로 제2차 세계대전 이후 진행된 미국과 유럽 중심의 세계 경제 지배구조가 급격히 위축될 가능성과 함께 미국과 중국 간의 라이벌 구도가 형성되면서 신냉전 구도가 형성될 가능성이 커지고 있다. 코로나 발생 원인과 책임 관련 미국과 중국의 충돌, 우크라이나 전쟁을 둘러싼 동서진영의 재분리 등은 기후 온난화, 핵 확산, 팬데믹 등 국제 위기 해결을 위해 국제 간 협력이 무엇보다 필요한 상황에서 인류가 분열되는 양상을 보여주고 있다.

3. 제4차 산업혁명의 가속화와 디지털 대전환

1절과 2절은 전반적으로 향후 글로벌 경제가 이전에 비해 어두워질 것이라고 전망하고 있다. 이에 반해 신기술 발전에 기초한 제4차 산업혁명과 디지털 대전환은 새로운 기회를 창출해 글로벌 경제의 성장동력을 제고시킬 수 있는 긍정적인 전망도 가능케 한다.

(1) 제4차 산업혁명의 전개

21세기 들어 신기술 발전과 더불어 디지털 전환이 거대한 물결로 진행되어 오고 있었는데, 코로나19 사태를 계기로 촉발된 변화는 디지털 대전환의 기폭제로 작용하였다. 비대면 환경에 대응하기 위한 디지털 활용은 기술 확산 속도를 증가시켰으며, 비대면 생활 및 경제활동이 일상화되어 국민의 삶의 방식 자체를 바꿀 정도의 파급력을 발휘하고 있다. 디지털 라이프는 차세대 신기술을 기반으로 경제, 사회의 온·오프라인을 넘어 영역을 확장해 가고 있어 새로운 제4차 산업혁명으로 간주되고 있다.

제1차 산업혁명은 '기계 혁명'이라고도 불리며, 18세기 중반에서부터 19세기 초반 사이에 영국에서 시작된 기술 혁신, 가내수공업 중심의 생산체제에서 공장생산 체제로의 전환, 이로 인해 일어난 사회, 경제 등의 큰 변화를 일컫는다. 18세기에 들어 면직물의 수요가 급증하자 증기기관의 발명 등으로 인간노동을 기계로 대체하기 시작했는데, 이를 산업혁명의 출발점으로 본다. 산업혁명이란 용어는 1844년 프리드리히 엥겔스Friedrich Engels가 처음 사용하였고, 이후 아널드 토인비Arnold Toynbee가 1884년 "Lectures on the Industrial Revolution of the Eighteenth Century in England"에서 이를 보다 구체화하면서 널리 사용되기 시작하였다(위키백과).

제2차 산업혁명은 전기동력의 등장으로 '에너지 혁명'이라고도 불리며, 19세기 후반에서부터 20세기 초반에 걸쳐 일어난 대대적인 변화를 일컫는다. 섬유 제조업, 석탄, 증기기관에 의존하던 제1차 산업혁명과 달리 중화학 공업, 석유와 전기, 내연기관 등 다양한 분야에서 기계와 산업의 과학화를 통한 대량생산 체제로의 변화가 일어났다.[10]

제3차 산업혁명은 '정보화 혁명'이라고도 불리며, 20세기 중반 이후 컴퓨터, 인터넷의 발명과 함께 촉진된 대대적인 기술혁신 및 변화를 의미한다. 이전에 없었던 정보 공유 방식이 생기면서 정보 통신 기술이 본격적으로 발달하기 시작했고, 전산화 및 자동화를 주요 특징으로 한다. 제3차 산업혁명이라는 용어는 2011년 제러미 리프킨Jeremy Rifkin의 책 『제3차 산업혁명』을 통해 대중화되었다.

제4차 산업혁명이라는 말은 원래 2010년 발표된 독일의 'High-tech Strategy 2020'의 10대 프로젝트 중 하나인 'Industry 4.0'에서 모든 하드웨어hard ware에 소프트웨어soft ware를 디지털화를 통해 입힌다는 의미로 사용하기 시작하였다. 그러다 세계경제포럼World Economic Forum ; WEF의 창시자인 클라우스 슈바프Klaus Schwab가 2015년에 포린 어페어Foreign Affairs의 기고글을 통해 주장하고 2016년 1월 20일 스위스 다보스에서 열린 WEF에서도 슈바프 스스로가 키워드로 제시하면서 그 개념이 전 세계적인 화두로 등장하였다.

WEF는 'The Future of Jobs' 보고서에서 제4차 산업혁명을 "디지털 혁명(제3차 산업혁명)에 기반하여 물리적 공간, 디지털적 공간 및 생물학적 공간의 경계가 희석되는 기술융합의 시대"라고 정의하면서 사이버물리 시스템Cyber-Physical System ; CPS을 핵심으로 제시하였다. 이에 기초한 "제4차 산업혁명은 단순히 기기와 시스템을 연결하고 스마트화하는 데 그치지 않고 훨씬 넓은 범주까지 아우른다. 유전자 염기서열 분석 및 나노기술 재생가능에너지에서 양자 컴퓨팅까지 다양한 분야에서 거대한 약진이 동시다발적으로 일어나고 있다. 이 모든 기술이 융합하여 물리적 영역, 디지털 영역, 생물 영역이 상호 교류하는 제4차 산업혁명은 종전의 그 어떤 혁명과도 근본적으로 궤를 달리한다."[11]

(2) 제4차 산업혁명과 디지털 대전환의 주요 특징

이와 같은 디지털 대전환의 대대적인 혁신을 불러일으키고 있는 배경은 무엇인가? 이는 크게 사회경제적 요인과 기술적 요인으로 나누어 볼 수 있다. 사회경제적 요인들은 글로벌화와 더불어 장기 메가트렌드를 형성하는 기후변화, 인구구조 변화, 그리고 각국 내에서의 사회구조 변화 등을 들 수 있다. 이러한 변화에 대응하기 위해 이전과는 다른 인식뿐만 아니라 이를 뒷받침할 수 있는 기술적인 수단에 대한 수요가 급증하고 있는 것이 혁신을 촉진하는 주요 배경이 되고 있다.

그러나 최근의 혁신을 주도한 보다 중요한 요인은 기술적 요인이다. ICT 기술 발전과 더불어 새로운 변화의 트렌드가 형성되면서 다양한 영역에서 새로운 고객의 요구를 충족시키기 위한 신기술들이 폭발적으로 증가하기 시작했다. 이러한 기술들은 사회를 변화시키면서 새로운 수요를 창출하고 그에 따라 또다시 신기술이 발전하는 상승작용을 일으키고 있다. 코로나19 사태, 디지털 대전환 등의 경험과 앞으로 변화될 미래 사회의 전망 등을 고려해 새로운 혁신에 가장 많이 영향을 미치며 중요하다고 전망되는 기술들로 AI, IoT, 클라우드, 차세대 네트워크, 빅데이터, 블록체인, 메타버스, 디지털 트윈 등을 들 수 있다.[12]

이러한 기술들은 제4차 산업혁명의 핵심인 CPS를 구축하기 위한 필수 요인들이다. CPS란 로봇이나 의료기기 등 물리적인 실제 시스템과 사이버 공간의 소프트웨어를 실시간으로 통합하고 연결한 시스템이다. 즉, 컴퓨터 프로그래밍으로 만들어진 사이버 세계(온라인)와 물리적 법칙에 따라 작동되는 물리 세계(오프라인)가 연결되는 것을 의미한다.[13] 따라서 제4차 산업혁명의 특징은 '초지능화hyper-intelligence' 및 '초연결화hyper-connectedness'로 압축될 수 있다.[14]

제4차 산업혁명 및 디지털 대전환으로 우리 사회는 이미 초지능화가 진행되고 있고 미래 사회에는 더욱 가속화될 전망이다. AI, 빅데이터, ICT 발달로 기술이 스스로 더욱 발전하며 산업구조도 초지능화가 될 것이다. 2016년 3월 인간 '이세돌'과 인공지능 '알파고Alphago'와의 바둑 대결에서 알파고의 승리는 '초지능화' 사회의 출현을 알렸다. 아울러 최근 출현한 챗GPT는 초지능화가 어디까지 전개될지 많은 사람들에게 경외감을 주고 있다.

초지능화가 진행됨에 따라 제품을 생산하는 공장들이 '스마트 팩토리'(생산 전 과정에 4차 산업혁명 기술이 적용되는 공장)가 되면서 기존과는 다른 새로운 생산과정이 자리 잡게 될 것이다. 경제 분야뿐만 아니라 모든 분야들이 빅데이터, 인공지능 기술로 인해 지능화될 것이다. 특히 의료, 복지, 행정 등 공공서비스에 인공지능 기술 도입이 확대되어 AI와 함께 살아야 하는 시대를 맞게 될 것이다. 데이터, 정보, 지식의 축적과 발달 속도는 빨라질 것이고, 인류는 기술이 스스로 새로운 기술을 창출는 변화의 시대에 살게 될 것이다.

또한 우리 사회는 이미 사물인터넷IoT, 클라우드 등 ICT의 발전으로 인간과 인간, 인간과 사물, 사물과 사물 간의 연결성이 기하급수적으로 확대되었는데, 미래에는 모든 것이 연결되는 초연결화 사회로 이행할 것이다. 최첨단 스마트 디바이스 덕분에 업무 및 커뮤니케이션은 더욱 편리해졌다. 더욱이 VR, AR 기술의 발달로 간접 체험이 가능하고 오히려 현실보다 생생한 가상체험을 통해 훨씬 더 긴밀하게 연결될 수도 있게 되었다.

그동안 물리적인 제약으로 작용했던 경제활동, 교육, 의료 서비스들도 재택업무, 원격교육, 원격진료 등이 일상화되면서 집에 앉아서도 편리하게 쇼핑이나 거래를 하거나 진료를 받을 수도 있으며, 굳이 학교에 가지 않고도 온라인으로 원격학습을 할 수 있는 등 공간의 제약이 거의 사라질 것이다. 이처럼 비대면 서비스·온라인 생활이 일상화되면서 5G/6G 차세대 네트워크를 활용한 초연결화가 촉진되고, AI·클라우드 등과 AR/VR 기술이 융합된 메타버스, 디지털 트윈 '가상융합기술' 등의 발전이 더욱 가속화될 것으로 전망된다.

(3) 디지털 대전환의 영향

신기술 발전에 따른 디지털 대전환은 전반적으로 경제·사회 발전 및 생활 편의성을 개선시킬 것으로 기대된다. 기존의 고객들에게 새로운 가치를 전달할 수 있는 서비스가 창출되도록 해 고객의 만족도를 향상시킬 수 있다. 이를 통해 서비스 산업의 영역 및 시장을 확대함으로써 서비스업의 발전을 촉진할 수 있을 것이다. 또한 조직의 운영 프로세스 자동화, 공급사슬 및 프로세스 통합, 공급사슬의 기술 혁신을 촉진하고, 유통시간 단축과 재고 부담 완화를 통해 생산성을 향상할 수도 있다. 이와 더불어 AI를 중심으로 새로운 고용기회 창출과 노동시장 효율성 또한 제고시킬 수 있다.

디지털 대전환은 미래 사회에 기술의 발전에 따른 생산성 향상 등 긍정적인 변화를 가져오는 반면, 예상과는 달리 다양한 부정적인 변화도 수반할 수 있다. 무엇보다도 긍정적인 기대와는 달리 디지털 대전환은 일자리 수를 감소시킬 수도 있다. 디지털 전환에 따라 자동화 영역이 확장되면 상당수의 노동이 대체되는 현상이 발생해 많은 노동자들이 일자리를 위협받을 수 있다. 또 다른 문제점은 디지털 전환으로 사회 및 경제적 격차가 심화될 수도 있다는 것이다. 디지털 관련 기술개발이 일부 선진국에 편중되어 있고, 산업별·지역별 및 개인별 기술 사용 격차가 크기 때문에 디지털 격차가 발생하게 된다.

이와 더불어 디지털 전환은 여러 가지 갈등 및 위협을 초래할 수도 있다. 디지털 사용의 격차로 인해 사회·경제적 격차가 심화되면 그에 따라 사회적 갈등이 발생할 수도 있다. 또한 디지털 기술의 발전을 관련 법·규제가 따라가지 못하는 경우 이해충돌 및 분란을 촉발할 수도 있다. 한편 디지털 대전환에 따른 데이터 공유·시스템 연결의 강화·확대로 인해 개인정보 유출 및 사생활 침해 우려가 커질 것이고 국가 간 사이버 테러 위협이 증가할 가능성도 커진다.

제4차 산업혁명과 디지털 대전환의 새로운 변화에 뒤처지는 경우 우리나라는 국제경제 질서에서 또다시 주변국으로 전락할 수 있다. 따라서 이를 적극적으로 받아들임과 동시에 새로운 변화를 주도할 수 있도록 기술개발, 제도 개혁, 인식전환 등을 적극 모색해야만 한다. 이와 동시에 새로운 변화에 따른 축복과 더불어 수반될 수 있는 부작용을 해소하기 위한 대책 또한 적극적으로 모색함으로써 기술발전의 혜택을 모두가 공유할 수 있도록 해야 할 것이다.

[미주]

01 *Economist*(2023), 2. 9.
02 PwC(2017) ; Goldman Sachs(2022).
03 Goldman Sachs(2022)에 따르면, 인도가 상대적으로 중국보다 빠르게 성장하더라도 2050년, 2075년까지도 중국을 앞서지 못할 것으로 전망된다.
04 New York Times(2023).
05 Goldman Sachs(2022).
06 Evenett(2019).
07 이에 대한 보다 자세한 설명은 제8장을 참조할 것.
08 정대희(2022).
09 이 부분은 김인준(2021), 6장을 참조해 수정·보완하였음.
10 김인준(2021)은 산업혁명의 출발점을 근대로 보지 않고 보다 장기적인 역사 관점에서 제1차 산업혁명은 농경 산업으로의 이행, 제2차 산업혁명은 증기와 전기 산업 출현으로 보고 있다.
11 Klaus Schwab(2016).
12 KISA(2022).
13 최연구(2020).
14 KISTEP(2017).

CHAPTER 10

미·중 패권 경쟁과 신냉전의 도래[1]

최근 국제정치 분야의 최고 이슈는 당연히 미·중 패권 경쟁이다. 제2차 세계대전 이후 미국 패권에 대한 도전은 여러 번 있었지만, 지금 진행되고 있는 중국의 도전은 그 이전의 어느 것보다도 국제 질서에 훨씬 거대한 충격을 주고 있다.

미·중 간의 패권 경쟁이 어떻게 발전할지 그 누구도 예측할 수 없다. 어떤 양상으로 전개되든 미·중 간의 패권 경쟁은 국제정치경제 질서의 다양한 영역에서 심각한 변화를 가져오고 있으며 신냉전을 초래할 가능성이 크다. 신냉전은 이전의 정치적 이념에 따른 냉전 시기와는 다른 양상으로 진행될 것이다. 따라서 우리는 신냉전 체제에서의 새로운 환경에 대한 보다 적극적 대응을 모색해야 한다.

1. 미·중 관계의 변화

글로벌 금융위기 직후 등장한 오바마 정부 초기에는 미국과 중국의 관계가 비교적 우호적이었다. 무엇보다도 글로벌 금융위기 극복을 위해 중국과의 협력이 필요했고, 이란과 북한 핵 문제, 유엔 기후변화회의 등 글로벌 차원에서 중요한 이슈에 대해 중국과 협력할 수 있으리라고 판단했다.

그러나 오바마 정부 출범 후 채 1년도 지나지 않아 미국과 중국은 새로운 갈등의 국면에 접어들게 되었다. 2010년 미국은 대만에 무기판매를 결정하고 이후 달라이 라마를 접견했다. 또한 천안함 사태를 계기로 한반도와 동아시아에 적극 개입할 의사가 있음을 밝혔고 군사훈련도 실천에 옮겼다. 동년 5월 남중국해에 대한 미국의 개입의사를 천명하였고, 9월에는 야오위다오/센가쿠열도 부근에서의 중국 어선과 일본 해상보안청 함정 간의 충돌사건에서 미국은 일본에 대한 지지를 분명히 했다.

2011년 중국 후진타오 주석의 미국 방문을 계기로 상호존중, 상호이익 및 공동 승리의 협력 동반자 관계를 건설하자는 신형대국관계의 기본내용이 처음 공식적으로 제기된다. 그러나 미·중 관계는 해소되지 않았다. 미국은 호주 다윈기지의 미군 주둔 결정을 발표하고, 중국 중심의 동아시아지역협력체인 RCEP에 대응해 TPP의 적극 추진을 표명하였다. 또한 미국은 아시아로의 회귀Return to Asia에서 아시아 태평양으로의 선회Pivot to Asia-Pacific 등 아시아 재균형 전략Rebalancing Strategy을 가속화했다. 오바마 대통령은 2015년 가을 친중노선과 완전히 결별하고, 중국에 의한 남중국해 매립은 20세기부터 계속돼 온 미국에 대한 도전이며 미국이 당한 사이버 테러는 중국에 의한 것임을 비난했다.

한편 시진핑 등장 이후 2013년 미·중 정상회담을 통해 드러난 중국의 신형대국관계론은 미국의 아시아 재균형 전략에 대한 고차원적 대

웅이다. 각자의 핵심 이익을 건드리지 않는 가운데 건설적 경쟁을 하고 지역 및 범세계적 영역에서 협력을 하자는 것이다.[2] 또한 시진핑 주석은 2014년 5월 아시아 교류 및 신뢰구축 회의CICA[3]에서 상하이 선언을 통해 아시아 안보는 아시아인이 지켜야 한다는 담론을 제시했다. 아시아에서 미국을 배제하고 중국이 주도하는 아시아 안전보장 체제를 구축하기 위한 선언이다. 중국의 아시아 교류 및 신뢰구축 회의는 단순한 지역 안보협의체가 아니라 유럽 안보협력기구처럼 아시아 안보협력기구로 개편한다는 것을 의미한다.

미국과 중국이 아시아의 주도권을 놓고 맞붙었는데, 이를 두고 중국의 '일대일로一帶一路' 구상과 미국의 '아시아 재균형 전략'의 경쟁이라 부른다. 시진핑 주석이 제시한 일대일로는 과거 중국이 세계의 중심이었던 중화 전성기를 다시 구축하겠다는 구상이다. 중국은 육·해상의 두 축을 통해 해당 국가들의 교통 인프라를 연결하고 자유무역지대를 만들어 위안화를 결제수단으로 확산시키는 범중화경제권을 구축하고자 한다.[4] 미국의 아시아 재균형 전략은 아시아-태평양을 군사·경제적으로 묶는 구상이다. 군사적으로 일본, 한국, 필리핀, 호주와 각각 양자동맹을 맺고, 경제적으로 일본, 호주, 말레이시아, 싱가포르 등 12개국이 TPP를 맺어 자유무역지대를 추진하겠다는 것이다. 또한 중국과 경쟁하는 인도와 전략적 경제적 파트너십을 선언하여 인도를 지역 안보의 제공자로 명시했다.

2017년 미국 트럼프가 대통령으로 당선되면서 미국의 대외정책은 보다 미국 우선주의America First에 기반한 정책으로 변화되었다. 트럼프 행정부의 통상정책은 미국 우선주의에 기반한 강력한 보호무역주의로 트럼프 대통령의 취약한 정치적 기반을 다지는 데도 도움이 되었다. 게다가 중국의 부상에도 미국이 글로벌 경제 및 안보 경쟁에서 우월적 지위를 유지하기 위해서는 강경한 통상정책이 효과적일 수 있다.[5] 트럼프의 외교안보 정책 또한 미국 우선주의로 알려진 극단적 일방적 고립주의 시각으로 미국 내·외부에서 우려와 비판의 목소리가 높았다. 한 예로 트럼프 대통령은 아시아 동맹인 한국과 일본이 방위비 분담금을 늘리지 않으면 '핵우산 제공'을 철회하고 미군까지 철수시킬 수 있다는 뜻을 밝힌 바도 있어 정통 공화당의 노선과는 다르다는 염려를 불러일으켰다.

트럼프 대통령 시기 미·중 관계는 갈등이 본격적으로 표면화되었다. 트럼프 대통령은 대선 과정에서 중국의 불공정 무역 관행을 강도 높게 비판하며 중국을 '환율조작국'으로 지정하고 중국산 제품에 45%의 높은 관세를 부과하겠다는 방침을 밝혔다. 트럼프 행정부는 미·중 관계를 전략적 협력에서 경쟁 관계로 공식 전환하고, 미국 우선주의, 고립주의, 보호무역주의 노선을 강력하게 실행하였다. 중국 역시 트럼프 행정부의 강경 행보에 적극 대응한다는 방침하에, 시진핑 주석은 2017년 신년사에서 영토 주권과 해양 권익 수호를 강조함으로써 중국의 핵심 이익과 관련된 사안에서 결코 양보하지 않겠다는 입장을 분명히 했다.

2018년 4월 트럼프 행정부가 500억 달러에 이르는 중국산 수입품에 대해 25% 관세 부과를 발표하면서 본격적인 무역전쟁의 서막이 열렸다. 이후 미·중 패권 경쟁의 전선은 갈수록 확대되어 이제는 단순한 무역전쟁을 뛰어 넘어 금융, 기술, 군사, 안보 등 모든 분야에서 무한대결의 성격으로 비화하고 있다.

바이든 대통령은 트럼프 행정부가 지나친 미국 우선주의와 우방국들에 대한 위협 등으로 미국의 국제 리더십을 심각하게 손상시켰다고 비난했다. 이에 바이든 대통령은 미국의 민주적 가치를 회복해 우방국들과 공유하며 가치와 규범에 기반한 미국의 국제 리더십 복원을 약속했다.

그러나 대중 관계에서는 바이든 대통령도 트럼프 행정부의 강경 기조를 승계하고 있으며, 대중 경제 압박은 트럼프 때보다 더욱 독해졌다는 평가를 받고 있다. 바이든 행정부는 중국을 권위주의 정권으로 규정하고, 미국의 이해와 가치를 위협하는 중국의 도전에 맞서 우방국 및 민주적 가치를 공유하는 국가들의 집단적 대응이 필요함을 강조하고 있다.

특히 바이든 대통령은 취임 초 4대 핵심 전략물자(반도체 칩, 전기차용 대용량 배터리, 희토류, 의약품)의 공급망 재검토를 지시했다. 또한 백악관은 공급망 다각화를 위한 국내 산업정책과 우방국들과의 협력 방안을 제시해 과도한 대중 의존도를 완화시키고자 노력하고 있다. 2023년 7월에는 인공지능AI · 반도체 · 양자컴퓨팅과 관련해 자국민의 대중국 투자를 금지 내지 제한하는 행정명령을 발표하기도 했다.

미 · 중 관계가 좀더 격한 갈등관계로 변화함에 따라 우리나라를 비롯한 동아시아 각국의 셈법도 보다 복잡해지고 있다. THAAD 논란, 일본, 필리핀과의 영유권 분쟁 등 미 · 중 간의 대립전선은 한반도와 일본, 대만, 동중국해에 이어 남중국해까지 서태평양을 위아래로 가로질러 형성되고 있는 형국이다. 그러한 상황에서 우리나라는 중국과 미국 사이에서 어떤 균형전략을 펴야 할지, 북한 문제를 어떻게 풀어갈지 해결해야 할 많은 과제가 남겨졌다.

2. 패권 전이 논쟁

(1) 패권의 기본 조건 비교

패권 전이 논쟁은 특히 글로벌 금융위기 이후 많이 제기되었다. 세계 유일의 강대국이며 글로벌 스탠다드의 종주국이었던 미국이 세계 대공황에 버금가는 위기의 진원지가 되면서 심각한 회의론이 대두되었기 때문이다.

미국 패권이 쇠퇴하고 있다고 주장하는 사람들은, 중국이 '평화롭게 부상peaceful rise'하는 데 성공함으로써 단극체제가 무너지고 있으며, 미국이 패권국으로서 너무 과도한 군사 팽창을 시도했다는 것imperial overstretch, 그리고 미국이 경제적으로 약해지면서 기축통화로서의 달러 신용이 위기를 겪고 있다는 점을 그 근거로 제시한다.[6] 이에 반해 중국은 이미 경제 규모에서 미국을 추월했고, 향후 장기적인 전망도 미국에 비해 훨씬 긍정적이다. 또한 세계 최대 현금 보유국으로서 국제투자를 늘리면서 국제금융시장에 대한 영향력이 빠르게 커져가고 있다는 것이다.

그러나 미국의 패권쇠퇴론을 반박하는 학자들에 의하면, 미국 패권은 절대적 하락absolute decline이라기보다는 다른 신흥국들의 부상에 따른 상대적 하락relative decline이다. 나이Joseph Nye는 미국의 내부적 문제 예컨대 채무, 정치적 마비, 교육 불평등의 문제가 산적해 있지만 그럼에도 미국은 소프트 파워의 관점에서 아직 개방적이며 탄력적인 문화와 혁신을 강조하는 교육을 보유하고 있음을 강조한다.[7]

일부에서는 미국 팍스아메리카나가 다시 돌아왔다는 주장도 제기하고 있다. 미국의 힘은 '창조적 파괴'를 가능케 하는 자유시장경제에서 나온다. 창조적 파괴란 경제체제를 내부로부터 끊임없이 혁신시키고 옛것을 끊임없이 파괴하며, 새로운 것을 끊임없이 창조해 내는 산업의 돌연변이 과정이다. 창조적 파괴는 미국의 철도산업, 자동차산업, IT산업의 창조적 파괴 과정을 통해 잘 나타난다. 미국은 제조업뿐만 아니라 금융산업 역시 글로벌 금융위기 이후 신속히 회복했다. 성장세, 회복세의 저변에는 미국이 특히 하이테크 분야에 꾸준히 관심을 두고 연구기관에 투자를 아끼지 않으면서 많은 신흥 기업들을 길러내고 있다는 것이 강점으로 깔려 있다.

미국 패권은 쇠퇴하는가? 중국이 미국을 제치고 패권 국가가 될 것인가? 이에 대한 답을 제시하기 위해서는 패권국이 되기 위한 기본 조건을 살펴봐야 한다. 패권의 힘power은 경제력, 문화력, 정치력에서 나온다.[8] 이를 경제 패권 차원에서 해석하면, 첫째, 경제력이 충분히 강해야 하고, 둘째, 글로벌 스탠다드를 제시할 수 있어야 하며, 셋째, 국제경제 질서의 공공재를 제공할 수 있어야 한다.

우선, 첫째, 세계 경제질서를 리드하기 위해서는 무엇보다도 대규모의 강건한 경제력을 가지고 있어야 한다. 생산능력 및 시장규모가 뛰어나야 세계 경제 및 국제무역에서의 영향력도 커질 수 있기 때문이다. 그러나 단순한 크기만으로는 충분하지 않고 예기치 않은 충격 또는 위기에서도 신속히 회복할 수 있는 내성이 수반되어야 한다. 한 가지 더 강조할 사항은 세계의 공장 국가, 세계의 시장 국가를 넘어 세계의 통화 국가가 되어야 경제 패권을 공고히 할 수 있다는 것이다. 현재 전 세계 국제거래의 98% 이상이 금융거래임을 고려할 때 아무리 실물거래 차원에서 경쟁력이 있더라도 급격한 자본이동이 발생하면 한순간에 무너질 수도 있기 때문이다.

둘째, 글로벌 스탠다드 조건이란 기존의 질서를 정당화하거나 대안적 질서를 전파할 수 있는 능력을 의미한다. 이는 규범 및 이념ideas을 설파함으로써 다른 국가들이 따르도록 하거나 새로운 질서를 유도할 수 있는 힘이다.[9] 예를 들어 미국의 패권 질서는 민주주의, 자유무역을 근간으로 하는 워싱턴 컨센서스와 같은 신자유주의 질서의 이념을 통해 보다 확대 재생산되었다. 따라서 국제질서를 리드하기 위해선 다른 나라들을 설득시킬 수 있는 글로벌 스탠다드 이념이 필요하다. 경제력과 군사력이 기본이 되지만 동시에 정당한 지배의 논리인 이념과 이데올로기가 필요하다. 미국은 민주주의, 자유주의, 자본주의라는 상당히 매력적인 이념을 통해 세상을 지배했고 또한 신자유주의의 이념을 통해 시장원리의 합리성을 세계에 전파했다.

셋째, 패권국의 역할을 강조하는 사람들은 국제경제질서를 위해 패권국이 공공재를 제공할 수 있어야 한다고 주장한다.[10] 국제정치경제에서 공정무역, 안정된 국제통화질서 등과 같은 공공재는 각국의 자유로운 선택에 맡겨질 경우 충분히 보장되지 못한다. 국제경제질서를 유지하기 위해 패권국이 해야 할 역할은 기본적으로 이러한 공공재를 제공하는 것이다. 평상시 필요한 패권국의 역할로는 국제무역이 자유롭게 진행되도록 무역장벽을 없애는 것, 자본이 원활하게 이동함으로써 선진국뿐만 아니라 개발도상국 및 후진국에도 흘러들어갈 수 있도록 하는 것, 주요 국제통화들 간의 환율이 안정되도록 함으로써 전체적인 국제금융시장의 안정을 확보하는 것, 그리고 주요국들 간의 경제정책이 적절히 공조되도록 조율하는 것을 들 수 있다. 반면 위기 시에 패권국이 해야 할 역할은 침체된 상황에서 상품에 대한 위축된 수요를 촉진할 수 있는 개방된 시장을 제공하는 것, 공급충격으로 인해 상품 공급 여력이 부족해질 때 추가공급을 가능하게 하는 생산능력을 제공하는 것, 그리고 국제금융위기와 같은 위급 상황이 발발할 때 최종대부자lender of last resort 역할을 수행하는 것이다.[11] 이러한 역할들은 패권국으로 하여금 상당한 정도의 부담을 떠안도록 요구하고 있다.

이 세 가지 조건을 기준으로 미국과 중국을 비교해 보자. 첫째, 경제력 측면에서 중국의 GDP(구매력 기준) 규모가 이미 미국을 추월했다. 또한 시장규모 면에서도 중국이 미국보다 크다. 그러나 국제금융 분야에서 중국은 미국에 비해 기축통화국으로서의 자격이 아직 현격하게 떨어지고 있으며, 충격에서 신속히 회복할 수 있는 중국 경제의 내구성은 좀 더 두고 볼 필요가 있다.

둘째, 글로벌 스탠다드 조건에서 미국이 내걸었던 민주주의, 자유무역 등의 이념은 2008년 글로벌 금융위기 이후 그 설득력이 약화된 상황이다. 2008년 위기 이후 미국 자본주의 발전 모델의 설득력은 떨어지고 중국식 자본주의, 국가자본주의 모델이 후발개도국에게 유효한 대안으로 부각되기도 하면서, 미국의 워싱턴 컨센서스와 중국의 베이징 컨센서스가 대립하는 양상을 보이고 있다. 그러나 중국식의 대안이 글로벌 스탠다드로 받아들여질 것인가에 대해서는 아직 회의가 크다.

셋째, 마지막으로 국제질서를 유지하기 위해 자국의 비용을 부담하겠다는 의지 면에서 과연 중국이 미국을 대체할 수 있는지는 의구심이 간다. 물론 미국도 이기적인 측면에서 행동하고 있지만, 최근 중국이 개도국에 제공한 부채의 성격을 보면 국제질서 유지를 위해 공공재를 제공하겠다는 의지는 전혀 찾을 수 없다. 패권국이 되려면 무엇보다 비용부담에의 의지가 중요한데 중국은 세계 경제의 안정 유지를 위한 것보다는 내부문제에 보다 휩싸여 있는 상황이다.

미국과 중국을 비교해 본 결과 중국의 경제력은 규모 면에서 현재 미국을 추월했다고도 할 수 있지만, 문화력·정치력은 아직 뒤쳐져 있다. 과거 팍스브리태니카에서 팍스아메리카나로 패권이 전이될 때를 살펴보면, 미국이 영국의 경제력을 따라잡았던 시기는 1870년대였으나 미국이 진정한 패권국이 된 것은 제2차 세계대전 이후이다. 즉, 패권 교체에 75년 정도가 걸린 셈이다. 패권국의 역량도 중요하지만 의지도 그만큼 중요하다. 현재 중국이 경제력에서 미국을 따라왔지만 다른 요소의 역량이 더욱 발전해야 하며 무엇보다 중요한 것은 중국의 의지이다. 아직까진 내부의 문제가 더 크기 때문에 상당한 시간이 소요될 것이며, 이는 지속 가능한 성장을 위한 내부 개혁이 얼마나 성공적으로 진행될 것이냐에 달린 문제이기도 하다.

(2) 각국의 내부적 문제[12]

현재는 미국과 중국이 다양한 영역에서 자신의 영향력을 확대하기 위해 서로 경쟁하고 있는 상황이다. 미국 패권의 지배력이 이전에 비해 감소하고 중국이 부상하면서 협력과 경쟁을 병행했으나, 최근에 올수록 더욱 갈등이 부각되고 있다. 특히 영토와 안보와 같이 '핵심 이익'에 관련된 이슈에 대해서는 중국이 보다 분명한 의사표명을 함으로써 첨예한 대립을 지속하고 있다. 패권 전이 과정은 오랜 시간이 걸리며, 이 기간 동안 두 체제가 어떤 내부적 개혁을 하는지, 어떤 외부적 선택을 하는지에 따라 결과가 달라질 수도 있다. 즉, 미국과 중국 양국 간의 패권 전쟁의 승부는 경제, 군사, 안보, 동맹 관계 등 국제적 갈등 요인 못지않게 양국이 국내적 갈등을 얼마나 잘 풀어나갈 수 있느냐에 달렸다.

미국과 중국 모두 국내적으로 난제를 안고 있으며, 양국 모두 하나로의 미국이나 하나로의 중국을 달성하는 데 국내 정치·경제적으로 취약하다. 냉전 시대 소련도 패권 전쟁에서 졌다기보다 내부적인 문제가 누적되어 소련 경제가 자체적으로 무너지고 소련 연방이 해체되어 러시아로 회귀하면서 몰락의 길을 걸었다.

미국의 내부 갈등

지난번 대선에서 보여준 미국의 분열상은 미국이 과연 민주주의의 종주국이라 불릴 수 있나 하는 의심을 하게 만든다. 현직 대통령이 선거 결과를 뒤집으라는 선동을 하고 이에 따라 폭도들이 의사당에 난입하고 인명피해가 발생한 것은 정치·경제적으로 불안한 저개발국가에서나 볼 수 있는 사례일 것이다. 이 사태는 민주주의 국가에서도 대통령이 법과 규칙을 따르지 않는다면 민주주의 체제 자체의 존립이 어려울 수 있다는 것을 보여준다.

자본주의와 자유민주주의는 결코 안정적인 시스템이 아니며, 그 체제의 안전성은 가꾸어 나아가는 것이다. 자유민주주의에서는 사람 단위로 모든 일이 결정되므로 공정성과 평등이 중시된다. 자본주의에서는 자본이 단위이며 성장과 능력이 중시된다. 공정과 평등, 그리고 성장과 능력은 항상 함께 가는 것이 아니며 부딪치는 측면이 강하므로 자본주의와 자유민주주의 간의 균형이 필요하다.

일찍이 토크빌Alexis de Tocqueville은 미국 건국 과정을 돌아본 뒤 민주정이 앞으로 대세가 될 것으로 생각하면서도 평등 사회가 초래할 수 있는 어두운 면도 예견하였다. 토크빌은 민주주의의 평등화가 잘못하면 다수결을 빙자해서 한편으로 다수자의 전제와 중앙집권화를, 다른 한편으로는 동질화된 개인의 자발적인 예종을 낳을 수 있다고 강조한다.

평등에는 두 종류의 평등이 있다. 하나는 당당하고 정당한 평등이다. 평범한 사람을 위대한 사람의 대열로 이끄는 상향 평준화이다. 다른 하나는 견제와 균형 없이 다수결에 의한 하향 평준화를 의로운 일로 미화하는 것이다. 무조건 다수를 따르게 하고 다수로 법률을 만드는 특권을 장악한 뒤 법의 지배를 표방하면서 민주 독재로 나아가는 것이다. 하향 평준화 아래서는 반엘리트주의와 포퓰리즘이 성행하게 된다. 포퓰리즘이 성행하면 진영 논리가 판치게 되고 채택된 정책의 부작용으로 인해 하향 평준화가 오히려 강화되는 쪽으로 치닫게 될 것이다.

그동안 포퓰리즘은 남미나 개발도상국에서 성행하는 것으로 인식되어 왔다. 그러나 미국의 트럼프 대통령 당선과 미국 공화당 극우세력에 의한 미국 국회의사당 난입 사태는 민주주의의 종주국이라는 미국도 포퓰리즘에서 자유롭지 못하다는 점과 토크빌이 일찍이 간파한 민주정의 취약성을 다시 한번 목도하는 계기가 되었다.

지난 미국의 의사당 난입 사태는 미국이 중국의 부상과 미국 경제가 정체된 것에 대한 초조감이 얼마나 큰지, 그리고 미국 내에서 인종 장벽과 이념 장벽이 얼마나 높은지를 보여주고 있다.

제2차 세계대전 이후 미국은 60%에 달하는 백인 중산층을 중심으로 남북전쟁 이후 가장 안정적인 경제성장을 누렸다. 특히 소련과의 냉전에서 승리하면서 미국은 초강대국ultra super-power 지위를 누렸다. 그렇지만 21세기 들어와 9·11 사태, 테러와의 전쟁, 이라크와의 전쟁, 그리고 글로벌 금융위기를 겪으면서 미국이 경제적 전성기를 지나고 있다는 인식이 내외적으로 퍼지게 되었다. 이러한 가운데 WTO 체제에 편입한 권위주의 중국의 빠른 경제적 부상은 미국의 불안감과 우려를 증폭시켰다. 인종 구성도 다양해져서 백인들 다수가 무너지기 시작하고 저학력·저소득 백인들의 비중이 늘어나면서 그동안 속으로 쌓여 왔던 인종 갈등이 노출되기 시작했다.

한편 경제 세계화 물결로 그동안 미국 중산층이 누렸던 안정적인 직업이 해외로 빠져나가면서 러스트 벨트 등을 중심으로 취업난을 겪게 되었다. 또한 제4차 산업혁명으로 특징지어지는 디지털화와 자동화는 미국 일부 백인 중산층들의 안정적인 직업을 빼앗아간 것뿐만 아니라 소득과 부의 양극화 현상도 심화시켰다. 그 결과 미국 백인 중산층들의 일부는 심한 우경화 현상을 보였고, 여기에 편승한 트럼프는 미국 우선주의를 내세우면서 미국을 지역적으로 갈라치고 이들에게 편승하면서 2016년 총득표수에서는 지고도 대통령에 당선되었다. 트럼프는 전형적인 비즈니스맨으로 표 계산에 철저하면서 본인에게 유리하면 거짓말하는 것도 주저하지 않았다.

과거 미국에서는 거짓말을 한다는 것은 정치인에게는 치명타였으며, 여당과 야당 간에도 관용과 절제가 중요 덕목으로 여겨졌다. 정치인들의 소신이 존중되었으며, 필요한 경우에 크로스 투표를 하는 것도 당연시되었다. 그런데 지금 미국 공화당과 민주당은 진영 논리 속에 빠져 당론으로 투표하는 경우가 빈번하다.

미국 의사당 난입 사태는 트럼프 대통령이 얼마나 국민 편 가르기, 자기 편을 향한 선전·선동, 프레임을 짜서 가공의 사실 세계를 구축하는 데 놀라운 능력이 있는지를 보여주었다. 더욱이 여기에 현혹되어 많은 공화당원이 아직도 트럼프를 지지하고 있는 것도 놀랍다. 의사당 난입 사태에 대한 한 여론조사에 의하면 미국민 다수가 의사당 난입 사태를 민주주의의 위협으로 보지만 공화당의 다수는 민주주의의 위협이 아니라고 본다.

미국의 분열상과 트럼프 현상의 바탕엔 세계화, 디지털화와 자동화에 따른 경제 및 사회 양극화가 존재한다. 양극화는 선전·선동 정치가 창궐하기 쉬운 토양을 제공한다. 트럼프의 열렬한 지지자들은 대부분 가난한 저학력 백인 남성이나 사회에 불만이 많은 인종차별주의자들이라고 한다. 그렇지만 트럼프가 2020년 선거에서 역대로 2번째 많은 7천 1백만 표를 얻고 진 것도 현실이다.

트럼프의 포퓰리즘과 선전·선동에도 바이든이 새로운 대통령으로 당선된 것은 아직도 미국 민주주의의 복원력이 살아 있다는 것을 의미한다. 동시에 미국과 같은 선진국도 대통령 리스크가 있으며 민주주의가 잘못 관리된다면 유리장같이 취약할 수 있다는 점도 알 수 있다.

바이든의 슬로건은 미국을 다시 존중받게 한다는 것이다. 이것을 현실화하려면 바이든은 미국 민주주의에 대한 국내외 신뢰부터 회복해야 할 것이다. 지난 대통령 선거에서 나타난 분열과 당파주의를 먼저 극복해야 할 것이다. 대화와 타협, 양보와 존중을 통해 극심한 분열을 치유하고 통합을 향해 나아가야 할 것이다.

지금의 미국은 분기점turning point에 있다. 국내 분열을 치유하지 못한다면 쇠락의 길을 가면서 패권도 빼앗길 것이다. 반면 국내 분열을 치유하고 통합한다면 미국 주도의 자유민주주의 국제질서를 회복하고 미국의 위상과 권위를 되찾을 것이다. 앞으로 미국의 패권 유지 여부는 바이든 정부의 국내 문제 해결 여부에 달렸다고 할 것이다.

바이든 정부의 우선 과제는 경제 부흥을 통해 지속적인 경제성장을 달성하는 것이다. 의사당 난입 사태와 관련한 트럼프 처리 문제도 넘어야 할 산이다. 의사당 난입 사태에서 트럼프의 행동을 법적 잣대로 다룬다면, 한편에서는 언론의 자유를 주장할 것이고, 다른 한편에서는 국가내란전복죄에 해당한다고 주장할 수도 있을 것이다. 양당 간 정치적 극단 대립을 막기 위해 트럼프의 행동을 불문에 부치고 정치적으로 해결하려 한다면 트럼프가 다음 대선에서 미국 민주주의에 끼치는 부정적 영향을 우려하지 않을 수 없다. 미국이 이러한 국내 문제를 얼마나 슬기롭게 극복해 나갈 것인가는 앞으로 미국과 중국 간의 패권 경쟁에서 결정적 변수가 될 것이다.

중국의 내부 갈등

과거 중국은 권위주의 마오쩌둥 시절을 넘어 개혁과 개방을 표명하고 실용주의 노선을 택한 덩샤오핑 이후 빠른 속도로 발전하였다. 정치적으로도 당서기와 주석 임기의 5년 연임, 즉 1인 10년 집권 체제가 불문율로 받아들여졌다. 비록 공산당 내부에서의 권력 이양이지만 10년 주기의 안정적 정권 이양을 보면서 중국 경제가 선진화되면 서방의 민주주의와 중국의 사회주의가 수렴할 수도 있을 것이라고 믿는 사람들도 생겨났다.

그런데 시진핑이 집권하면서 중국은 과거의 개혁·개방 실용주의에서 권위주의 국가로 나아가고 있다. 우선 최고 권력층의 암묵적인 임기 제한을 없애고 시진핑의 장기 집권과 영구 집권의 길을 터주었다. 중국은 시장경제를 활성화하되 공산당 치하에 있다는 점을 확실히 하면서 국가자본주의로 나아가고 있다. 중국은 애국주의와 민족주의를 고양하면서 새로운 디지털 시스템을 활용해서 통제를 강화하는 권위주의 체제로 나아가고 있다.

시진핑은 중화민족의 부흥을 내세우면서 최고로서의 중국을 지향하고 있다. 시진핑이 문명의 교류와 평화로운 공존을 내세우고 있지만 그 속에는 중국 중심의 세계질서라는 전제가 깔려 있다. 팍스아메리타나Pax America에 도전하는 팍스시니카Pax Sinica이다. 중국은 일대일로 정책으로 아시아와 유럽을 육상과 해상에서 연결하고 아시아에서 중국 중심의 단극 체제를 도모하고자 한다. 또한 시진핑은 우주에서 2등은 지구에서 1등이 될 수 없다는 신념 아래 우주 개발에도 전력을 쏟고 있다.

중국의 국내 문제는 미국보다 훨씬 심각하다. 중국은 시진핑 체제하에서 하나로의 중국과 최고로의 중국을 지향하고 있다. 하나로의 중국을 강조하는 것은 중국이 한민족과 55개의 소수민족으로 구성되어 있으며 이들의 통합이 쉽지 않기 때문이다.

과거 중국의 역사는 한민족과 북방 민족의 대결의 역사라고 해도 과언이 아니다. 만리장성을 쌓은 것도 북방 민족의 침입을 막기 위한 것이다. 과거 여진족 국가인 금나라와 송나라의 대결뿐만 아니라 강대한 중국을 이룩한 원나라도 몽골족이 세운 나라이며, 국토를 최대로 확장한 청나라도 여진족이 세운 국가이다. 중국이라는 용광로 속에 모든 소수민족이 하나로 녹아 들어갔다고 강조하고 있으나 중국의 소수민족 문제는 아직도 풀어야 할 숙제이다. 중국 소수민족의 숫자는 중국 인구의 9% 수준 정도이나 이들이 과거 차지하였던 영토 규모는 중국 전 영토의 60%에 이른다. 아직도 신장 위구르, 티베트, 홍콩 등에서 분쟁이 그치지 않고 있다. 중국은 이들 지역에서 당근과 채찍 정책을 함께 구사하고 있으나 이들 지역의 소수민족에 대한 억압은 계속 이슈로 대두되고 있다. 이와 함께 대만 문제는 자본주의와 공산주의가 함께 하는 일국 양제 시스템이 과연 유지될 수 있는지를 보여주는 시금석이 될 것이다.

소수민족 문제는 이들을 만족시킬 만한 경제성장을 중국이 제공할 수 있으면 수면 아래에서 잠잠할 수 있겠지만 그렇지 않거나 한족과의 불평등 격차가 계속 커진다면 언제든지 터질 수 있는 뇌관이 될 것이다.

중국의 또 다른 문제는 불투명한 경제다. 중국 경제의 거품이 어느 정도인지 언제, 어떻게 터질지 아무도 모른다는 우려의 시각이 많다. 헝다. 비구이위안 등 민간 최대 부동산 업체들이 파산신청을 하고 디폴트 위기에 내몰리면서, 땅장사로 부를 쌓아온 지방정부들이 재정 파탄 위기에 직면하고 있다. 중국이 시장경제를 적극적으로 수용하고 있으나 공산주의 체제하에서 독창적 기술개발을 통해 미국과의 경쟁에서 앞설 수 있을지 의문이다. 그동안 중국은 선진국에서 개발된 기술에 의존해서 경제성장을 이룬 것이 현실이다. 권위주의로 복귀한 중국이 이러한 난제들을 어떻게 극복하고 미국의 패권에 도전할지 두고볼 일이다.

3. 신냉전의 도래

미국 패권이 중국이라는 거대 신흥국의 도전을 받게 되면서 패권 경쟁이 시작되었으며, 국제정치경제 질서의 다양한 영역에서의 변화를 가져오고 있다. 우리나라뿐만 아니라 수많은 나라들이 탈냉전과 미·중 갈등의 혼란에 휩싸여 있다. 미·중 갈등과 이를 둘러싼 합종연횡 현상을 신냉전이라고 한다면, 과거의 냉전과 어떻게 다른지 검토해 볼 필요가 있다.

(1) 신냉전의 성격[13]

앞으로 패권을 다투는 미국과 중국의 관계가 과거 제2차 세계대전 후 미국과 소련과 같은 냉전 시대로 돌아가지는 않으리라 본다. 중국이 WTO 체제로 편입된 뒤 양국 경제가 서로 엮여 있으며 중국의 경제 규모가 과거 소련과는 달리 미국을 위협할 정도로 커졌기 때문이다. 또한 미국과 중국이 함께 풀어야 할 글로벌 난제들이 많다. 그렇다면 누가 기술 우위를 확보할지 어느 나라가 자국 내 문제를 슬기롭게 해결할지가 궁극적으로 패권의 방향을 결정하는 열쇠가 될 것이다.

미국의 중국에 대한 오산은 먼저 중국이 지금과 같이 빠른 속도로 성장과 부를 축적하리라 예상치 못한 것이다. 또한 미국은 중국이 잘살게 되면 중국에서도 자유민주주의가 꽃필 것이라고 보았다. 그런데 중국은 예상과 달리 권위주의 국가자본주의 체제를 강화하면서 패권 국가로 나아가고 있다.

2008년 글로벌 금융위기, 2020년 코로나19 사태를 겪으면서 미국 경제는 큰 충격을 받았다. 글로벌 금융위기 당시 진원지 미국보다 유럽이 오히려 더 큰 충격을 받았다. 그러나 중국 경제는 강력한 내수 부양 정책에 힘입어 견실한 성장세를 이어갔다.

한편 코로나19 사태의 진원지는 중국이었지만 중국은 강력한 봉쇄 정책으로 2020년 2%에 가까운 경제성장을 기록하였다. 반면 미국은 −3.5% 성장을 기록하면서 어려움을 크게 겪었다. 코로나19가 중국에서 발생하였음에도 경제적 타격은 미국이 더욱 크게 입었다.

중국의 일인당 소득은 코로나19 사태 발생 전 이미 일만 달러를 넘어서 인구가 14억 명이라고 보면 GDP가 대략 14조 달러에 이른다. 미국 GDP의 2/3 수준을 넘어섰으며 구매력 평가로 계산한다면 이미 2014년 미국의 GDP 수준을 넘었다. 또한 중국이 WTO에 가입하고 세계 경제에 편입되면서 미국과 중국의 경제가 쉽게 떼놓을 수 없을 정도로 얽혀 있다.[14] 과거 미국과 소련의 경제 관계와 다른 점이다.

미국과 중국의 관계가 과거 미국과 소련의 관계와 다른 또 하나의 이유는 미국과 중국이 실존적 위기에 공동으로 직면해 있다는 것이다. 미국과 중국은 기후 붕괴, 핵무기로부터 생존, 코로나19와 같은, 한 지구 위에 사는 한 독자적으로는 해결할 수 없으며 함께 풀어야 할 공통의 도전과제를 안고 있다.

하버드대 앨리슨Graham Allison 교수는 중국을 소련과 같은 전통적인 강대국 경쟁자가 아니라 군사력과 경제력을 함께 갖추고 떠오르는 투키디데스 라이벌Thucydides rival이라고 보았다. 바이든 행정부도 중국을 냉전 시대의 소련과는 다르다고 생각하고 있다. 앨리슨 교수는 비상하는 세력이 기존 세력을 대체할 정도로 위협적일 경우 무력 충돌 가능성이 크다는 점을 사례를 통해 보여 준다.

중국은 제1·2차 세계대전 후 글로벌 번영을 가져온 미국의 실체와 미국 주도의 세계질서를 위협하고 있다. 바이든 대통령은 전임 트럼프 대통령과 같이 공공연히 미국 우선 정책을 펴지 않더라도 무역, 금융, 기술 측면에서 강경정책의 기조를 이어가고 있다. 앞으로 미국과 중국 간의 갈등은 무역 전쟁, 기술 전쟁, 금융 전쟁을 넘어서 전 분야의 패권 경쟁으로 계속 확대되어 나갈 것이다.

중국은 공산주의와 시장경제를 결합하면서 패권 국가화하고 있다. 중국의 시진핑은 중국이 100년의 굴욕 시대를 지나 다시 돌아왔다고 본다. 중국 내부에서 민족주의와 애국주의를 자극해 시진핑 주석과 공산주의의 권위를 높이려 하고 있다. 중국의 지도층은 미국과의 패권 경쟁에서 물러설 수 없다고 보고 있다. 시진핑 주석은 권위주의 통치를 넘어 마오쩌둥 시절의 전체주의 시대로 회귀하려는 시도를 하고 있다.

중국의 일대일로 정책은 경제적 블록화를 통해 패권을 강화하려는 시도라고 볼 수 있다. 중국의 남중국해에서의 영유권 분쟁, 인도와의 국경 충돌, 대만에 대한 군사적 압박, 호주와의 갈등 등은 중국의 패권 강화 정책 일환이라고 볼 수 있다.

미국의 트럼프 대통령은 미국 우선주의를 외치면서 그동안 쌓아 올린 국제질서와 동맹국들과의 관계를 무시하고 기후 온난화와 팬데믹 등을 막기 위해 노력하는 패권국으로서의 역할을 제대로 하지 않았다. 중국은 그 틈새를 파고들어 패권 국가로 뻗어 나아가려 하고 있다.

물론 아무도 패권국의 역할을 하지 않는다면 킨들버거 함정Kindle-berger trap에 빠질 수 있다. 국가들이 자국의 이익만을 추구하는 가운데 고립주의와 무임승차가 횡횡하면서 국제질서와 평화가 깨진다는 것이 킨들버그 함정이다. 그런데 트럼프 시대와 같이 미국이 자유시장 경제와 민주주의 가치 추구라는 자기 역할을 포기하고 미국 우선주의로 나아가며 권위주의 국가인 중국이 그 역할을 대체하려 한다면 우리도 양국 간 선택에서 어려운 처지에 놓이게 될 것이다.

물론 앞으로 미국의 대통령은 바뀌어도 미국 중심주의 정책은 계속될 것이다. 바이든 정부의 통상정책도 경제 활성화와 일자리 창출 등 시급한 국내 문제와 연결될 수밖에 없다. 바이든 정부는 자국 산업과 노동자를 보호하기 위한 통상정책을 우선으로 구사하고 있다. 그러나 동시에 바이든 행정부는 미국의 국제적 리더십을 강조하고 동맹 및 우방 국가들과 국제적 이슈에 대한 공동 대처를 주문하며 동맹 관계를 강화하고 있다.

바이든 정부도 중국 견제 정책을 계속해 오고 있고 앞으로도 그럴 것이다. 바이든 정부는 중국의 불공정 무역관행을 용인하지 않으려 할 것이다. 첨단기술 육성에 중국 정부가 직접 개입하는 것에 대해서도 강력히 대응할 것이다.

미국과 중국은 코로나19 사태가 발생하기 전부터 무역 분쟁에 휩싸여 있었으며 무역 분쟁이 환율전쟁으로, 그리고 패권 경쟁으로 발전할 조짐을 보였었다. 이러한 가운데 미국은 중국의 코로나19 사태 책임론을 들고나왔으며, 미국과 중국 간 충돌은 기술·군사·이념 등 전방위로 확대되었다. 코로나19 사태 이후 경제·금융 부문을 넘어 대만·홍콩 관련 충돌, 국제기구 지배구조 다툼 등 정치·외교 부문에서 양국 간 갈등이 더욱 격화될 가능성이 크다. 양국 수뇌부의 변동 없이 이러한 충돌이 계속 진행된다면 신냉전 시대가 대두되고 시장자본주의 대 국가자본주의로 경제적 블록화가 이루어질 가능성이 있다.

중국은 미국과의 관계를 신형대국관계로 규정하면서, 그동안 미국과는 경제, 시장 등으로 엮이면서 발전하였으나 이제는 패권이 우선이라는 인식을 감추지 않고 있다. 코로나19 사태를 겪으면서 시진핑은 21세기에는 사회주의가 자유민주주의보다 우월하며 시간은 중국 편이라는 인식을 하고 있다. 이러한 인식 뒤에는 새로운 첨단기술로 국가를 효율적으로 통제하고 미래를 지배할 수 있다는 믿음이 깔려 있다.

한편 미국의 대중 강경론자들은 중국과의 관계를 화해할 수 없는 가치의 대립으로 보고 있다. 이들은 중국이 개혁과 개방 대신 화웨이와 같은 첨단기술 기업들을 활용해 중국을 외부로부터 정보를 차단하고 통제함으로써 신만리장성the great fire wall을 쌓고 있다고 본다. 또한 중국이 권위주의 사회를 넘어 전제주의 사회로 나아가고 있다고 본다. 그동안 중국과의 교역으로 얻은 이익보다 코로나19 사태로 인한 피해가 더 크므로, 탈중국은 미국의 미래전략이며 현재 중국 중심의 글로벌 공급망을 재편할 필요가 있다고 주장한다.

(2) 신냉전의 영향

과거 냉전은 자본주의, 민주주의, 사회주의, 그리고 공산주의 간의 이념 및 가치의 갈등을 반영했다. 당시 패권국인 미국과 소련은 냉전을 치르고 있었다. 자본주의적 자유민주주의와 사회주의 간 이념적 대치가 분명했고 이를 기반으로 하여 사회주의 진영과 자본주의 진영이 서로 나뉘었다. 당시엔 친구와 적의 구분이 분명했다. 따라서 냉전의 핵심국인 미국과 소련은 각자의 친구에겐 군사동맹, 경제원조 및 우호적 통상환경을 부여했다. 우리나라를 포함한 동아시아 지역에 대한 미국의 대외경제정책은 냉전적 환경으로 인해 일방적인 우호적 통상환경과 경제원조를 제공했으며, 이러한 정책은 동아시아 지역의 경제성장에 긍정적 영향을 미쳤다.

그러나 미·소 간의 냉전이 끝나고 탈냉전이라는 국제적 환경이 조성되면서 미국의 대외경제정책은 안보보다도 경제적 이해관계가 중요한 고려사항이 되었다. 특히 미국은 일본, 중국을 비롯한 동아시아 국가들과의 무역적자 폭이 커지자 보다 공격적인 상호주의 원칙에 기반한 통상정책으로 선회한다. 이러한 환경변화야말로 대외의존도가 높은 우리나라에게 커다란 도전으로 작용하고 있다.

더욱이 탈냉전 이후 미·중 갈등은 신냉전을 초래하면서 이전 냉전시기와는 다른 양상으로 전개될 것이다. 신냉전 시기에는 과거의 냉전시기가 부여했던 것처럼 우호적인 통상환경을 제공하지는 않을 것이다. 패권 경쟁의 핵심국인 미국과 중국이 자유민주주의와 공산주의라는 정치이념으로 서로 대치하고 있지만, 21세기의 국가 생존에 있어 정치적

이념 대치보다는 경제적 관계가 보다 중요하게 되었기 때문에 적과 친구의 구분이 분명하지 않다. 중국이 경제대국으로 부상함에 따라 많은 국가들은 정치이념의 차이를 넘어서서 중국과의 무역, 투자, 금융관계 의존도를 높여 왔다. 따라서 미국과 중국이 다른 국가들에게 선택의 압력을 넣게 된다면 중국 경제에 의존도를 높여 온 국가들로서는 신냉전으로 인해 치명적 타격을 입을 수밖에 없다.

한국은 군사동맹 관점에서는 미국을, 경제관계에서는 중국을 전략적 국가로 인식하고 있다. 신냉전이 되면 두 나라에 대한 '선택'이 강요될 수 있어 필연적으로 보복의 가능성이 잠재하고 있다. 중국 중심의 지역경제 구도의 상황에서 중국의 보호무역은 중국 의존적인 우리나라에게 부정적 영향을 미칠 것으로 보인다. 트럼프 행정부 및 바이든 행정부에서 미국 역시 보호주의 압력을 높이고 있다. 게다가 코로나19 사태 이후 탈세계화 압력이 강해지고 있는데, 탈세계화는 블록화를 의미한다. 따라서 미국은 미국 우선주의를 중국은 중국몽을 내세우는 가운데 한반도에서도 양대 세력 간의 충돌과 대립이 격화되고 있다. 우리나라로서는 커다란 딜레마에 빠져들게 된 것이다.

[미주]

01 이 부분은 김인준(2021) 제6장, 임혜란·이영섭(2020) 제13장을 참조해 수정·보완하였음.

02 전재성(2012) ; 전재성·주재우(2012).

03 Conference on Interaction and Confidence Building Measures in Asia. 한국, 중국, 러시아, 인도, 카자흐스탄, 파키스탄, 이스라엘, 이집트, 이라크, 터키, 우즈베키스탄, 베

트남 등 24개국이 구성 국가이다. 1992년 카자흐스탄 대통령이 제안하여 탄생한 것으로 이번에 제4차 상하이 정상회담이 열렸다. 총 24개국 간 대화, 신뢰, 협력 강화, 평화안정 협력을 함께 건설하자는 것이다.

04 중앙일보(2015).

05 중앙일보(2017).

06 Layne(2011).

07 Nye(2010). Soft power는 권력을 행사할 수 있는 간접적인 방식의 권력으로 문화, 이데올로기, 제도와 같은 자원을 포함하고 있다. 군사적, 경제적 자원은 hard power에 속한다. Nye(1990), p.181.

08 이영섭(2015). 임혜란(2018)은 이를 물리적 권력, 구성적 권력, 제도적 권력이라고 부르고 있다.

09 Barnett and Duvall(2005).

10 Kindleberger(1973).

11 임혜란·이영섭(2020), pp.36~37.

12 이 내용을 김인준(2021) 6장을 참조하였음.

13 이 내용은 김인준(2021), pp.274~279를 참조했음.

14 *Economist*(2023).

CHAPTER 11

금융안정과 저성장-양극화 해소

2020년 초에 터진 코로나19 사태는 우리 경제와 세계 경제 판도에 커다란 충격을 주었다. 코로나19 사태를 극복하기 위해 정부가 돈을 풀고 재정지출을 크게 늘렸으나 저성장 기조를 벗어나지 못한 채 자산시장으로 돈이 몰리면서 부동산과 주식 시장이 과열 현상을 보였다. 또한 과잉유동성에 더해 글로벌 공급망 붕괴 및 우크라이나 전쟁 등과 같은 공급충격이 겹쳐져 심각한 인플레이션 우려를 초래했다.

2022년 들어 미국이 인플레이션을 잡기 위해 금리를 급격히 올리고 우리 또한 금리를 빠르게 올리면서 금융안정이 흔들리고 경기가 후퇴하지 않을까 하는 우려를 낳고 있다. 특히 단기간에 금리를 급격히 올리면서 그 부작용이 글로벌 금융시장에서 나타나고 있으며, 우리 또한 예외가 되기가 쉽지 않을 것이다.

우리 경제는 지금 위기이자 기회다. 혹자는 우리 경제가 1990년대 일본 경제와 유사해 잘못하면 앞으로 잃어버린 20년, 30년이 될 수 있다고 본다. 일본 경제가 장기간 침체했던 이유는 1990년대 부동산 거품경제를 제대로 관리하지 못하였고 첨단 산업 위주로 산업구조를 제대로 개혁하지 못하였기 때문이다.

그런데 일본의 경우 잃어버린 30년을 겪었지만 일본 정치는 그런대로 안정을 유지하였다. 일본 인구는 우리 2.5배라 내수 시장은 충분히 컸으며 일본 엔화는 국제통화로 인정받고 있다. 만약 우리가 지금과 같은 포퓰리즘과 팬덤 정치에 시달린다면 우리는 일본과 같은 잃어버린 30년이 아니라 남미나 일부 남유럽 국가들과 같은 경제적·정치적 혼란에 빠질 가능성도 있다.

이와 같은 문제를 극복하기 위해 여기서는 먼저 우리가 풀어야 할 현안인 급격한 금리 급등에 따른 경제적 충격과 이에 대한 대응 방향, 그리고 저성장과 양극화 문제를 해결하기 위한 방안에 대해서 논의하고자 한다.

1. 정책의 기본 방향 설정

지금 우리 경제는 저성장이 고착화되고 양극화는 더욱 악화되고 있으며 대내외 취약성도 임계 수준에 다다른 상태이다. 이처럼 그 어느 때보다도 경제 체질이 허약한 상태에서 부지불식 중에 서서히 수렁으로 빠지는 위기가 진행되고 있다. 물론 다양한 원인들이 문제의 배경으로 작용했지만, 이번 위기의 경우 특히 정부의 잘못된 경제정책 운용으로 고질적인 문제들이 더욱 악화되었다. 지난 정부에서 모든 경제정책이 정치수단화하여 포퓰리즘에 휘말린 퍼주기 정책으로 변질되었기 때문이다. 따라서 향후 우리 경제가 나아갈 길을 제시하기 위해서는 퍼주기 정책의 기조에서 벗어나 경제정책이 정치수단화하는 것을 방지할 필요가 있다.

이를 위해 구체적인 장단기 정책을 제시하기 앞서 정부 본연의 역할은 무엇인지, 그리고 기본적인 정책 방향은 어떻게 설정해야 하는지 우선 살펴보자.

정부는 국방이나 치안, 의무교육, 사회복지 등과 같이 대다수의 국민들과 밀접하게 관련된 재화나 서비스를 직접 생산하기도 하고, 각종 사회기반시설을 건설하여 민간의 경제활동을 도와주는 등 다양한 역할을 수행한다.[1] 이는 곧 국민들이 잘 먹고 잘 살 수 있도록 필요한 모든 여건들을 정책적으로 지원하는 것이 가장 중요한 역할임을 의미한다.

오늘날과 같은 글로벌 경쟁 시대에 지속적인 발전을 통해 국민들의 삶의 질을 향상시키기 위해서는, 정부의 기본적인 역할이 혁신, 안정, 포용의 3대 축이 조화를 이루면서 국가 경쟁력을 증대시키는 데 맞추어져야 한다. 즉, 무엇보다도 경제주체들이 끊임없는 혁신을 통해 발전할 수 있도록 안정된 환경을 보장해 주어야 한다. 흔히들 안정과 혁신이 상충된다고 생각하는데, 이러한 사고의 틀에서 탈피할 필요가 있다. 힉스John Hicks는 혁신은 효율과 안정이 모두 증대되는 것을 의미한다면서, 혁신이 이루어진다는 것은 오히려 안정을 강화할 수 있음을 보여준다.[2] 이와 동시에 정부는 혁신을 통해 지속적인 발전이 이루어지는 과정에서 소외될 수 있는 그룹들을 다양한 정책수단을 동원해 보호해 주어야 한다. 즉, 혁신에 따른 혜택을 모두가 함께 향유할 수 있도록 해야 하는 것이다.

정부가 역할을 제대로 수행하기 위해 필요한 것이 정책수단이다. 정책수단이 효과를 발휘하기 위해서는 기본 방향을 설정하고 본연의 정책 목표에 맞게 추진해야 한다. 다양한 경제정책을 모두 퍼주기에 맞추어서는 절대 안 된다.

첫째, 금융정책 및 재정정책과 같은 거시정책은 다른 무엇보다도 안정화에 초점을 맞추는 것이 바람직하다. 즉, 금융 및 재정 정책은 기본적으로 거시경제의 안정화를 추구하는 것이므로 물가안정 및 금융안정에 초점을 맞추어야 한다. 과거 정부들이 장기적인 관점에서 성장을 이끌만한 동력을 찾기 어려워지자 부동산 시장을 자극해 경기를 부양시키려고 거시정책을 동원했으나, 결과적으로는 부동산 버블만 형성하고 실질적인 경기부양 효과는 거의 거두지 못했다. 보수와 진보를 막론하고 역대 정부가 부동산 시장 안정에 진정으로 관심이 있었는지 의문을 가질 수밖에 없다.

현재도 경기침체가 우려된다는 이유로 거시정책을 경기부양에 동원하려고 하는데, 과연 효과가 있을지 지극히 의심스럽다. 금리를 인하하는 경우 실물경제에 대한 효과는 거의 없고, 반면 부동산 시장 및 자산시장의 버블이 다시 생겨날 우려가 있다. 또한 환율 상승으로 인플레이션도 악화될 가능성이 커지고, 자본이 이탈해 심각한 불안을 야기할 가능성이 더 크다. 이처럼 실질적인 효과는 없고 자산버블, 건전성 악화 등의 후유증만 반복적으로 발생할 우려가 훨씬 더 큰데도 경제 활성화를 위해 금융 및 재정 정책을 사용하려 한다면, 현 정부 또한 과거 정부들이 실패했던 과오를 답습할 가능성이 크다.

둘째, 생산성을 증대하고 기업의 혁신을 통한 글로벌 경쟁력 강화를 위해서는 대외경제정책 및 산업정책을 적극적으로 활용할 필요가 있다. 국제경제 및 국제정치 패러다임이 변하면서 예전과는 다른 새로운 도전이 나타남에 따라 국가의 역할 또한 새롭게 재구성될 필요가 있다. 최근 국제무역 분쟁, 기술 패권 갈등 사례에서 보았듯이 지금은 강화된 국가의 역할을 요구하고 있다. 기업의 입장에서 대내적으로는 원치 않는 규제를 피하고자 당연히 시장원리의 중요성을 강조한다. 그러나 대외경쟁에서는 외국의 기업에 비해 불리한 여건이 되지 않도록 기업 역시 정부의 보조금, 우호적인 규제환경, 연구지원, 지적재산권 보호를 포함하는 정부 정책을 필요로 한다. 따라서 정부는 빠르게 변화되고 있는 환경에 따른 도전의 본질을 인식하고 자국 기업의 글로벌 경쟁력 강화를 위한 지원정책을 모색해야 한다.

셋째, 중장기적인 차원에서 전체적인 경제정책 방향을 설정할 때 장기 성장률에 대한 인식을 새롭게 할 필요가 있다. 앞에서 본 것처럼 우리나라의 잠재성장률은 지속적으로 하락해 오고 있으며 앞으로도 더욱 하락할 전망이다. 따라서 저하된 경제 활력을 되살리고 지속적인 성장을 가능하게 만들기 위해서는 무엇보다도 둔화된 생산성을 제고해 잠재성장률을 높이는 것이 필요하다. 그런데 이미 선진국에 진입한 한국 경제의 현실 및 세계 경제의 장기 전망 등을 고려해 볼 때 한 가지 인식의 전환이 필요하다. 장기적으로 성장률을 높인다는 것을 과거처럼 연평균 5% 이상의 고속성장을 지속한다는 의미로 설정해서는 안 된다는 것이다. 과거 대통령 선거 때 종종 나타났던 공약 중의 하나가 개발시대의 고속성장을 회복하겠다는 것이었다. 그러나 이러한 공약은 모두 공염불이 되었고 앞으로도 실현 가능성이 지극히 희박하다. 2000년대 이후의 장기 추세, 그리고 향후 장기 전망 등에 비추어 지속 가능한 잠재성장률 목표를 현실화하는 것이 필요하다.

지극히 현실적으로, 그리고 지속 가능성을 고려해 볼 때 연평균 2% 이상의 성장률을 한 세대 이상 장기간 유지하겠다는 것을 목표로 설정하는 것이 타당하다. 한국 경제가 1990년대까지 30여 년 동안 연평균 7~8%를 달성했다는 것도 기적이지만, 미국이 200여 년 동안 연평균 2% 수준으로 성장하고 있다는 것은 더욱 어려운 기적이라고 볼 수 있다. 따라서 선진국에 들어선 우리나라도 이제는 과거와 같은 고속성장을 지향하기보다 장기간 지속할 수 있는 일정 수준 이상의 성장을 목표로 삼는 것이 바람직하다.

2. 경제 연착륙을 위한 금융안정

지금 우리가 당면하고 있는 위기를 극복하고 장기적인 발전을 도모하려면 단기적인 접근과 중장기적인 접근을 구분해 처방을 제시해야 한다. 우선 단기적으로는 급격한 금리 급등에 따른 경제적 충격을 완화하고 금융안정을 달성해야 한다.

(1) 새로운 형태의 글로벌 금융위기 가능성 대두

미국이 인플레이션을 잡기 위해 1년 남짓 기간 동안 기준금리를 0.5%에서 5.5%로 올리면서 우려하였던 금융 불안 현상이 나타났다. 2008년 글로벌 금융위기와 코로나19 사태로 10여 년간 저금리에 젖어 있던 금융기관들은 고금리 시대에 대한 대비를 제대로 하지 않고 있었다. 그런데 단기간에 금리가 급등하면서 위험 관리를 제대로 하지 못하고 포트폴리오 다양성diversification of portfolio에 등한한 금융기관들이 뱅크런bank run과 파산의 어려움을 겪으면서 금융위기 가능성에 대한 우려가 번지고 있다.

2023년 3월 들어 실리콘밸리에서 벤처기업이 주 고객이던 실리콘밸리은행Silicon Valley Bank ; SVB이 파산하였다. SVB는 벤처기업들의 자금 확보를 위한 예금 대량 인출로 유동성 부족을 겪게 되었다. 그동안 자산을 장기 국채에 대량 투자해서 운영하던 SVB는 벤처기업들의 자금 인출을 충당할 유동성 확보를 위해 장기 국채를 시장에 내다 팔았다. 그런데 금리 급등으로 장기 국채 가격이 급락하면서 SVB는 18억 달러 손실을 보았고 이를 3월 8일 발표하였다. 이러한 손실 발표가 SNS 등을 통해 빠르게 퍼지면서 SVB는 3월 9일 420억 달러의 뱅크런을 겪고 파산하기에 이르렀다. SVB 사태는 은행이 특정 산업에 과도하게 특화되고 유동성 위험과 시장 위험 관리에 실패하며 시장의 신뢰를 잃으면 건전한 은행도 단시일에 도산할 수 있음을 보여준다.

또한 3월 12일에는 뉴욕에 있는 암호화폐 전문은행인 시그니처은행Signature Bank이 금융당국에 의해 폐쇄되었다. 13일에는 샌프란시스코에 있는 퍼스트리퍼블릭 은행First Republic Bank에서도 뱅크런 사태가 발생하며 파산 위기에 몰리면서 주가가 61% 급락하였다. 미국의 대형 은행들이 퍼스트리퍼블릭 은행에 대한 자금 지원에 나서면서 주가 급락 현상은 멈추었다.

그런데 미국의 금융 불안 심리는 해소된 것이 아니며 이번 은행 파산과 대응 과정에서 여러 가지 문제점도 제시되고 있다. 먼저 유동성 위험과 시장 위험으로 인해 신용 위험이 상대적으로 크지 않았던 은행들도 SNS 등으로 인해 자금이 순식간에 빠져나가면서 도산할 수 있다는 점이다. 금리 급등 상황에서 유동성이 제약된 장기 국채는 더이상 안전자산이 아니라는 점이다. 둘째로 일정 산업이나 지역에 특화된 중소 은행들이 위험 분산과 관리가 제대로 되지 않아 금리 급등 상황에서 매우 취약하다는 점이다. 셋째로 중소 은행들에 대한 규제와 감독을 대폭 완화함으로써 이들 은행이 대형 은행보다 금융위기 위험에 더욱 노출되어 있다는 점이다. 마지막으로 뱅크런 전염 현상을 막기 위해서 금융당국이 100% 예금 보장을 해줌으로써 금융기관들의 도덕적 해이 현상을 어떻게 막을 수 있을까 하는 문제도 대두되었다.

한편 유럽에서는 크레디트 스위스Credit Suisse ; CS 은행을 시작으로 대형 글로벌 은행들의 부실 가능성이 우려되었다. 그동안 스위스 은행들은 중립국이라는 입장을 최대한도로 활용해 검은 자금까지 안정성을 보장하면서 글로벌 대형 은행의 이점을 누려 왔다. 검은돈의 천국이라는 오명을 낳고 있었던 스위스 금융 시스템의 핵심은 비밀주의였다. 그런데 이러한 비밀주의는 미국 정부가 미국인의 예금거래 정보는 미국에 반드시 통보해야 한다는 법을 만들면서 흔들렸고 스위스 은행들의 예금은 급감하였다. 그 결과 스위스 은행들은 수익 보전을 위해 미국의 투자은행과 같이 고수익 고위험 투자상품에 뛰어들게 되었다. CS 역시 공격적 투자를 보이다 큰 손실을 보았다. CS는 2021년에 그린실 캐피털 파산과 아케고스 파산으로 72억 달러에 달하는 큰 투자 손실을 보면서 신용이 크게 흔들렸다.

이런 상황에서 유럽중앙은행ECB도 연준과 같이 인플레이션을 잡기 위해서 짧은 기간에 기준금리를 급격히 올렸다. 2022년 0% 수준이던 기준금리를 2023년 3월 3.5%까지 급격히 올렸다. 급격한 금리 인상으로 유럽 은행들의 건전성 문제가 다시 이슈로 부각되었다.

CS의 신용부도스와프CDS 프리미엄이 급격히 상승하고 주가가 급락하면서 CS 관련 위기감이 커졌다. CS의 유동성 및 자본 건전성이 원래 취약했던 상황에서 SVB발 시장 불안이 겹치면서 위기감이 커졌다. 투자자 불안이 커진 상태에서 CS의 최대 주주인 사우디국립은행이 추가 자본 투입이 불가하다고 천명하고 일부 은행들이 CS와의 자금거래를 중단하면서 CS 파산 우려가 커졌다. 결국 스위스 정부가 발 빠르게 개입하면서 CS는 스위스 금융그룹 UBS에 30억 스위스 프랑에 인수되었다.

그런데 CS가 UBS에 매각되는 과정에서 CS가 발행한 채권 중 160억 스위스 프랑(약 22조 7,000억 원)에 해당하는 상각형 조건부자본증권(코코본드, AT1 채권)이 휴지조각이 되었다. 코코본드는 금융위기를 겪으면서 금융기관들의 자본 부족 현상을 메꾸기 위해 새롭게 고안된 보완자본이다. 스위스 금융당국은 CS를 UBS에 실사 없이 넘기는 과정에서 인수가를 낮추기 위해서 AT1 채권 전액을 상각하였다. 일반적으로 은행이 파산할 때 자본구조상 코코본드 보유자가 주식 보유자보다 우선권을 갖는다. 아무리 법적으로 채권을 상각할 수 있다는 조항이 있다고 해도 주식에 대해서는 일정액의 보상을 해주면서 채권을 전액 상각한다는 것은 주식과 채권 간의 관계에 대한 일반적인 상식에도 어긋난다. 스위스 금융당국의 AT1 채권 전액 상각은 앞으로 금융 불안을 일으킬 요인이 될 수 있으며 이 정책의 타당성 여부는 앞으로 법적으로도 문제 될 가능성이 크다.

CS 매각 후 시장의 불안감이 무차별 확산하면서 독일 최대 은행인

도이체방크Deutsche Bank가 흔들리고 장중 주가가 14% 급락하였다. 도이체방크는 CS와는 달리 재무구조와 유동성이 양호하였으나 신종 자본증권인 AT1 채권코코본드 발행량이 유럽 평균을 웃돈다고 알려지면서 신용부도스왑CDS 프리미엄이 2.2%로 급등하며 2020년 이후 최고 수준이 되었다. 숄츠 독일 총리가 도이체방크는 유동성이 충분하고 수익성이 높아 우려할 이유가 없다고 말하면서 도이체방크에 대한 불안감은 가시게 되었다.

미국에서 금융 공포는 중소은행 예금 인출로 이어져, 자금이 지역 단위 중소 은행에서 대형 은행과 머니마켓펀드MMF 등으로 이동하는 현상이 두드러졌다. 자금이 대형 은행에 쏠리면서 은행 간 부익부 빈익빈 현상이 심화하고 있다. 대형 은행들의 중소 은행들에 대한 자금 지원이 이들의 예금 인출 사태에 대한 해결책이 될 수 있을 것인지 의문이다.

게다가 아직도 중소형 은행 대출 비중이 높은 미국 상업용 부동산에서 위험 신호가 나오고 있다. 재택과 비대면 업무 비중이 커지고 기술과 금융 기업들의 대규모 인력 감축 여파로 상업용 부동산 공실률이 높아지고 있으며 경기침체 우려로 부동산 시장이 냉각되고 있다.

미국 금융당국은 상업용 부동산 대출의 부실화로 인해 금융이 불안정해질 가능성을 우려하고 있다. 경기 후퇴로 상업용 부동산 시장이 침체하면 대출을 많이 해준 중소형 은행들의 부실이 커질 수 있다. 중소형 은행들의 전체 대출에서 상업용 부동산이 차지하는 비율은 43%로 대형 은행 13%에 비해 매우 높다. 지역 상업용 부동산이 지역 중소형 은행과 연결된 경우가 많아서 미국 부동산 대출의 67.3%가 중소형 은행이다.

은행 위기가 중소형과 대형 은행, 그리고 미국과 유럽에서 동시다발로 발생하면서 각국은 위기 대책을 서둘러 내놓게 되었다. 먼저 미국, 유럽, 일본, 영국, 스위스, 캐나다 등 6개 중앙은행은 달러 유동성 스와프 라인swap line 협정을 통해 달러 유동성 공급 강화에 필요한 조치를 하기로 합의하였다. 스위스 중앙은행은 CS를 인수한 UBS에 142조 원 유동성을 지원하고 CS 우발채무 발생 시 UBS에 13조 원에 달하는 손실보증 조치를 해주었다.

한편 미국 금융당국은 SVB와 시그니처은행 예금 전액을 보증하는 조치를 취하였다. 이와 함께 연준은 유동성 확보를 위해 장기 국채를 내다 팔면서 은행 손실이 커지는 것을 막기 위해서 국채 등 액면가 담보대출 프로그램인 은행기간대출프로그램Bank Term Funding Program ; BTFP을 도입하였다. 유동성 위기에 처한 은행들은 BTFP와 재할인창구를 통해 급격한 자산 처분에 따른 큰 손실 없이 유동성을 확보하는 길이 열린 셈이다.

그런데 이러한 조치는 인플레이션을 잡기 위한 금리 인상과 금융긴축monetary tighting 정책에 역행한다. 또한 금융정책은 어느 특정 기관이나 특정 시장을 목표로 삼아서는 바람직하지 않다. 그러나 은행 위기 상황에서 연준은 금융안정이 우선이라는 정책을 편 것이다. 만일 이러한 상황이 대규모로 장기간 계속되면 연준의 신뢰성이 크게 저하될 것이다.

미국 은행권의 불안은 잠재된 상태이다. 구조적으로 취약한 글로벌 은행들도 주가가 급변하면 유동성 위기에 노출될 수 있다. 금융당국의 신속한 대응 및 유동성 지원은 위기가 심화되는 것을 막고 있으나 은행의 도덕적 해이 문제와 CS 은행 AT1 채권 전액 상각 등에 따른 불안 요인도 남아 있다. 특히 미국의 경우 상업용 부동산 불안, 고금리에 따른 신용 위축과 경기침체 우려, 통화정책의 불확실성 확대로 기존의 불안 요인이 전이될 가능성이 우려된다.

(2) 우리나라 금융 불안정과 대처 방안

우리나라 또한 금융 불안 요인이 적지 않으므로 이에 철저히 대비하면서 미국과 유럽의 금융 불안 사태가 우리에게 전염되지 않도록 예의 주시해야 할 것이다. 가장 큰 불안 요인은 고금리와 부동산 거품 붕괴 상황에서 부동산 금융 익스포저가 매우 크다는 점이다.[3] 2022년 9월 말 현재 2,696조 원으로 2021년 GDP 대비 126%이다. 형태별로 보면 가계 여신이 1,297조 원(48.1%), 기업 여신이 1,074조 원(39.8%), 그리고 부동산 펀드 및 리츠 등 금융투자상품이 324조 원(12%)이다.

부동산업이나 건설업 등 부동산 관련 기업 대출은 580.7조 원으로 2017년 이후 부동산 가격 상승세, 주택 공급 확대 등으로 큰 폭 증가하였다. 한편 은행보다 비은행금융기관 부동산 관련 대출이 더 크게 확대되었다. 저금리 상황에서 비은행권은 수익성 제고를 위해 관련 대출을 대폭 늘렸으나 은행권은 건전성 규제 강화로 대출을 자제하였다.

부동산 PF 익스포저는 2022년 9월 말 현재 163.4조 원으로 그 중 PF 대출이 116.6조 원, PF 유동화증권 잔액이 46.8조 원이다. 그런데 부동산 시장의 거품이 꺼지고 미분양 아파트 수량이 늘어나면서 PF 익스포저 부실 우려가 커지고 있다. 그동안 부동산 시장 붐으로 아파트 분양가가 높게 책정되었어도 분양에 큰 문제가 없었다. 그러나 2022년 후반 이후 부동산 가격이 하락했음에도 금리 상승과 원자재 가격 인상 등을 이유로 아파트 분양가를 기존 수준으로 유지하면서 미분양 사태가 커지고 있다.

그런데 부동산 시장 거래 절벽과 함께 발생한 미분양 사태가 수도권보다 지방이 4배 정도 많아서 그 심각성이 크다. 아직은 준공 전 미분양 사태가 대부분을 차지하므로 미분양 사태 대책의 첫 단계는 분양가의 현실적 조정에서 시작해야 할 것이다.

미분양 사태 확대는 PF 부실을 낳고 부동산발 금융위기를 일으킬 가능성이 있다. 분양 대금이 제대로 들어오지 않으면 시행사가 PF 관련 대출을 제대로 갚지 못하게 되고 이는 PF 대출을 해준 금융기관과 지급보증을 해준 건설사 등의 부실을 초래할 것이다. 특히 부동산 시장 거품 붕괴에 따른 금융 불안은 부동산 PF 대출이 많은 비은행권을 중심으로 확대 전염될 가능성이 있다.

그동안 부동산 시장의 거품이 워낙 컸기 때문에 주거 안정을 위해서는 실질 주택가격이 고점 대비 30%는 떨어져야 하며 2017년 수준으로 돌아가는 것이 바람직할 것이다. 금융안정을 위해 부동산 시장의 경착륙은 막아야 하겠지만, 주거 안정을 위해서는 부동산 가격 하락을 인위적으로 막으려 하면 안 될 것이다. 단기적으로 고통이 따르더라도 안정화를 지향해 "blessing in disguise"가 실현될 수 있도록 하는 것이 바람직하다. 따라서 긴축 종료 메시지를 주기보다는 추가 가능성을 열어놓음으로써 금융시장의 쏠림을 방지하고 불확실성의 현실화 가능성에 대비하는 것이 바람직하다.

이 과정에서 비은행권 중심으로 단기적인 충격이 발생할 수 있을 것이다. 정책당국은 거시적 금융안정 정책과 일시적 어려움을 겪고 있는 금융기관에 대한 미시적 금융안정 정책도 함께 추구하면서 비은행권 발 금융 불안이 금융 시스템 위험을 초래하지 않도록 최선을 다해야 할 것이다. 긴축정책 전환, 한·미 금리 격차 확대, 대외불확실성 등으로 금융시장이 요동치고 금융 불안 현상이 나타난다면 금리정책으로 대응하기보다 금융중개지원대출과 유동성 공급 확대 등을 통한 시장 안정화 조치를 취하는 것이 더 효과적이다.

부동산 거품을 초래한 데에는 문재인 정부의 잘못된 정책과 함께 장기간 저금리 정책으로 인한 한국은행의 과도한 통화공급도 그 원인이다. 한국은행의 정책 목표 중 금융안정에는 금융 시스템 안정과 자산 가격 안정도 포함된다. 한국은행은 물가안정과 금융안정에 정책 목표를 집중하여야 하며 구조조정과 혁신은 한국은행의 소관사항이 아니다.

한편 글로벌 금융위기가 10년 단위로 발생하는 현실 속에서 우리는 미국에게 통화스왑을 요구할 필요가 있다. 미국은 G7 국가들과 통화스왑을 한 상태인데 세계 10위를 넘나드는 우리 경제력을 감안할 때 미국에 대한 통화스왑 요구가 과도한 것은 아니라고 본다.

3. 저성장-양극화 해결을 위한 구조 개혁 필요성

우리가 앞으로 저성장-양극화 현상을 극복하기 위해서는 경제안정 달성과 함께 생산성 향상에 장애가 되었던 요인들을 타파하고 모든 분야에서의 구조 개혁이 이루어져야 할 것이다. 코로나19 사태 이후 경제안정이 요구되는 가운데 우리 경제가 구조 개혁을 게을리하고 포퓰리즘에 빠진다면 우리 경제는 일본과 같은 잃어버린 30년을 넘어 남미화되는 것도 배제할 수 없다.

(1) 저출산·고령화 문제

경제성장률은 생산요소 증가율과 요소생산성 증가율로 이루어져 있으므로, 잠재성장률을 제고하기 위해서는 생산요소 투입을 확대하는 방안과 총요소생산성을 증대시키는 방안을 모색해야만 한다. 특히 장기지속성 차원에서는 생산성 증대 방안에 초점을 맞추어야만 한다.

우리나라에서 저성장이 고착화되고 있는 가장 구조적인 문제로 저출산·고령화 현상이 진행되면서 인구가 감소한다는 점이 지적되어 왔다. 이를 극복하기 위해 정부는 세제 혜택, 출산지원 등 출산율을 제고하기 위한 정책을 적극적으로 추진해 왔다. 그러나 지난 15년간 280조원이라는 엄청난 예산을 사용하고도 성과는 전혀 거두지 못했다.

출산율이 낮아지고 있는 가장 큰 요인은 젊은이들이 육아, 교육, 주거 문제로 결혼하기도 꺼리고 더욱이 자녀 낳기를 꺼리기 때문일 것이다. 따라서 저출산을 극복하기 위한 핵심 과제는 지금까지처럼 퍼주기 지원책보다 일과 가정의 양립, 주거 문제, 아이들의 보육 문제를 해결하는 것이다. 기본적으로 정부가 영·유아 보육을 책임지고 필요한 시설을 만들어야 하며 공교육을 충실히 하여 사교육비 부담을 덜고, 신혼부부들을 위한 감당할 수 있는 수준의 주거시설이 확보되어야 할 것이다.

먼저 아이들은 우리 사회의 공공재라는 인식 아래 영·유아 보육을 정부가 책임져야 할 것이다. 이를 위해 3~5세 영·유아의 의무보육을 실행하는 것이 바람직하다. 여성들이 3~5세 영·유아 보육에서 해방되면 출산율이 높아지고 여성의 경력 단절을 막아 노동시장 참여율도 높아지면서 인구 증가율 감소에 따른 경제성장 잠재력 저하도 막을 수 있을 것이다.

영·유아 의무보육은 교육에 대한 투자와 고용 확대를 통해 경제 활성화에도 도움을 줄 것이다. 장기적으로는 저출산·고령화 구조 개혁에 공헌할 뿐 아니라 우리 경제의 안정적 성장에도 크게 공헌할 것이다. 어린 자녀를 둔 부모들은 믿을 만한 교육 환경에서 자격을 갖춘 보육교사들에 의해 자녀가 교육받기를 바란다. 초등학교 의무교육 수준으로 정부가 책임지고 영·유아 교육 환경을 개선하고 보육교사의 질을 높인다면 새벽부터 줄을 서서 유아원 추첨을 기다리고 국공립 유아원 당첨을 로또 당첨으로 여기는 일은 없어질 것이다.

영·유아 의무교육은 사교육비를 크게 줄여 국가 차원에서 보면 오히려 교육 비용 낭비를 줄이고 경제 효율성을 높일 수 있을 것이다. 영·유아의 보육시설은 기존의 초·중·고등학교 시설을 개량하여 함께 이용하면 되며, 교원 확보는 저출산에 따른 초·중·고등학교 교원 수요 감소를 영·유아의 교육으로 돌리면 추가비용을 최소화할 수 있을 것이다.

또한 해외에서 베이비시터를 수입하는 방안도 필요하다. 지금은 베이비시터 비용이 너무 높아 직장을 유지하면서 베이비시터를 쓰느니 그만두는 게 낫다는 경력 단절이 발생하고 있다. 해외에서의 베이비시터 수입이 해결책이 될 수 있지만, 지금과 같이 개인 간의 계약에 맡기는 경우 비용뿐만 아니라 불안감까지 가중될 수 있다. 따라서 싱가포르처럼 정부 간 계약에 따른 베이비시터 수입 방안을 마련하는 것이 바람직하고 더 효과적일 것이다.

우리나라의 경우 아직도 상당한 유교주의 유산이 남아 있어, 미혼, 비혼 출산 및 동성결혼을 금기시하는 성에 관한 도덕적 엄숙주의, 엄격한 성 역할 구분으로 한쪽 성에 집중되는 육아 부담 등 출산율이 줄어들 수밖에 없는 사회적 제약 요인으로 작용하고 있다. 따라서 사회 인식을 변화시켜 혼외자식, 동성결혼, 입양, 양육 휴가 등이 편하게 이루어질 수 있도록 하는 것도 출산율 제고에 도움이 될 수 있다. 아울러 아직도 폐쇄적인 사고로 외국인 받아들이는 것을 꺼려 하고 있는데, 적극적인 이민정책도 저출산 문제를 보완하는 데 아주 필요하다.

그러나 여기서 한 가지 인식해야 할 것이 있다. 인구 감소 문제를 먼저 겪었던 유럽, 일본 등에서도 1990년대 이후 출산율 감소를 막기 위해 갖은 노력을 기울였다. 예를 들어 프랑스는 GDP의 약 4%에 달하는 막대한 예산을 가족 및 육아 정책에 할애해 육아휴직, 가족수당 등의 제도를 도입하고 조기 보육 시스템 등을 도입하였다. 또한 사회적 제약 요인들을 해소하기 위해 다양한 가족 형태를 인정하는 사회적 합의를 이뤄냈다. 스웨덴도 프랑스 못지않게 수많은 출산장려책을 도입했고 일·가정 양립이 비교적 용이하게 만들었다.

하지만 결과는, 이런 노력들이 있었음에도 한번 떨어진 출산율은 충분히 회복되지 못했다. 감소세가 일부 둔화되는 정도에 그쳤을 뿐이고 증가세로 전환하지는 못했다.

이러한 결과는 인구정책에 대해 중요한 의미를 주고 있다. 즉, 저출산 현상을 바라보는 인식 자체를 바꿔야 하고, 인구 증가를 통해 잠재성장률을 증가시키겠다는 생각을 바꿀 필요가 있다. 저출산은 저성장의 원인이라기보다 오히려 결과 변수이다. 미래 전망이 어두워서 저출산 문제가 생긴 것이지 저출산 때문에 미래 전망이 어두워진 것이 아니다. 따라서 현실적으로 인구 감소는 대세라는 인식하에 급속한 감소를 방지하면서 적정한 인구 규모에 안착할 수 있는 대책을 마련하는 것이 바람직하다. 특히 장기 지속성 차원에서는 전체적인 경제 규모 증대가 아니라 1인당 소득을 포함한 삶의 질을 향상시키기 위한 생산성 증대 방안에 초점을 맞추어야만 한다.

(2) 구조적 문제 해결을 위한 경제 혁신

따라서 저성장의 고착화를 해결하기 위해서는 인구 증대보다 기업들의 투자 촉진 및 생산성 향상에 초점을 맞추어야 한다. 이를 위해서는 지금까지 기업들의 투자의욕을 저하시키고 우리 경제의 효율성을 악화시킨 요인들을 해소하기 위해 전방위적인 개혁을 추진해야 한다. 경제 개혁 정책과 정반대의 정책이 거품 경제를 초래하는 정책과 포퓰리즘 정책이다. 선거에서 표를 의식하며 현세대를 위해서 미래 세대를 희생하는 정책들이다. 이러한 정책의 폐해는 결국 저성장과 양극화를 가져오며 심해지면 국가를 망친다. 그런데 노동 개혁, 기업 개혁, 교육 개혁 어느 하나 쉬운 것이 없다. 그중 하나만 달성해도 큰 업적일 것이다.

노동구조 개혁

우리나라 기업들을 대상으로 기업 운영의 가장 큰 장애 요인을 물어보면 노동 문제와 세금 문제를 지적한다. 따라서 국가 경쟁력 제고의 핵심인 기업의 혁신을 유도하기 위해서는 쓸데없는 간섭은 지양하고 장애요인을 제거하기 위해 노동 개혁을 추진해야 한다.

현시점에서 큰 틀의 노동구조 개혁은 사회적인 합의를 바탕으로 기업구조 개혁과 동시에 진행되어야 가능할 것이다. 그렇지 않으면 상대방의 문제점만 확대해서 서로 비난할 것이다. 네덜란드에서 1982년에 체결된 바세나르 협약Wassenaar Arrangement과 같은 노·사·정 간의 대타협이 이루어져야 할 것이다. 노·사·정 간의 대타협은 정부와 기업만이 아니라 노동단체의 양보와 희생이 필요하다. 네덜란드는 노·사·정 대타협을 통해 임금 인상 자제, 노동시간 단축, 일자리 분배를 통한 고용창출, 사회보장제도 개혁 등 78개 사항의 협약을 맺는 데 성공하였다. 우리의 노·사·정 대타협은 재벌들의 지배구조 개혁과 ESG 경영 추구, 신산업정책 채택과 함께 산업구조와 기술 변화에 따른 노조 운동의 유연화와 혁신에서 시작되어야 할 것이다.

노동구조 개혁은 생산성 증대뿐만 아니라 양극화 해소를 위해서도 절대적으로 필요한 부분이다. 우리나라에서는 자본 대 노동의 대립에 따른 양극화보다 노동시장의 구조적 문제에 따른 고용 형태별, 기업 규모별, 남녀 성별 간 격차, 그리고 자산시장 버블로 인한 부의 양극화가 훨씬 더 큰 문제이다. 따라서 이런 양극화 발생 원인에 대한 사전적 대응책이 사후적인 복지제도보다 양극화 문제를 해결하는 데 더 필요하고 효과적이다. 위에서 노동구조 개혁은 저성장 문제를 해결하기 위해 필요하다고 강조했지만, 구조적 양극화 문제를 해결하기 위해서도 노동시장을 유연화해 기존 노동그룹들의 렌트를 없애는 것이 절실하게 요구된다.

시대가 바뀌면 산업구조가 바뀌고 일자리가 사라지기도 하고 새로 생기기도 한다. 또한 인간의 수명이 길어지면서 평생직장 개념 또한 더는 유지되기 힘들다. 앞으로 노조 운동도 기존의 일자리 보호보다 근로자들의 고용 유지와 소득 보전에 초점을 맞추어야 할 것이다. 또한 디지털 산업, 그린 산업, 바이오 산업 시대의 노조 운동은 조선, 철강, 자동차 산업이 중추를 담당하던 시대의 노조 운동과 같을 수 없다. 현대자동차그룹의 양대 노총에 속하지 않은 사무연구직 노조 출범은 노조 운동의 새로운 변화라고 할 것이다.

고용은 민간부문에서 주도적으로 이루어지는 것이 바람직하다. 그렇지만 저출산·고령화 같은 구조적 문제 해결을 위한 정부의 고용정책은 필요하다. 저출산 문제와 여성의 경력 단절 해결을 위한 영·유아 보육교사 고용 확대 등과 같은 정부 정책은 무엇보다 중요하다.

공공부문 고용 확대 정책은 30년간 일자리 보장과 함께 30년간 연금 보장에 따른 비용을 수반한다. 인구가 감소하는 가운데 공무원 고용 확대 정책은 현재 세대와 미래 세대에 각각 임금 부담과 연금 부담을 가져올 것이다. 경제위기를 겪은 나라들의 공통점 중 하나가 포퓰리즘에 입각한 과도한 공무원 고용 확대와 복지혜택 제공이다. 앞으로 인공지능과 블록체인 기술의 발전으로 구조조정과 혁신이 가장 크게 일어나야 할 부문이 정부 행정이며 행정 관련 공무원의 수요는 크게 줄어들어야만 한다.

코로나19 사태와 함께 디지털 기술 혁신으로 산업구조 개혁과 함께 자동화가 빠르게 진행되면서 인간 노동력과 일자리가 빠른 속도로 줄어들고 있다. 또한 디지털 기술 확산과 스마트폰의 대중화는 일하는 방식 자체의 변화도 가져왔다. 정기적으로 인력을 뽑아 교육하고 상용직으로 고용하는 대신 디지털 플랫폼 비즈니스 체계에 적합한 형태로 필요할 때 원하는 만큼 그때그때 고용하고자 한다.

그런데 이러한 고용 방식은 청년층에게 가장 큰 피해를 줄 수 있다. 청년층이 상용직 대신 단기 고용 일자리에서 출발할 때 자신의 장기적 목표에 적합한 커리어career 경험을 쌓을 기회를 상실할 가능성이 크다. 정부는 청년층의 고용 확대를 교육의 연장이며 인적 자본human capital 육성이라고 보고 적극적인 대책을 세울 필요가 있다. 정부가 기업이 고용과 해고를 자유롭게 하면서 청년층을 정규직으로 고용하도록 강한 유인책을 제공할 필요가 있다. 정부는 또한 IT, 반도체, 배터리, 전기차, 바이오 산업 육성에 필요한 청년층 인력 양성에 적극적으로 나서야 할 것이다.

기업구조 개혁

저성장과 양극화 문제를 해결하기 위해서는 노동구조 개혁과 더불어 기업의 지배구조 개혁도 동시에 진행되어야 한다.

삼성전자 소액 주주 수가 5백만 명이 넘고 개인투자자 1,400만 명 시대에 우리는 근로자이자 자본가가 되기도 한다. 정의와 공정 사회를 구현하며 자산과 소득 양극화 해소와 코리아 디스카운트 해결에 도움을 주고 투자 제고를 위해서도 기업의 지배구조 개혁이 필요하다.

지배구조 개혁 방향은 기업 이익이 모든 주주에게 지분 비율에 따라 비례적으로 배분되도록 하는 것이다. 그런데 우리 대기업들은 지배 대주주 이해관계에 초점을 맞추어 운영되면서 수익성이 낮고 일반 주주에 대한 수익 환원이 미흡하여 주가가 저평가되어 있다.

한국의 경우 지배 대주주와 일반 주주의 이해관계가 일치하지 않고 있다. 지배 대주주는 첫째 목표가 경영권 유지로 수익 환원에 소극적이다. 지배 대주주는 배당 대신 수익을 계속 쌓고 그 자본(사내 유보금)으로 타 기업을 계속 인수해 나가는 것이 유리하다. 배당률을 볼 때 우리나라는 미국의 절반 수준이며 중국에 비해서도 오히려 낮다.[4]

기업 규모를 계속 늘려나갈 때 지배 대주주는 자기 지분을 초과해 상장기업의 이익을 편취하는 방법이 여러 가지 있다.[5] 먼저 배당 대신 본인에 대해 고액 연금과 성과급을 책정하고 다수 기업에 임원으로 등록하는 방법이다. 다른 방법은 자기 지분율이 높은 회사를 거래의 중간 단계에 끼워 넣거나 일감을 몰아주는 것이다. 또 다른 방법은 계열사 간 불공정한 합병을 통해 본인의 이익을 확보하는 것 등이다. 물론 이러한 방법 중 일부는 법적 문제를 일으키기도 한다.

한편 지배 대주주는 기업이 자기 것이라고 보고 가족 세습을 위해 주가를 올릴 생각을 하지 않기도 한다. 외국의 경우 기업 주식을 블록딜을 통해 대량으로 매도할 때 할인 판매discount하는 것이 보통이다. 그런데 우리의 경우 지배 대주주는 경영권 프리미엄을 받고 높게 파는 것이 보통이다. 의무공개매수제도를 재도입해서 일반 주주도 경영권 프리미엄을 받도록 하는 것이 맞다. 일반 주주와 지배 대주주 간의 공정한 수익 배분을 통해 기업 투자를 활성화하고 기업의 경쟁력을 높이며 소득과 자본 양극화를 줄여야 할 것이다.

교육구조 개혁

교육은 한 사람의 미래를 결정하고 동시에 한 국가의 미래를 결정한다. 따라서 미래를 결정하는 인재 양성은 교육 기회의 평등과 양질의 교육 제공으로부터 시작되어야 할 것이다. 양질의 교육이 어려서부터 제공되면 그만큼 진흙에서 진주를 캘 기회가 커질 것이며, 그 나라의 성장 잠재력과 국제 경쟁력을 높이는 계기가 될 것이다. 양질의 교육 서비스 제공은 소득과 부의 분배 개선에도 결정적 역할을 할 것이다. 또한 소득과 부의 양극화가 해결될수록 사회적 갈등이 줄어들고 포용적 경제성장을 달성할 수 있을 것이다.

교육 개혁의 문제는 크게 대학 이전의 교육 혁신과 대학의 교육 혁신으로 나누어 볼 수 있다. 대학 이전의 초·중·고등 교육은 그 목표를 다양성에 두어야 할 것이다. 다양성 강화를 위해서는 여러 형태의 중·고등학교 제도를 도입하여 학생들의 다양한 재능을 수용하고 그들의 선택 폭을 넓히도록 해야 할 것이다. 그동안 차별적 기회를 없앤다는 명분으로 자사고, 외고, 특목고 등을 없애면서 하향 평준화 정책을 채택해 왔다. 잘못된 정책 방향이다. 중·고등 교육은 다양화와 함께 상향 평준화를 목표로 두어야 할 것이다.

중·고등 교육에 대한 정부와 지자체의 획기적인 투자는 아무리 강조해도 지나치지 않다. 교육 내용도 획기적으로 바꾸어 제4차 산업혁명 시대의 기술의 중요성과 기술발전을 이해시키는 교육도 필요하다.

코로나19 사태로 3년 가까이 비대면 교육이 중심이 되면서 교육 양극화에 대한 우려가 커지고 있다. 그렇지만 정부는 코로나19 사태를 계기로 온라인 교육의 중요성과 필요성을 인식하고 온라인 교육과 오프라인 교육을 융합하는 새로운 교육 방법을 개발한다면 위기를 기회로 만들 수 있다. 온라인 교육을 학생 주도 학습 개발과 AI 도움 맞춤형 지도 학습에 활용하는 방안을 찾아야 할 것이다.

고등학교의 문과와 이과의 구분을 없애고 AI 교육을 강화하는 등 과학 교육의 중요성을 학생들이 인식하도록 교과 과정에 반영할 필요가 있을 것이다. 언어 교육은 어릴수록 그 효과가 크므로 초·중등 교육 과정에서 영어나 중국어를 자연스럽게 즐기며 배우게 하는 기회를 마련해 주어야 할 것이다. 글로벌 시각에서 인문과 사회 과학을 접하도록 교과목을 개편하고 영어와 중국어 등 외국어 교육과 함께 연계해 프로그램을 개발할 필요가 있다.

제4차 산업혁명 시대 혁신을 이끄는 미국의 경쟁력은 대학교육에서 나온다. 스탠퍼드대학교가 이끄는 미국 서부의 실리콘밸리와 MIT와 하버드대학교가 이끄는 동부의 루트 128은 미국 혁신산업의 요람이다. 미국 대학교육의 우수성이 탁월한 과학기술을 낳고 과학기술이 애플, 마이크로소프트, 아마존, 구글, 페이스북과 같은 혁신기업을 낳고 있다.

이러한 미국의 사례는, 우리나라의 국제 경쟁력은 대학의 경쟁력에서 나온다는 자세로 대학을 구조 개혁해야 한다는 점을 강조하고 있다. 교육부에서 대학과 관련된 업무를 분리해 과학기술 업무와 합쳐서 총리실 산하에 두거나 (가칭) '교육 과학 전략부'를 새로 만들어 교육과 과학의 장기적 전략을 세우고 추진해 나가는 것도 바람직할 것이다. 우리는 스탠퍼드대학교, MIT 등의 성공 사례를 연구하여 앞으로 미래 산업을 주도할 AI, 반도체, 배터리, 전기차, 생명공학과 바이오산업 등 연구에 주력해야 할 것이다.

또한 지방거점 대학을 선정하여 정부와 민간이 집중적으로 투자하고 지원해 인재를 양성하고 지역 간 격차를 줄여야 할 필요도 있다. 예를 들어 정부의 집중적 투자로 광주과학기술원이나 포항공과대학교가 KAIST와 버금가는 경쟁력을 갖추도록 지원할 필요가 있다. 주요 대학교에 속한 교수 수가 3백인 이상인 의과대학이나 공과대학에 대해서는 독립적이고 자율적인 운영체제를 보장하여 대학당국의 간섭을 최소화하고 국제 경쟁력을 높이도록 해야 할 것이다.

우리나라에서 가장 우수한 학생들이 의과대학에 진학한다는 것을 아무도 부정하지 못할 것이다. 코로나19 사태를 겪으면서 우수 의료 인재 육성과 함께 백신 개발과 치료제 개발이 얼마나 중요하며 의약품 개발과 의료 산업이 글로벌 산업이라는 점을 절실히 느낄 수 있었다. 코로나19 사태를 겪으면서 전 국민 공공의료보험제도가 꼭 필요하다는 점도 실감하였다. 그런데 전 국민 공공의료보험제도를 운영하는 데에는 비용이 크게 들며 그 비용은 경제가 성장할수록 더 빠른 속도로 증가하는 것이 현실이다. 그렇다면 우리의 우수한 의료 인력을 활용하여 원격진료 시스템과 새로운 의약품 개발에 투자한다면 우리의 비교우위를 살리면서 그만큼 의료 비용을 줄일 수 있을 것이다. 우리나라 옆에 중국과 동남아라는 거대한 의료 시장이 있다는 점도 의료 산업의 앞날을 밝게 해주는 요인이 될 것이다.

한편 출생아 수 감소 추세에 따라 대학 입학생이 급격히 줄어드는 상황에서 부실 대학에 대한 전국적 구조조정을 서둘러야 할 것이다. 먼저 대학 자체의 혁신이 필요하다. 특화된 교육과정과 품질 높은 강의를 제공함과 동시에 온라인 학습을 포함한 디지털 학습 플랫폼을 개발해 누구나 편한 시간에 어디서든지 학습에 접근할 수 있게 해야 할 것이다. 개방과 혁신을 통해 대학 간 고품질의 강의를 공유하는 공유대학으로 나가야 할 필요도 있다.

다음으로 경쟁력 있는 지방대학 진학을 유인하는 방안도 찾아야 할 것이다. 지방대학 및 지역 균형 인재 육성을 위해 지방대학의 의대, 치대, 한의대, 약대, 간호대, 법대 등의 지역 인재 선발을 의무화하고 그 비율을 일정 수준 이상으로 유지하는 방안을 찾아야 한다. 또한 이들 대학의 유아원, 초·중·고등학교 설립을 자유롭게 허용해 한 곳에서 원하는 유아교육부터 고등교육까지 함께 할 수 있도록 제도적으로 뒷받침해서 구성원들의 자녀 교육 문제를 걱정하지 않도록 해야 할 것이다.

한편 대학 교육 개혁에서도 정부와 지방자치단체의 역할이 중요하다. 지방대학 혁신에 필요한 재정은 일정 부분 국가와 지방자치단체가 함께 지원해야 할 것이다. 지방대학은 지역 주민의 평생 교육과 직장인 재교육에도 노력해야 한다. 기술 변화와 고령화로 평생학습과 재교육 수요가 빠른 속도로 늘어나고 있다.

대학교 학생 선발은 대학의 자율적 선택에 맡겨야 할 것이다. 학과 정원도 수요에 부응해서 대학당국이 자율적으로 조정하도록 허용해야 한다. 수도권 주요 대학교들은 지역별 우수 학생들을 수용하기 위한 자발적 지역 할당제를 채택해서 지방의 우수 인재 선발, 지방 중·고등학교 육성, 그리고 교육 상향 평준화에 힘을 기울여야 한다. 이렇게 선발된 학생들에게는 전액 장학금 제도를 실행해 경제적 어려움 없이 학업에 매진하도록 기회를 주어야 한다. 그런데 이러한 정책들은 단기간에 성과를 내기 힘들므로 사회적 합의를 통해 장기적인 안목에서 시행되도록 해야 할 것이다.

한편 부실 사립대의 퇴출과 대학 간의 인수 합병M&A을 제도적으로 뒷받침할 필요가 있다. 현행 사립학교법에는 사립대학의 폐교 시 잔여 자산 국고 귀속을 명시해 재정이 부실한 대학들도 끝까지 버티고 있다. 한계에 이른 대학들의 자발적인 퇴출과 대학들의 자율적인 통폐합을 유인할 방안을 찾아야만 한다.

(3) 산업 경쟁력 강화와 신산업정책 필요성

구조 개혁과 더불어 새로운 발전동인을 마련하기 위해서는 산업정책의 방향 설정을 제대로 해야 한다. 우리는 앞으로 기술 경쟁력이 경제안보와 직결된다는 인식 아래 산업정책에 대한 전략적 접근을 해야 한다. 산업정책의 성공이 국가 경쟁력 확보와 주도적 선진국으로의 안착에 필수 요건이라는 인식 아래 미래 비전을 설정해야 할 것이다.

중국은 시진핑 주석 1인 체제 구축과 함께 중국몽을 내세우면서 2035년까지 사회주의의 현대화를 실현하며 공산국가 수립 100년이 되는 2049년에 종합 국력과 세계 영향력이 세계 최고인 국가 건설이라는 야심 찬 계획을 내놓고 있다.

과거 미국은 중국에 대해서 러시아 견제를 위한 건설적 포용 정책을 택하였다. 중국이 경제적으로 발전하면 민주화되고 국제정세 안정에도 도움이 될 것으로 생각하였다. 그러나 중국이 빠른 속도로 경제가 발전하며 중국 GDP가 미국의 78%에 이르고 공산당 일당 중심의 권위주의 국가 체제를 더욱 공고히 하며 군사력 증강으로 미국의 위협적 존재로 자리 잡으면서 미국의 대중 정책은 급선회하였다.

미국은 중국의 도전을 막기 위해 자국의 국력을 한층 강화하고자 한다. 미국은 과거에 산업정책은 다자간 자유무역주의에 반한다고 주장하면서 타국의 산업정책을 비난하였으나 현재는 기술력 강화를 위해 산업정책을 펴는 것을 주저하지 않고 있다. 한편 중국몽을 내세우며 중국 내 투자를 인질로 기술 이전을 압박하는 중국의 산업정책은 우리 경제와 국가 산업 경쟁력에 직접적인 충격을 주고 있다. 미국과 중국 간의 기술 경쟁이 기존의 산업 질서를 통째로 바꾸고 있다.

미국은 반도체 등 첨단기술에서 중국과의 격차 유지와 확대, 중국에 대한 강력한 첨단기술 수출 통제 및 디커플링decoupling, 동맹국과 함께 미국 중심의 공급망 확보, 반도체와 배터리 등에 대한 자국 기술력과 생산력 확보를 추구하고 있다. 미국은 첨단 산업 육성이 국가 안보와 직결된다고 보고 동맹국 간 안보 동맹과 첨단기술 동맹을 함께 추구하고 있다. 미국은 동맹국들의 자국 투자 유치를 위해 보조금과 수출 통제라는 당근과 채찍을 함께 사용하고 있다.

미국은 백악관의 진두지휘 아래 산업정책과 미국 중심의 글로벌 공급망 구축에 나서며 정부와 기업 간 파트너십을 강화하고 있다. 이런 가운데 미국의 대표적인 산업정책으로 반도체 지원법과 인플레이션 감축법을 발표했다.

그런데 미국의 이러한 산업정책은 동맹국과도 경제 이익을 둘러싼 갈등을 일으키고 있다. 우리도 예외가 아니다. 최근 미국이 인플레이션 감축법에 따라 자국 생산 전기차에 대한 세제 혜택과 보조금을 지급함으로써 우리는 전기차 수출에 어려움을 겪고 있다. 이와 함께 미국의 대중 반도체 수출 규제로 우리의 대중 반도체 수출이 어려움을 겪고 중국 현지 삼성과 하이닉스 공장이 시설 업그레이드 규제를 받으면서 제품 생산에 어려움을 겪고 있다. 우리는 미국이 자국 기업의 이익을 위해 한국 기업의 희생을 요구하거나 미·중 간 갈등 비용을 부당하게 전가한다면 동맹 가치 훼손과 자유무역 가치 훼손 차원에서 확실히 이의 제기를 할 필요가 있다. 그런데 미국 중심의 새로운 공급망 구축은 중국의 추격에 쫓기던 한국 기업들에게 시간을 벌어준다는 측면이 있는 것 또한 사실이다.

기존 산업정책 정의는 특정 분야를 선택해서 육성하고 산업구조 변화를 통해 경제성장을 촉진하는 것이다. 그런데 국제질서가 변화하는 가운데 선진국과 강대국들도 글로벌 차원의 산업정책을 추구하면서 산업정책의 목적과 대상 산업도 달라지고 있다.

미국, 중국을 비롯한 강대국들의 신산업정책과는 달리 그동안 우리 정부는 산업정책을 소홀히 하거나 낙후산업에 대한 포퓰리즘 지원정책의 일환으로 동원해 왔다. 결국 산업경쟁력을 약화시킬 뿐만 아니라 산업 간 양극화도 심화시키고 있다. 이에 따른 당연한 결과는 기술 패권 경쟁에서 우리나라의 지위가 더더욱 약화되고 있다는 것이다. 따라서 지금까지 산업정책에 대한 소홀로 인해 다른 나라 기업들에 비해 우리나라 기업들이 입은 상대적인 손해를 극복할 수 있도록 적어도 대만이 지원해 준 수준 이상으로 적극적인 지원을 해줄 필요가 있다. 또한 대외 무역관계에서 불리한 위치에 처하지 않도록 적극적인 통상정책도 동시에 추진해야 한다. 기술 경쟁과 글로벌 공급망 재편 과정에서 정부와 기업 간의 긴밀한 협력 체계를 구축하고 필요 자원 확보 등 새로운 산업정책 및 통상전략을 짜야 할 것이다.

산업정책은 홀로 이루어지는 것이 아니라 정부-민간의 융합적인 노력의 결과임을 깨닫고, 정부와 기업의 협력적 파트너십을 구축해서 시장과 정부의 상호 보완기능을 강화해야 할 것이다. 첨단 산업 분야인 AI, 반도체, 배터리, 전기차, 생명공학, 양자 컴퓨터 분야는 대규모 투자가 필요할 뿐만 기업 차원에서 리스크를 모두 감당하기 힘든 측면이 있어 정부와 협력이 필요하다. 한편 첨단 산업 투자에 필요한 물과 전기 확보 등 인프라 조성과 관련 인재 양성 또한 기업과 정부와의 협력이 요구된다.

여기서 한 가지 추가로 강조하고 싶은 것은, 산업정책이 새로운 성장동력을 찾아 육성시키는 데 그쳐서는 안 되고 기존 산업들의 향후 발전 방향도 동시에 모색해야 한다는 것이다. 예를 들어 과거 단순한 식량 확보 차원에서의 농업이 이제는 종자산업, 그린바이오산업 등으로 발전하듯이, 기존 산업 내에서 미래의 성장동력을 찾아내는 것도 중요한 과제이다.

(4) 부동산 정책

우리나라에서 부동산 문제는 경제 체질을 약화시키고 저성장-양극화 문제를 악화시키는 고질적인 장애 요인으로 작용해 왔다. 과거에도 그랬지만 특히 지난 정부 5년간 부동산 시장의 과열은 우리 경제의 취약성을 악화시키고 성장동력은 약화시키면서 소득의 양극화를 뛰어넘는 부의 양극화를 초래했다는 점에서 문제의 심각성이 크다.

지난 정부 5년간 부동산 가격 폭등은 무주택자와 세입자 등 약자의 고통을 심화시켰다. 부동산 버블 기간 동안 서울에 아파트를 소유한 사람들은 소유하지 못한 사람들보다 평균적으로 자산이 90% 가까이 늘어난 것이다. 아파트를 보유하지 못한 사람은 '벼락거지'가 된 기분일 것이다.

정치권이 가진 자와 버려진 자로 나누어 대립 구도를 만들고 선전과 선동을 통해서 지지를 얻으려 한다면 사회적인 대립이 격화되고 포퓰리즘이 만연해질 것이다. 여야가 자기들만이 양극화를 해결할 수 있다고 주장하면서 집권을 위해 번갈아 더욱 강도 높은 포퓰리즘 정책을 들고 나온다면 재정은 파탄 나고 경제는 엉망이 되며 사회불안은 더욱 고조될 것이다.

1년간 생산된 GDP는 시장에서 재화가 모두 거래되면서 가격이 결정된다. 그런데 전체 부동산 가치는 시장에 나온 일부 아파트 매물과 그에 대한 수요에 따라 결정되므로 급변동한다. 주택시장 매물이 부족하면 아파트 가격은 단기간에 급등하기도 한다. 아파트 공급 확대는 수년이 걸리므로 수요 변동에 더 민감하게 반응한다. 또한 아파트 가격은 소득의 몇 배가 되어 보통 대출을 끼고 주택을 사기 때문에 금리가 주택 가격 결정에 결정적인 역할을 한다. 주택 수요와 공급은 정부 정책에 영향을 크게 받으므로 정부 정책의 신뢰성 확보가 가격안정에 필수 요인이다.

2022년 들어 인플레이션을 억제하기 위해 금리를 빠른 속도로 올리자 부동산 시장의 거품이 빠른 속도로 꺼지면서 부동산 시장 경착륙 우려가 커지고 있다. 이러한 고금리 정책은 지속 가능 경제성장을 위해서 단기 성장을 희생하고 인플레이션을 잡으려는 거시경제정책으로 보아야 할 것이다.

그런데 고금리 정책은 금융 경색 현상과 부동산 시장 거래 절벽을 낳을 수 있다. 비싼 값에 부동산 구매를 우려한 주택 수요자들의 매수세가 사라지고 거래 절벽하에서 급매가 나오게 되면 부동산 가격이 급락할 수 있다. 특히 부동산 대출 비중이 높은 중저가 시장 가격 폭락 폭이 더욱 커지면서 부동산 시장 경착륙이 심화될 수 있다.

고금리로 인해 부동산 PF 대출과 PF 대출 유동화가 제대로 이루어지지 않으면 주택 건설에 차질이 생기고 신규 주택 공급 시장이 붕괴할 수 있다. 거래 절벽으로 미분양 아파트가 쌓이게 되면 건전한 건설사와 건설 자금을 공급한 금융회사들도 부실해질 수 있다. 그런데 글로벌 금융위기 이후 은행권보다 여전사나 증권사 등 비은행권의 PF 대출과 PF 유동화증권 발행 비중이 높아서 금융 경색 시 이들 기관의 부실 가능성이 우려된다.

부동산 정책은 타이밍이 중요하며 단기 정책과 장기 정책을 나누어 함께 시행해야 할 것이다. 먼저 일시적 유동성 경색이 정상적인 아파트 건설사와 PF 관련 금융권의 신용 리스크로 확대되지 않도록 정책당국과 금융기관들이 협력하여야 한다. 이와 함께 아파트 미분양이 늘어나지 않도록 노력해야 할 것이다. 미분양 아파트가 누적되면 건설사, 부동산 판매업뿐만 아니라 PF를 담당한 금융회사가 부실해지고 금융기관 간 상호연계성 확대로 인해 은행권도 부실 우려가 있다.

부동산 시장 경착륙을 막기 위해서는 부동산 관련 규제를 과감히 풀어 수요를 촉진할 필요가 있다. 규제에는 지역 규제, 세금 규제, 대출 규제, 청약과 분양 등 거래제한 규제가 있다. 2023년 들어와 정부는 거래 활성화를 위해 지역 규제를 대부분 풀고 중도금 대출 규제와 전매제도를 완화하고 실거주 의무를 폐지하는 규제 완화 조치를 하였다. 대출 비중이 높은 주택 구매자들에 대한 대출 규제도 일시적으로 완화하여 이들 주택이 매물로 시장에 쌓여 가격 폭락을 더욱 부채질하는 것을 막아야 할 것이다.

그런데 아파트 미분양 사태를 막고 신규 수요를 창출하기 위해서는 신규 아파트 공급이 시세를 반영하는 합리적 가격에서 이루어져야 할 것이다. 주위의 아파트 가격이 빠른 속도로 하락하는 상황에서 과거 부동산 호경기 때 가격으로 공급하려고 한다면 미분양만 쌓일 것이다. 반대로 주변 가격보다 낮게 분양한다면 투기가 성행할 것이다.

주택 가격 하락 시에도 장기적인 주택 공급 정책을 세워야 할 것이다. 이 경우 민간은 공급을 회피할 가능성이 크므로 정부는 실수요자의 주거 안정에 초점을 둔 공공 주택 공급 정책을 세워야 할 것이다. 정부는 부동산 가격이 하락할 때 토지를 확보해서 필요할 때 공급하는 토지 비축제도를 활용하고 규제 일변도인 토지 사용 정책도 재평가할 필요가 있다.

주택 가격 안정을 위한 가장 유효한 정책 중의 하나는 주요 선호 지역 공급 확대이다. 정부는 서울과 수도권의 택지 개발을 소홀히 하고 재건축을 억제하고 고도를 제한하는 정책을 폄으로써 공급 측면의 병목 현상을 초래하는 우를 범하였다.

부동산 공급 정책은 시장 중심의 개발 정책과 서민 주거 안정을 위한 공공 개발 정책을 겸행할 필요가 있다. 공공 개발 주택은 분양 원가를 공시할 필요가 있다. 공공 개발 주택은 적어도 50%를 신혼부부 등 젊은이에게 우선 임대해 주고 자녀를 낳을 때 분양권을 주는 등 젊은이를 위한 획기적인 주택 정책을 제시할 필요가 있다. 이와 함께 공공 택지나 주택 개발에 따른 이익금은 무주택자나 서민 등 사회적 약자를 위해 쓸 방안을 마련해야 할 것이다.

정부는 장기적으로 국토 균형 개발을 위해 교육, 의료, 신산업 분야 스타트 업start-up을 한데 엮어 스마트 시티를 개발하는 것이 바람직하다. 그리고 과감한 인프라 투자를 통해 서울과 수도권에 대한 접근성을 높이는 정책도 함께 펴야 할 것이다.

한편 우리가 2%대의 경제성장과 2% 인플레이션을 목표로 한다면 예대 금리가 3~5% 선에서 결정되며 장기 주택담보대출 금리를 4% 수준으로 예상하고 주택 구입 계획을 세우는 것이 합리적일 것이다. 정부도 젊은이들이 장기 고정금리 대출로 집을 사고 원리금을 분할 상환하도록 30년 만기 장기채 시장 육성 등 부동산 금융 선진화를 할 필요가 있다.

부동산 시장 안정은 경제안정, 금융안정, 주거안정과 직결된다. 우리가 부동산 시장 안정화에 최우선을 두는 이유이다. 부동산 시장 거품과 붕괴는 경제안정, 금융안정, 주거안정을 깰 뿐만 아니라 자산 양극화를 함께 초래한다는 점에서 그 심각성이 크다.

우리는 글로벌 금융위기가 미국의 부동산 시장 거품 붕괴에 따른 서프라임 주택담보대출 부실과 파생금융상품을 활용한 다단계 유동화 증권 부실에서 발생한 것을 알고 있다. 또한 일본의 잃어버린 30년도 1990년대 초 부동산 시장 거품과 붕괴, 그리고 잘못된 정책 대응에서 이루어진 것을 알고 있다. 따라서 장기적인 차원에서 '시장을 이기는 정책은 없다'는 것을 염두에 두고 위기를 극복하고 경제 체질을 강화할 수 있는 부동산 대책을 마련해야 한다.

[미주]

01 기획재정부 홈페이지. https://kids.moef.go.kr/play/playMn07.do

02 Hicks(1967).

03 부동산금융 익스포저는 금융기관 및 보증기관의 가계 및 부동산 관련 기업에 대한 여신과 부동산 관련 금융투자상품의 합계로 정의한다.

04 매일경제(2023).

05 김우진(2022).

CHAPTER 12

한국 사회의 폐해 척결과 외교-안보 강화[1]

우리가 경제 현안과 구조적 문제 해결에 초점을 맞추며 저성장과 양극화 해소를 논할 수 있는 것은 기본적으로 국내 정치와 법·제도가 안정되고 국가 안보 문제에 대해서도 안심해도 된다는 전제가 깔려 있기 때문이다. 그런데 최근에는 그 전제가 흔들리고 있다는 것을 우리는 여러 가지 사실로 목격하고 있다.

무엇보다도 포퓰리즘과 팬덤 정치의 만연에 따른 폐해가 광범위하게 깔려 있어 경제위기 극복 과정 및 장기적인 발전 과정에서 엄청난 어려움을 주고 있다. 이와 더불어 우리 사회 전반적으로 신뢰와 상식이 통하지 않는 세상이 되어 버렸다. 이로 인해 윤리의식이 마비되고 정치의 사법화 및 사법의 정치화, 그리고 시민단체의 과도한 정치화와 같은 폐해들이 만연하게 된 것이다. 더욱이 우리는 핵으로 무장한 북한과 대치하고 있고, 이와 함께 미국과 중국 간 패권 경쟁으로 신냉전이 전개되면서 한반도 및 동아시아에서 지정학적 리스크가 커지고 있다.

우리가 경제 안정을 유지하고 발전하기 위해서는 한국 사회의 폐해를 척결하고 우리의 안보를 확고하고 튼튼하게 해야 한다. 이 장에서는 경제정책을 넘어 저변의 정치·사회제도 개혁 및 외교·안보 강화 방안을 다루고자 한다.

1. 포퓰리즘 및 팬덤 정치 만연과 극복

포퓰리즘과 팬덤 정치는 선진국과 후진국을 가리지 않고 만연해 있으며 우리도 예외가 아니다.

자유민주주의가 가장 발달한 미국에서도 트럼프가 정치판에 나오면서 포퓰리즘과 팬덤 정치가 성행하고 정치의 양극화와 진영 논리가 판치고 있다. 재선에 실패한 트럼프는 자기 지지자들에게 국회의사당으로 진격하라고 선동도 불사하였다. 민주주의의 발생지라는 미국에서까지도 권력을 잃는 것을 두려워하는 잘못된 지도자가 나온다면 민주주의가 통째로 흔들릴 수 있음을 보여주었다.

우리나라 여야 극성지지자들의 행동과 사고방식도 진영 논리에 기반한 팬덤 정치의 전형이다. 팬덤 정치는 중도를 배제하고 내 편만 챙기며 정치·경제·사회의 양극화를 초래할 것이다. 정당이 팬덤 정치에 매몰되면 건전한 다수가 배제되고 소수의 극단 세력에게 흔들리면서 진영 논리가 판치게 된다.

직접민주주의를 표방한 팬덤 정치는 건전한 다수를 내치면서 정치 혐오 현상을 극대화한다. 팬덤 정치에는 옳고 그름이 없고 내 편과 네 편만 있으며, 그 결과 정당 간 대립이 격화되고 이류 정치가 판치고 부정부패가 만연하기 쉽다.

포퓰리즘과 팬덤 정치는 경제위기 상황에서 더욱 극성을 부리게 되고 그 결과 경제를 더욱 악화시킨다. 코로나19 사태나 부동산 시장 거품 붕괴와 같은 경제위기는 포퓰리즘과 팬덤 정치가 설칠 수 있는 토양을 제공한다.

포퓰리즘과 팬덤 정치가 성행하는 상황에서 한 나라의 경제는 경제 현안 해결만으로는 성장과 안정을 기약할 수 없다. 인기 영합적인 포퓰리즘 정책은 필요한 구조조정은 뒤로 미루며 미래에 대해서 책임지지 않는다. 팬덤 정치는 옳고 그름은 따지지 않고 자기 진영이냐 아니냐만 따진다. 포퓰리즘과 팬덤 정치가 만연하면 정치가 경제를 집어삼키면서 경제가 거덜날 것이다.

조삼모사朝三暮四라는 고사를 이용해서 포퓰리즘 정책의 문제점을 생각해 보자. 그동안 주인은 원숭이에게 아침과 저녁으로 도토리를 4개 주었는데 상황이 어려워져 아침에 3개와 저녁에 4개를 줄 수밖에 없게 되었다. 그런데 원숭이들이 반발하자 아침에 4개, 저녁에 3개 주겠다고 하니까 원숭이들은 결과가 같음에도 속거나 미련해서 이를 받아들였다는 것이다.

그런데 이보다 더한 문제는 상황이 하루에 7개밖에 줄 수 없는 상황에서 본인은 능력이 뛰어나 계속 8개를 줄 수 있다고 인기 영합적인 발언을 하고 빚을 내서 계속 8개를 주는 경우다. 더 심각한 것은 곳간에 남은 도토리를 축내 6개도 주기 힘든 상황에서 8개를 계속 주는 것이다. 나중에 발생할 문제는 자기 소관이 아니라 신경을 쓸 필요가 없다는 것이다. 남미의 베네수엘라와 아르헨티나, 유럽의 그리스가 이런 인기 영합적인 정책을 계속 펴온 결과 정부 부채 급증으로 파산하게 되었다.

코로나19 사태를 해결하는 과정에서 정부가 유동성 공급을 확대하고 재정을 확장해서 피해 가구를 돕는 것은 필요하다. 그러나 선거 표를 의식한 모든 사람에 대한 기본 소득 제공은 우리 경제가 감당할 수 있는 수준을 넘는 것이며, 이보다는 코로나19 피해자에게 직접 두텁게 지원하는 것이 바람직하다. 특히 코로나19 사태로 커다란 피해를 본 자영업자와 소상공인에 대한 지원은 상당히 필요하다. 코로나19 직격탄을 맞은 자영업자와 소상공인들은 빚을 내면서 적자를 버텨 왔다. 2022년 말 자영업자의 금융기관 대출 잔액은 1,019.8조 원으로 2019년 말보다 49% 증가하였다. 이런 상황에서 자영업자들은 금리 급등과 공공요금 인상으로 또 직격탄을 맞은 것이다.

한편 2022년 9월 말로 대출 원금 만기 연장과 이자 상환 유예 조치가 종결되었다. 이런 가운데 자영업자의 연체율이 크게 높아지고 있으며, 특히 하위 30% 영세업자의 연체율 증가가 매우 가파르다. 정부와 금융기관은 자영업자 대출 부실을 막기 위해 사업자별 상환 능력을 점검해 추가 지원 여부를 결정하는 등 선제적 조치를 택해야 할 것이다.

포퓰리즘을 걱정하는 또 다른 이유는 한번 시작하면 정치권에서 여야를 막론하고 표와 관련된 선심성 공약을 서로 남발한다는 것이다. 경제위기 극복을 위한 정책이 포퓰리즘 정책화하는 것을 막기 위해서는 위기 극복 과정에서 풀린 돈과 재정을 어떻게 정상화할 것인가 하는 계획도 함께 마련해서 국민과 소통하고 설득할 필요가 있다. 예를 들어 여야 합의에 따른 '재정준칙위원회' 법제화는 재정 건전화를 위한 법적·제도적 접근이라 할 것이다.

이처럼 포퓰리즘 정책의 가장 큰 문제는 당면한 시급한 현실을 인정하지 않고 인기가 없거나 정권 유지에 도움이 되지 않으면 필요한 구조

조정 정책을 뒤로 미룬다는 것이다. 미국의 트럼프 전 대통령 예를 보더라도 기후 온난화 현상을 인정하지 않고 이를 막기 위한 대책은 전연 세우지 않았다.

포퓰리즘에 정권 유지를 위한 팬덤 정치가 더해지면 자기편 과반수를 목표로 자기편에만 유리한 정책을 펴며 국민 대통합을 저해하고, 경제를 잘못된 길로 이끌며 편 가르기를 하기 쉽다. 좌우로 진영이 갈리면서 진영 논리에 따라 포퓰리즘 정책이 번갈아 채택되면 경제는 수렁에 빠지고 국가는 나락에서 헤어나지 못할 것이다.

팬덤 정치는 전통적인 민주주의에 반하는 몇 가지 위험성을 내포하고 있어 우려를 낳고 있다.[2] 첫째, 팬덤 정치는 정치 이념과 상관없이 자신이 열광하고 지지하는 대상에 따라 정치적 견해를 바꿈으로써 정치의 예측 가능성을 떨어뜨린다. 이런 상황에서 정당과 의회는 제대로 기능하기 어렵다. 둘째, 정치적 소수의 견해인데도 팬덤을 통해 강력한 결집력을 갖는 경우 다수의 견해 이상으로 증폭돼 정책 결정 과정에 과잉 반영될 가능성이 커진다. 셋째, 팬덤 정치에 편승하는 정치인은 강력한 소수 지지세력의 뒷배에 힘입어 비합리적인 정치적 행위를 구사할 수 있는 여지를 갖게 된다.

잘못된 포퓰리즘과 팬덤 정치는 정치 시스템을 망가뜨리고 경제를 망치는 주범이다. 최근 SNS의 발달이 포퓰리즘과 팬덤 정치를 오히려 조장하는 측면이 있다. 포퓰리즘이 창궐하고 팬덤 정치가 만연하는 것을 막기 위해서는 여야가 국민적 관점에서 소통하고 함께 대통합의 방향으로 나가야 할 것이다. 그러나 이는 지극히 어렵고 언제라도 깨져버릴 수 있다. 따라서 정책 차원에서 포퓰리즘에 휘둘리지 않고 이러한 문제를 방지하기 위해서는 무엇보다도 경제정책이 정치수단화되는 것을 방지해야 한다. 적어도 건전재정 기조를 확립하기 위한 재정 준칙fiscal rule을 설정함으로써 퍼주기 정책의 통로를 차단할 필요가 있다.

2. 신뢰와 상식이 통하는 정치·사회 구축

(1) 윤리 의식 마비와 법·제도 미비

우리가 추격자에서 선도자로, 그리고 글로벌 중추 국가로 나아가기 위해서는 공정과 원칙이 지켜지고 진실과 상식 기반 위에 소통하는 사회를 구축해야 할 것이다.

최근 조 단위 금융 조작 사태가 발생하고 있는데 이런 사태를 일으킨 장본인들은 그동안 사회적 혜택을 받은 사람들이다. 또한 이들은 자기들의 잘못을 인정하지 않은 채 상대방이 더 나쁘다고 하면서 법의 맹점을 이용해 법망을 피하려 하고 있다. 이런 것을 볼 때 법을 떠나 사회적 도덕과 윤리가 어떻게 이렇게 망가질 수 있나 하는 생각을 금할 수가 없다. 미국에서 가장 좋은 교육을 받고 누구보다 높은 재능을 물려받은 젊은이가 수십조 원을 넘는 테라-루나 코인 사태를 일으키고 자기 잘못을 발뺌하는 것을 보며 이 정도로 윤리가 타락했는가 개탄하지 않을 수 없다.

경제학자들 가운데 상당수는 가상화폐가 지하경제, 불법 거래, 탈세, 뇌물 공여, 돈세탁 등 이런 것들이 없으면 과연 존재할 수 있을까 생각한다. 정부 통화신용정책에 문제가 있어도 정부가 아닌 민간이 화폐

주조권을 가질 권한은 없다. 그런데 가상화폐 발행자들은 국가 대신 자신들이 화폐주조권을 가지고 시뇨리지seigniorage를 얻으며 코인 거래소를 통해 이를 거래하고자 한다.

가상화폐 발행을 늘릴 때 수요가 받쳐주지 못하면 가치가 빠르게 떨어질 것이다. 가상화폐 발행자가 계속 시뇨리지를 계속 얻으려면 수요가 계속 늘어나 가상화폐 가치가 안정되어야 한다.

테라-루나 사태를 일으킨 장본인은 테라-루나 발행량의 상대적 조절을 통해 가상화폐 테라를 달러에 연동시키며 가치를 유지할 수 있다고 주장하였다. 또한 테라를 자기네 코인 거래소에 맡긴다면 20% 투자이자를 지급하겠다고 하면서 다단계 형태로 코인 투자자를 유혹해 모집하였다. 테라-루나 사태를 일으킨 당사자들은 처음부터 실물이 담보되지 않은 가상자산의 가치 유지는 불가능하며, 투자 수익률 20% 보장도 불가능하다는 것을 알았을 것이다. 좋은 머리를 이용해서 처음부터 사기를 친 것이다.

같은 세대 젊은이들이 5천만 원, 7천만 원 전세 사기를 당하고 현실을 비관해 목숨을 끊는 상황에서 수조 원에 달하는 사기를 치고 죄의식이 없는 것을 볼 때 사회정의란 무엇인가 하는 생각을 하지 않을 수 없게 된다.

또 다른 코인 관련 윤리 의식 마비 사태는 선출직 공직자가 자기 공식 등록자산 15억 원보다 한때 6배가 넘는 100억 원 상당의 가상화폐 보유 현황이 밝혀졌음에도 가상화폐는 법적으로 재산등록 의무가 없으므로 문제가 될 것이 없다고 주장한 것이다. 재산등록 의무는 고위공직자의 이해 충돌 가능성을 막기 위한 것임에도 가난 코스프레를 하던 젊은 선출직 공직자의 태도는 도덕적·윤리적 불감증의 극단을 보여준다고 할 것이다.

문제는 가상화폐 투자에 따른 자금 흐름을 살펴보자 불법적인 거래가 계속 나오고 있다는 것이다. 처음 당사자는 LG디스플레이 주식을 팔아서 업비트에서 위믹스라는 잡코인을 샀다고 해명했으나 그 당시 그 코인은 업비트에 상장되지 않은 상태였다. 그리고 본인의 예금도 주식을 판 금액만큼 늘어나 코인 구매 대금이 어디서 나왔는가 하는 의문이 사라지지 않고 있다. 당사자의 새로운 해명에 의하면 처음에는 비트토렌트라는 잡코인을 사서 크게 이익을 보고 일부는 현금화하여 기존의 예금 수준을 유지하고 나머지 금액 10억 원으로 위믹스에 투자했다는 것이다.

그런데 정치적 도덕성 문제를 떠나서 계속되는 의문점은 처음 코인 투자 자금이 본인의 주식 판 돈이 맞는 것인지, 그렇다면 어떻게 주식 판 돈 전액을 내부 정보 등 없이 잡코인에 투자할 수 있는지 하는 것이다. 잡코인의 시세 변동을 볼 때 내부 정보 없이 이런 올인 투자는 불가능하다는 시각이 지배적이다.

위믹스는 위메이드란 게임회사에서 만든 코인으로 발행 수가 신고 숫자보다 많아서 한때 상장 폐지되기도 한 코인이다. 그런데 몇 년 전부터 위메이드와 같은 게임 회사들이 자체 발행한 P2EPlay to Earn(플레이로 돈벌기) 코인 합법화를 위한 국회 입법 로비가 있었다는 주장이 나왔다. 이런 주장이 사실이면 이번 사태가 정치권 코인 게이트로 비화할 가능성을 완전히 배제할 수 없다.

이번 사태는 젊은 선출직 공직자가 일반인에게는 생소한 블록체인과 게임머니 등 첨단기술을 이용해서 제도권 법망과 규제의 허점을 뚫고 죄의식 없이 개인적 치부에 몰두하였다는 점에 문제의 심각성이 크다. 이번 사태를 일으킨 당사자는 처음 코인 구매 자금 출처, 그동안의 자금 흐름, 현재 코인 보유 유무와 그 규모를 상세히 밝혀야 한다. 이와 함께 당사자 본인의 이해관계와 직결된 입법 과정의 적극적 참여 여부도 조사해서 공정거래법과 당사자 이해 충돌법 위반 여부도 밝혀야 한다.

한편 국회는 공직자 재산등록에 가상화폐를 뺀 결과 나타난 이번의 사태에 대해서 책임이 있다. 국회는 입법 전이라도 국회의원 전원의 가상화폐 보유 현황을 조사하고 하루바삐 입법을 서둘러야 할 것이다. 정치권의 위선과 내로남불을 막기 위해서는 법과 제도 개혁뿐만 아니라 정치권의 윤리 의식과 도덕적 경각심도 높여야 할 것이다.

최근 또 다른 윤리 의식 마비와 도덕 불감증을 보여주는 현상은 순식간에 8조 원이 증발한 초유의 주가 폭락 사태다. 주가 조작 세력이 투자자 모집과 통정매매를 통해 2~3년에 걸쳐 7~8개 종목 주가를 10배 가까이 띄웠다가 지배 대주주의 대량 매도가 발생하면서 주가가 며칠간 하한가를 계속 치며 폭락한 뒤 8조 원이 증발한 사태다.

주가 조작 세력은 주가 조작 그룹과 투자자를 모집하는 전주 그룹으로 나뉘어 움직였다. 주가 조작 세력은 통정거래 등으로 주가를 올려 높은 수익률이 난 것처럼 보인 뒤 투자자들을 다단계로 모집하였다. 이들은 시가총액에 비해 상대적으로 주식 거래 규모가 작으며 앞으로 기업 승계 준비를 하는 지주회사holding company들을 타겟으로 삼았다. 주가 조작 세력은 높은 수익률을 앞세우면서 투자자를 다단계로 모집하였는데 일부 투자자들은 개인 정보를 통째로 넘기고 투자를 일임하기도 하였다. 주가 폭락으로 피해를 본 선의의 투자자와 달리 일확천금을 노리며 주가 조작 세력에 자발적으로 자금을 제공하였다면 이들은 일정 부분 공범이다.

주가 폭락 사태를 키운 데는 금융당국도 일부분 책임이 있다. 2~3년에 걸친 통정거래를 파악하지 못하였으며 차액 거래Contract for Difference ; CFD 조건 완화도 사태를 키웠다. 미국과 홍콩 등의 금융당국은 위험하다는 이유로 개인 차원의 차익 거래를 막고 있는데 우리 금융당국은 개인 차원의 차액 거래를 허용할 뿐만 아니라 전문가 투자자 요건도 대폭 완화하였다. 전문가 투자자 요건을 투자잔고 5천만 원, 금융자산 5억 원으로 대폭 낮추었다.

주가 폭락 당시 CFD는 40%의 증거금으로 매수·매도 주문을 낼 수 있다. 다시 말해 레버리지를 2.5배 일으킬 수 있는 것이다. 투자자가 투자금을 주가 조작 세력에게 맡길 때 맡긴 금액의 2.5배까지 손해를 볼 수 있으며 이것이 주가 폭락과 투자자 피해를 크게 키운 요인이기도 하다.

주가 폭락 사태에서 웃기는 사실은 주가 조작 세력이 초기에 자기들도 피해자 코스프레를 했다는 점이다. 지배 대주주가 주식을 대량 매도해 주가가 폭락하고 자기들도 손해를 보았다고 한 것이다. 주가 조작 세력은 초기 상당액의 시드 머니seed money를 가지고 주가 조작을 했을 것이며 주가가 여러 배 상승하는 과정에서 이익을 실현했을 것이다. 또한 투자금에 대한 수수료를 받고 초과 이익에 대해서 성공 보수를 50%씩 받았다고 하니 번 돈이 어마어마할 것이다. 지배 대주주가 어느 단계에서 주가 급등에 따라 이익을 실현하고자 할 것이라는 점을 미리 생각하지 못해서 분한 생각이 드는 모양이다.

주가 폭등과 폭락 기업들의 지배 대주주들도 자기들 주식이 비정상적인 가격 양상을 보인다는 것을 충분히 알았을 것이다. 지배 대주주 주식 처분 과정에서 도덕적 해이 문제와 법적인 문제 모두 따져봐야 한다.

조 단위 주가 조작 등을 막기 위해서는 조작범에 대해 법을 개정하거나 기존의 법을 확대해석해서라도 엄격한 법 집행을 해야 한다. 조작범들이 형기를 마친 뒤 숨겨놓은 돈으로 잘 살 수 있을 것이라는 생각을 뿌리째 뽑아버려야 할 것이다.

주가 조작 시 부당 이익 기준을 적용해 처벌하는 것은 문제가 있다. 부당 이익의 산정에 문제가 있을 뿐만 아니라 부당 이익을 혐의자와 검찰 가운데 누가 산정하느냐 하는 문제도 뒤따른다. 부당 이익보다 조작 행위 자체에 대해서 처벌해야 주가 조작과 같은 금융 범죄 행위를 근절할 수 있다. 형사 처벌 전 시간 단축을 위해서 징벌적 손해 배상과 형사 처벌을 함께 활용하는 방안도 생각할 필요가 있다.

(2) 정치의 사법화와 사법의 정치화 폐해

사람들을 일렬로 세운다면 가장 선한 사람부터 악한 사람까지 세울 수 있고 그런 현상은 인간이 존재하는 한 계속되지 않을까 생각된다.

성서에서 공감할 수 있는 해석 중 하나는 인간은 누구나 악행을 저지를 수 있고 저지르지만 신은 이러한 인간을 포용한다는 것이다. 신약성서에서 돌아온 탕자를 반갑게 맞아들이는 아버지가 보여주는 것은 선한 인간이나 악행을 저지른 인간이나 모두를 가슴에 품는 신의 포용이다. 인간은 긍정의 힘으로 불의를 극복하고 나아가야 하며 그 보복은 신의 섭리와 자연의 섭리에 맡기는 것이 바람직하다는 것이다. 보복은 보복을 낳아서 끊임없는 악순환을 가져오기 때문에 신에 맡겨야 한다는 것이다.

우리가 신의 섭리를 이해한다고 해도 현실 세계에서 불의가 횡행하는 것이 사실이다. 우리는 인간 세계가 혼란과 보복의 악순환에 빠지는 것은 막아야 한다. 이에 인간은 도덕과 윤리를 넘어서 법과 질서를 세우고 혼란과 보복의 악순환을 막고자 한다. 인간은 자신들의 한계 속에서 법과 규칙을 만들어 잘못을 공적으로 단죄하고 사적인 보복을 막고자 한다. 그런데 현실적으로 한쪽의 적폐 청산은 그 정도가 심해지면 다른 쪽에서 보면 정치보복이라고 여겨질 수 있다.

과거 우리 대통령들은 본인이나 가족 가운데 한쪽 혹은 모두 불행한 사태를 겪었다. 노무현 대통령 서거를 접하면서 사람들은 이명박 정부가 실수를 저질렀다는 생각과 함께 우리 정치에 어두운 그림자가 졌다고 보았다. 정치의 사법화가 가져온 불행이었기 때문이다.

정치를 하다 보면 공과功過가 다 함께 발생한다. 이때 과를 정치적 기준으로 평가하는가 사법적 기준으로 평가하는가에 따라 다른 평가가 나올 수 있다. 민주주의는 정치를 잘하기 위해서 행정, 입법, 사법으로 삼권 분립하고 서로 견제와 균형을 이루도록 한다. 그런데 정치 행위를 사법의 좁은 잣대로 평가할 때 필요한 정치적 고려 사항이 도외시될 수 있다.

정치의 사법화는 정치권 내부에서 해결해야 할 일을 법원과 검찰에 떠넘기는 것이다. 보기에 따라서는 정치권 내부에서 여야가 소통과 타협으로 당연히 해결해야 할 일을 하지 않은 직무유기職務遺棄 현상이다.

중국의 덩샤오핑은 마오쩌둥을 평가할 때 공칠과삼功七過三이라고 하였다. 마오쩌둥은 현대 중국 통일의 공을 인정받고 있지만 정치적 목적을 위해 홍위병을 선동해 문화혁명을 일으킨 것도 사실이다. 문화혁명 당시 홍위병에 의해 불구가 된 아들을 둔 덩샤오핑은 마오쩌둥이 저지른 잘못의 직접적인 피해자였다. 아무리 마오쩌둥이라도 저지른 과를 현대 사법적 잣대로 재면 결코 용서받지 못했을 것이다. 덩샤오핑의 마오쩌둥 평가는 정치적 평가였다.

트럼프는 의사당 난입 사태를 초래한 자기 연설이 언론의 자유에 해당한다고 주장한다. 그렇지만 법의 잣대로 엄격히 잰다면 국가 내란선동죄에도 해당할 수 있다. 트럼프는 의사당 난입 사태에도 민주·공화 양당으로 갈라진 상원에서 탄핵을 모면하였다. 공화당 상원의원 다수가 탄핵에 반대한 것은 트럼프의 공화당 내의 영향력을 두려워해서일 수도 있고 탄핵으로 발생하는 국가 분열을 막는 것이 바람직하다고 생각해서일 수도 있다. 앞으로 트럼프 사태가 어떻게 해결될지가 관심사이다. 그런데 법적 잣대보다는 정치적 잣대로 재서 해결할 가능성이 크다.

문재인 정부는 적폐 청산을 내걸며 경제공동체라는 이름 아래 전직 대통령을 구속하여 감옥에 보냈으며, 법 해석에 이론이 많은 직권남용과 직무유기죄로 고위공직자들을 형사 처벌하였다. 똑같은 법 집행을 이번 정부가 주장한다면 문재인 정부도 적폐 청산에서 자유롭지 못할 것이다.

우리 정치권은 앞으로 여야 신사협정을 맺어 정치의 사법화에 따른 대통령 본인의 구속이나 불상사로 이어지는 불행한 사태는 막아야 한다. 과거 대통령들과 같은 불행한 사태가 답습될 것이 걱정되는 경우 집권층은 정권 유지와 연장을 위한 포퓰리즘이나 팬덤 정치 유혹에서 벗어나기 힘들다. 포퓰리즘이나 팬덤 정치는 정치의 양극화와 사회 분열을 심화시킬 뿐만 아니라 경제를 나락에 떨어뜨릴 것이다.

보기에 따라서는 정치의 사법화보다 사법의 정치화가 더욱 심각할 수 있다. 사법의 정치화는 정치권력이 인사권을 통해 법원과 검찰을 수족처럼 부리는 것이다. 정치의 사법화는 헌법이 보장한 삼권 분립의 틀을 깨고 견제와 균형을 무너뜨리는 것이다.

중국과 같은 공산주의 국가에서는 사법부를 공산당 밑에 둔다. 사법부의 독립은 보장되어 있지 않으므로 중국식 공안 통치가 가능하다. 우리가 삼권 분립에 기반을 둔 자유민주주의와 자본주의 체제를 원한다면 사법부의 정치화는 막아야 한다. 사법부의 독립이 보장되지 않으면 견제받지 않은 권력은 모든 것을 자기 뜻대로 할 수 있다. 자기는 개혁 세력으로 자리매김하고 상대방을 적폐 세력으로 몰아 사법적 제재를 가한다면 민주주의의 원리는 작동하지 않게 될 것이다.

그런데 지금 정치권과 같이 사법부도 진영 논리에 휩싸여 있다. 어떤 성향의 재판부가 판결을 맞느냐에 따라 재판 결과가 달라진다는 이야기가 들리기도 한다. 판사의 자격 시비도 뒤따른다.

문재인 정부 때 사법부도 적폐 청산이라는 이름 아래 크게 흔들렸다. 이전의 대법원장은 상고 법원 설립을 위한 사법 농단 혐의로 한때 구속되기도 하였으며 아직도 재판받고 있다. 그런데 당시 현직 대법원장은 그 자격과 편향성을 의심받고 있었다. 그는 공적으로 거짓말을 하고서도 아무 일 없는 것처럼 지냈다. 사법부가 진실을 가리는 곳인데 진실을 말하지 않은 사람이 대법원장으로 있는 것이다.

사법부는 존경받아야 마땅하며 판결의 순수성과 독립성은 의심받지 말아야 한다. 이를 위해서는 사법부 자체의 자정 노력이 무엇보다도 필요하다. 또한 외부에서 적폐 청산 등의 이름 아래 사법부를 흔드는 일도 더 이상 없어야 할 것이다.

(3) 시민단체의 정치화 부작용

시민단체가 정치권과 한몸이 되어 정치에 참여하는 것이 본래의 역할에 맞는 것인지 바람직한지 한 번 생각해 볼 필요가 있다. 시민단체가 정치화되면 그 단체의 순수성을 의심받게 되고 시민단체 또한 정치적 색채를 띤 인물들로 채워지게 될 것이다. 한편 행정 경험이 없이 훈수만 두던 시민단체에 몸담았던 사람들이 정부 고위직으로 직행하는 것은 그만큼 의욕만 앞서고 무경험에 따른 시행착오를 일으킬 가능성이 크다.

바둑을 둘 때 옆에서 훈수를 두기는 쉽다. 그런데 훈수를 잘 두던 사람들도 실제로 바둑을 둘 때 본인들이 훈수하던 사람들보다 잘하기가 쉽지 않다. 바둑을 두고 있는 사람들은 과거 수와 지금 수, 그리고 미래 수를 함께 그리면서 바둑을 두나 훈수를 하는 사람들은 지금 시점의 수만 생각하는 것이 보통이다. 시민단체에 몸을 담고 있는 사람들이 정치에 참여하려면 필요한 행정이나 정치 경험을 단계적으로 쌓고 정당에 몸을 담고 정치에 참여해야 할 것이다.

1970년대 미국 시민사회를 이끌었던 대표적인 인물이 소비자 보호와 반공해 운동의 지도자인 랠프 네이더Ralph Nader이다. 그는 GM의 결함이 있는 차를 고발, 『어떤 속도로도 위험』이란 책을 저술하여 일약 유명해졌다. 그는 시민의 대변자로서 대기업과 정부의 부정을 잇달아 적발하여 많은 성과를 내었다.

그런데 그도 말년에는 정치판에 뛰어들어 대통령 선거에 잇달아 나오면서 젊었을 때의 명성이 크게 퇴색하였다. 특히 초박빙을 이루었던 2000년 부시와 고어 간의 미국 대통령 선거에 뛰어들면서 철학이 비슷한 고어를 낙선시켰다는 비난을 받기도 하였다.

시민운동이 정치와 결합하면 그 순수성을 잃게 되고 결과적으로 운동가 본인과 시민사회에도 불행이다. 시민단체는 시민단체 본연의 역할에 충실해야 한다. 시민단체가 정치에 참여하여 현실을 개혁하려고 한다면 시민단체를 정당으로 바꾸고 현실 정치에 참여하는 것이 순리다.

3. 신냉전 시대의 대두와 경제안보

1990년 초 소련과 동유럽의 공산주의와 사회주의 붕괴를 보면서 후쿠야마는 역사는 자유민주주의의 승리로 귀결되었다는 『역사의 종언』이라는 책을 썼다. 그러나 30년이 지난 지금 그의 예언은 완전히 빗나갔음을 알 수 있다. 세계가 자유민주주의 체제로 수렴하지 않는 대신 중국, 러시아, 북한 등에 공산당 중심의 전제주의 권위주의적 정부가 계속 들어서며 세계는 자유민주주의 진영과 전제주의 권위주의 진영으로 양분되고 신냉전 시대로 치닫고 있다.

현재 세계는 중국, 러시아, 북한의 호전성에 당면해 있다. 중국의 시진핑은 애국주의와 민족주의를 내세우며 모택동의 중국몽을 재현하려 하고 있다. 또한 대만과의 통일을 위해서는 무력도 불사하겠다고 계속 천명하고 있다. 푸틴은 우크라이나 전쟁을 일으키며 과거 소련의 영광을 재현하고자 한다. 북한은 3대 독재 세습을 이어가면서 핵 개발을 통해 우리를 위협하고 있다. 지정학적으로 동아시아에서 미국과 중국의 패권 전쟁이 상존해 있고 한반도에서는 핵무장을 한 북한을 우리가 상대해야 하는 처지에 놓이게 되었다.

(1) 한반도에서 군사·안보 균형

국가 경제를 논할 때 그 틀을 어떻게 정하느냐가 문제가 된다. 우리가 경제 문제의 중요성에 초점을 맞출 때 기본적인 전제 조건은 가치 체계, 법·제도가 안정되어 있고 군사·안보적 차원에서 튼튼하다는 전제가 뒤따른다. 우리가 법·제도적 측면을 충족한다고 할 때는 자본주의와 자유민주주의 아래에서 행정, 입법, 사법 간 삼권 분립 확립을 전제로 한다. 우리가 지금 세계 10대 경제 대국으로 자리를 잡고 인구 5천만 명 이상 국가 중 소득 수준이 3만 달러를 넘은 7번째 국가가 된 것도 가치 체계, 법·제도, 굳건한 안보 속에서 그동안 우리가 이룬 산업화와 민주화의 결실이라고 본다.

그런데 이러한 가치 체계와 법·제도 확립은 그냥 주어지는 것이 아니며 외교·군사·안보 차원에서 굳건히 뒷받침되어야 할 것이다. 지금 우리는 핵을 보유하고 있는 북한과 대치 상태에 있으며, 한반도 안전 보장에 핵심 역할을 해야 할 미국과 중국은 패권 전쟁으로 치닫고 있다.

우리의 가장 중요한 핵심 과제는 한반도에서 핵을 가진 북한과 그렇지 못한 남한 간의 군사와 안보 균형을 어떻게 유지할 것인가 하는 문제이다. 먼저 핵과 재래식 무기 간 균형은 두 가지 측면에서 유지하기 힘들다. 북한이 재래식 무기로 도발을 한 뒤 핵으로 위협한다면 이 위협을 감당하기가 쉽지 않을 것이다. 또한 동맹국 핵우산 속에서 균형을 유지하는 가운데 동맹국 자체가 핵 위험에 노출될 가능성이 있다거나 동맹 자체에 회의적이라면 북한의 핵 위협에 소극적으로 대응할 가능성이 있다.

핵과 재래식 무기 간에 균형이 성립될 수 없다면 다음 단계로 생각해야 할 것은 북한의 비핵화가 가능할 것인가 하는 문제이다. 북한이 비핵화로 나아갈 수 있다면 군사와 안보 차원에서 한반도의 균형을 이룰 가장 바람직한 해결책이다. 북한 핵에 대한 완전·검증 가능·불가역적 폐기Complete, Verifiable and Irreversible Dismantlement ; CVID가 최선이다.

그런데 문제는 북한이 핵을 포기할 가능성이 없다는 것이다. 먼저 북한은 공산주의 국가에서도 유일하게 3대째 김씨 일가가 세습하고 있는 국가이다. 그런데 핵 폐기는 북한 경제를 살릴지라도 동시에 김씨 일가 집권 종식을 의미한다. 한반도 비핵화가 김일성의 유훈이라고 하나 이것은 주한 미군의 철수와 중국 영향권하에서의 비핵화를 전제로 한다. 우리나 미국이 받아들일 수 없는 제안이다.

우리의 가치 체계와 법·제도로는 모든 권력이 공산당에 집중되는 중국식 공산주의와 국가가 시장경제를 넘어 경제 운영에 직접 개입하는 국가자본주의를 받아들일 수 없다. 미국 또한 중국과 첨예하게 대치하는 상태에서 한반도에서의 미군 철수와 동북아에서의 영향력 포기는 받아들이기 힘들 것이다.

21세기 들어 사실상 핵 보유국이 된 국가는 북한이 유일하다. 이것은 중국이 용인했기 때문이다. 핵 포기를 위한 경제적 압박 정책이 작동하려면 중국의 협력이 절대로 필요하다. 그런데 중국은 필수 물자를 북한에 계속 공급해 주고 있다. 중국은 유엔 제재에 협력하는 모양새를 갖추기 위해 부분적인 제재는 하고 있으나 영향력에서 벗어나지 못하도록 북한의 숨통은 계속 열어주고 있다.

북한의 핵 보유는 우리와 미국뿐만 아니라 중국에도 물론 위협이 될 수 있다. 그러나 중국은 북한을 경제적으로 관리할 수 있는 이웃 국가라 보고 핵 개발을 용인한 것이다. 중국은 미국과의 대치 국면에서 북한 핵 문제를 하나의 협상 카드로 활용할 수 있다고 보고 있다.

과거 미국과 소련의 냉전 시대에도 핵 확산의 위험성을 인식하고 만들어진 조약이 핵 확산 금지조약Nuclear Nonproliferation Treaty ; NPT이다. 중국은 G2로서 세계 평화 유지를 위해 북한의 NPT 이탈을 막기 위해 노력해야 했었다. 그렇다면 만약 미국이 한국의 핵 개발을 용인한다면 중국이 이를 비난하는 데에는 한계가 있을 것이다.

한반도에서 군사·안보 차원의 남북 간 균형이 유지되려면 남북 간 핵의 균형도 유지되어야 한다. 남북 간의 본격적 경제 협력은 한반도에서 핵의 균형을 포함한 군사·외교적 균형이 이루어진 상태에서 추진할 수 있을 것이다. 물론 한반도 핵 균형은 남북만의 문제가 아니고 주변 강대국의 이해관계도 함께 걸린 문제이다. 또한 한반도의 핵 균형 이슈는 동북아의 핵 균형 이슈와 떼어놓을 수 없다는 점을 미국과 중국 모두 잘 알고 있다.

우리가 가장 경계해야 할 점은 핵 동결 및 상징적 수준의 핵 폐기와 경제 제재 완화를 맞바꾸는 단계적 비핵화 정책을 택하는 가운데 북한이 실질적인 핵 보유국으로 남고 북한의 비핵화가 물거품이 되는 것이다. 이렇게 되면 우리는 핵 보유국 북한의 정상 국가화를 지켜봐야만 할 것이다.

북한의 비핵화가 실질적으로 불가능하다면 핵 균형을 유지하기 위해 남한의 핵 방어 능력을 키우는 길을 모색해야 한다. 이를 위해 먼저 한국이 동아시아 평화와 안정의 실질적 핵심 축이라는 점을 강조하고 한미 동맹을 강화하면서 미국 핵우산 속의 보호를 강화하는 조치를 취해야 한다.

2023년 4월 윤석열 대통령의 방미 때 핵 관련 워싱턴 선언이 나왔다. 워싱턴 모델의 핵심 내용은 한미 상호방위조약을 업그레이드한 미국과 한국 간 '핵 협의 그룹NCG'이라는 상설 협의체를 신설하고 미국 전략핵잠수함SSBN의 한국 전개를 확대하는 것이다. NCG 설치로 핵무기 공여에 관한 정보 공유와 기획과 연습에 한국 참여를 제도적으로 보장한다는 것이다.

NCG 설치는 '나토식 핵기획그룹NPG'과는 근본적인 차이가 있다. 나토식 핵 공유는 미국이 전술핵을 유럽에 배치하여 공유하나 전술핵에 대한 소유권과 최종 승인권은 미국이 보유한다는 것이다. 또한 유럽 나토 가입국 중 영국과 프랑스 등은 이미 자체 핵을 보유하고 있다는 차이가 있다.

이번 결정에는 미국이 전술핵을 한반도에 재배치함에 따른 중국과의 마찰도 고려하였으리라 본다. 그 결과 한미 양국은 협의체 신설과 전략핵잠수함 전개 확대로 미국의 한반도 핵 안보 공약을 실질적으로 강화하였다. 그런데 NCG 창설은 시작이며 보다 중요한 것은 앞으로 한미 지도자가 NCG로 하여금 한반도 핵 정책에서 핵심 축 역할을 하도록 하는 것이다. 한편 한국은 워싱턴 선언에서 독자적 핵 개발을 추진하지 않으며 핵 확산 금지조약NPT을 존중한다고 발표하였다.

동아시아에서 '나토식 핵기획그룹' 결성은 미국과 중국 간의 관계, 특히 대만해협에서 미국과 중국 간의 긴장 관계에 영향을 크게 받으리라 본다. '동아시아 핵기획그룹'은 한미일을 엮거나 한미일과 호주를 엮는 형태로 나타날 가능성이 크다.

세계 10대 경제 강국으로 북한의 핵 위협에 직면한 우리로서는 적어도 일본과 독일과 같은 핵 옵션을 가져야 할 것이다. 만일의 경우를 대비해서 핵 개발을 위한 여건을 조성하고 능력을 고양해야 할 것이다. 당장 핵무기를 개발하자는 것은 아니다. 과학자 양성과 연구 증진, 그리고 관련 시설 확보와 같은 기초 토양을 배양하자는 것이다. 한국이 탈원전 정책으로 시설을 해체하고 연구 환경을 위축시키는 것은 에너지 정책이나 안보 정책 차원에서도 바른 방향이 아니다. 일본과 독일은 미국의 핵우산 아래 있으면서도 우수한 핵 인력과 재처리 및 고농축 시설을 갖추고 있어 필요한 경우 단시일에 핵무기를 개발할 수 있는 옵션을 쥐고 있다.

당사자로서 한국의 핵 옵션 유지는 북한과의 협상력을 높이고 미국의 북한에 대한 협상력과 중국의 대북 설득력을 높일 수 있을 것이다. 당사자인 우리가 북한의 비핵화 문제를 언제까지나 미국과 중국의 손에 맡겨 놓을 수만도 없다.

(2) 미국과 중국 간의 동아시아 지역 분쟁

한편 미국과 중국 간의 패권 전쟁은 무역 분쟁, 기술 분쟁, 화폐 분쟁을 넘어 대만을 둘러싼 동아시아 지역 분쟁으로 확대되고 있다. 미국과 중국 간의 패권 전쟁과 대만을 둘러싼 지역 분쟁은 북한의 비핵화 문제와 함께 한반도에 미치는 영향이 막대할 것이다.

중국이 세력을 확장하면서 주변국들과의 마찰도 커지고 있는 가운데 앞으로 대만해협, 동중국해, 그리고 남중국해에서 미국과 중국의 패권 다툼이 본격적으로 진행될 가능성이 크다. 중국은 일본과는 조어도 분쟁, 아세안 국가들과는 남중국해 분쟁 상태이며 중국과 국경을 접한 나라들도 중국의 과도한 영향력을 우려하고 있다.

그렇지만 무엇보다도 대만이 미국과 중국의 지역 분쟁의 핵으로 떠오르고 있다. 세계 최강 국가 건설이라는 중국몽中國夢 실현을 위해서 대만 통일부터 이루어야 한다는 중국의 야심과 중국의 부상을 막기 위해서는 대만을 양보할 수 없다는 미국의 입장이 서로 충돌하고 있다. 과거 중국이 평화적 통일 방안으로 내세웠던 일국양제一國兩制가 홍콩 사태를 통해 실패로 더 이상 작동하지 않는다는 것이 명확해졌다.

대만 문제는 시진핑의 3연임 성공에 따른 장기 집권과 중국 인민해방군 창군 100년의 꿈이 함께 얽히면서 심각성이 더해지고 있다. 덩샤오핑 이후 중국은 10년을 단위로 공산당 주석이 바뀌면서 정치적 안정을 유지해 왔다. 그런데 시진핑이 장기 집권에 성공하면서 집권의 변으로 중국몽 실현과 함께 중국 통일을 내세우고 있다. 앞으로 대만해협에서 군사적 충돌이 우려되는 가장 큰 이유이다.

중국 인민해방군도 2027년 창군 100년을 맞이해서 대만을 완전히 통합하는 것이 꿈이라고 공공연히 천명해 왔다. 중국은 공산당 정부 수립 후 한때 군을 국방군이라고 불렀다가 다시 인민해방군으로 이름을 바꾼 것도 대만 통일이 남아 있어서, 즉 아직 인민 해방이 완전히 되지 않았기 때문이라고 주장한다. 중국몽을 외쳐 온 시진핑도 2019년부터 대만 관련 무력 사용을 포기한다고 약속할 수 없다고 말해 왔다.

대만 분쟁의 주요 변수는 대만 여론, 미국의 개입 의지, 미국과 중국 간의 군사력 격차 등이 될 것이다. 먼저 대만 내에서는 중국과의 통일에 대해 의견이 갈라져 있다. 대만의 야당인 국민당은 대륙과 대만이 하나의 중국이라는 데 중국과 인식을 함께하지만 현 집권당인 민진당은 대만 중심의 역사관을 갖고 중국과 분리해 독립하기를 바란다. 그런 점에서 대만은 홍콩 문제와 다르며, 중국이 대만 문제를 국내 문제화하는 데에도 한계가 있다.

한편 기술 패권을 유지하고 글로벌 반도체 공급망을 새로이 구축하려는 미국으로서는 비메모리 반도체 생산의 절대적인 축을 담당하는 대만을 포기할 수 없을 것이다. 대만 또한 미국과 중국 간의 반도체 대전에서 미국과 함께 갈 것임을 명백히 천명하고 있다. 파운드리(반도체 수탁 생산) 1위인 대만의 TSMC는 중국의 화웨이와 관계를 끊고 미국에 대규모 파운드리 투자를 진행하면서 새로운 반도체 공급망 결성에서 미국과 함께 갈 것을 확실히 하고 있다.

그런데 우리도 대만해협에서 미국과 중국 간의 충돌이 일어나지 않도록 최선을 다해야 할 것이다. 미국과 중국 간의 충돌은 세계 경제를 파탄에 빠뜨릴 뿐만 아니라 그 충돌이 한반도로 번질 수 있기 때문이다.

앞으로 동아시아에서의 충돌을 막기 위해 미국은 한미일 간의 안보 군사동맹을 더욱 강화할 것을 요구할 가능성이 크다.

우리는 러시아-우크라이나 전에서 핵을 사용하지 못한다면 기술력과 경제력이 전쟁의 승패를 좌우할 기본적인 변수임을 목격하였다. 중국은 중국 통일이라는 정치적 목표에 집착하며 한미일 경제력과 기술력을 상대로 쉽게 고강도 전면전을 구사하지는 못할 것이다.

대만해협에서의 충돌과 함께 발생할 남북 간 충돌을 막기 위해서는 한반도에서 남북 간의 핵을 포함한 군사적 균형이 이루어져야 한다. 현재 한국의 선택은 미국과의 한미 안보 군사동맹 강화, 일본과의 관계 개선, 중국과의 공동 이익 기반 호혜 관계를 추구하는 가운데 글로벌 중추국가로 발전하는 것이다. 우리는 동아시아와 한반도 평화를 유지하기 위해서 한미, 한미일, 한중 관계를 동시에 관리하는 전략적 사고가 필요하다. 자유, 민주주의, 시장경제, 법치, 인권이라는 가치의 중요성을 인식하며 경제안보를 추구해야 한다.

우리는 군사나 기술적인 측면에서 적어도 앞으로 20년간은 중국이 미국을 앞설 가능성은 없다고 본다. 우리의 안보를 위해서는 자유민주주의와 자본주의 시장경제라는 가치를 공유하고 기술과 경제적으로 상호의존도가 높은 미국과의 동맹을 강화해야 할 것이다. 미국과 중국 간의 중립 유지는 위기 상황에서 결코 국가 안보를 유지하는 길이 아니다.

[미주]

01 이 부분은 김인준(2021), 7장을 일부 참조해 정리함.

02 이연호(2023).

고용노동부(2022), 2021년 전국 노동조합 조직현황.

_________, 고용형태별근로실태조사, 각호.

관세청, 홈페이지. (https://unipass.customs.go.kr/ets/)

국토교통부, 주거실태조사, 각호.

금융투자협회, 홈페이지. (https://www.kofia.or.kr/index.do)

기획재정부(2021), 2021~2025 국가재정운용계획.

_________(2022), 2022~2026 국가재정운용계획.

_________, 재정통계. (https://www.openfiscaldata.go.kr/op/ko/index)

_________, 홈페이지. (https://kids.moef.go.kr/play/playMn07.do)

김낙년(2012), "한국의 소득불평등, 1963~2010 : 근로소득을 중심으로," 『경제발전연구』 18(2), pp.125~158.

______(2018), "우리나라 소득불평등의 추이와 국제비교," 『사회과학연구』 25(2), 동국대학교, pp.175~196.

______(2019), "우리나라 개인 자산 분포의 추정," 『사학연구』 43(2), pp.437~482.

김아린 · 정혜선(2022), "세계 수출시장 1위 품목으로 본 우리 수출의 경쟁력 현황," 한국무역협회 Trade Focus.

김우진(2022), "Korea Discount 해소를 위한 일반주주 보호 강화 방안," 자본시장연구원.

김인준(2009), 『대한민국, 경제학에게 길을 묻다』, 중앙Books.

______(2013),『위기 극복 경제학』, 율곡출판사.

______(2021),『위기의 한국경제』, 율곡출판사.

김인준 · 이영섭(2019),『국제금융론』, 율곡출판사.

김재영(2023), "최근 우리나라의 금융안정 상황평가," 한국은행 금요강좌, 02.03.

김지연 · 정규철 · 허진욱(2021), "장기경제성장률 전망과 시사점," KDI.

매일경제(2023), "갚아도갚아도 늘어나는 빚—韓 원리금 상환부담 · 증가 속도 세계 2위," 07.17. (https://n.news.naver.com/article/009/0005159442?cds=news_edit)

생산성본부, 홈페이지. (https://www.kpc.or.kr/PTWID005_index.do?seledumn1=&gubun=main3)

서영경 · 성광진 · 김동우(2011), "원/달러 환율변동성이 큰 배경과 시사점," BOK 경제브리프.

석병훈 · 이남강(2021), "한국경제의 추세 성장률 하락과 원인," BOK 경제연구.

신석하(2013), "성장회계 분석방법 비교를 통한 2000년대 생산성 증가세 평가," KDI 정책연구시리즈 2013-15.

안국신(2021),『한국의 분배』, 율곡츨판사.

윤여진(2021), "비은행금융중개에 대한 국제적 논의 현황," 한국은행 금요강좌, 04.16.

이승호(2022), "외국환거래법의 개편 필요성 및 방향에 대한 고찰," 자본시장연구원 이슈보고서 22-20.

이연호(2023), "[시평]팬덤정치는 민주주의 파괴한다," 문화일보, 03.28. (https://news.mt.co.kr/mtview.php?no=2023022110033389521)

이영섭(2015), "글로벌 금융위기 이후 세계경제질서 변화," 서울대학교 GLP

특강.

______(2023), “세계 경제위기 해법은? FRB 금리인상은 약인가? 독인가?” NEAR 시사포럼 Policy Brief.

이영섭 · 모영규 · 강원택 · 임성학 · 최영종 · 마상윤(2013), 『한국의 정치경제』, 국제교류재단.

이지홍(2023), “연금제도, 청년들 관점에서 바꿔야 한다,” 동아일보 동아광장, 02.24.

임혜란(2018), 『동아시아 발전모델국가의 재구성』, 서울대학교 아시아연구소.

______(2023), “지정학적 리스크와 산업정책의 재림,” 서울대학교, mimeo.

임혜란 · 이영섭(2020), 『국제정치경제와 동아시아』, 율곡출판사.

전재성(2012), “2008년 경제위기와 미중관계의 변화, 한국의 선택,” 『한국과 국제정치』 28(1).

전재성 · 주재우(2012), “미중관계의 변화와 한국의 미래외교과제,” 동아시아연구원.

정대희(2022), “글로벌 정책패러다임 변화와 도전과제,” KDI.

정선영 · 이솔비(2021), “우리나라의 생산성 둔화요인과 개선방안,” BOK 이슈노트.

중앙일보(2015), “시진핑 띠 vs 오바마 망—누가 아시아 품을까?” 03.31.

________(2017), “[KDI리포트] 트럼프 정부의 통상정책과 대응전략,” 02.01.

최연구(2020), “영화에서만 보았던 미래가 현실로 다가온다! : SF 영화가 현실이 되는 미래,” 제4차 산업혁명 미래교육칼럼. (https://post.naver.com/viewer/postView.nhn?volumeNo=27592636&memberNo=15194331&navigationType=push)

KDI(2012), “한국경제의 성장요인 분석 : 1970~2010,” 연구보고서 2012-

08.
____, 클릭경제교육. (https://eiec.kdi.re.kr/material/clickList.do)
KB국민은행(2023), 가구소득대비 주택가격(PIR) 지수 추이.
KISA(2022), “2030 미래사회 변화 및 ICT 8대 유망기술의 사이버 위협 전망,” KISA Insight.
KISTEP(2017), “제4차 산업혁명 시대 : 미래사회 변화에 대한 전략적 대응 방안 모색.”
______(2022), “2045년을 향한 미래사회 전망과 핵심이슈 심층분석,” Issue Paper 2021-08.
통계청, 국가포털시스템. (https://kosis.kr/index/index.do)
한국거래소, 홈페이지. (http://data.krx.co.kr/contents/MDC/MAIN/main/index.cmd)
한국경제연구원(2023), “한국 수출 품목 집중도, 세계 10대 수출국 중 가장 높아 : 세계 10대 수출국 수출 집중도(허핀달-허쉬만 지수) 비교,” 보도자료, 04.02.
한국무역협회, 무역통계. (https://stat.kita.net/)
한국부동산원, 공동주택실거래가격지수. (https://www.reb.or.kr/r-one/statistics/statisticsViewer.do?menuId=TSPIA_43100)
한국은행(2004), “경제양극화의 원인과 정책과제.”
_______(2012), “주요국 국가채무의 증가요인 분해 및 전망,” 금융안정보고서, 04.
_______(2022), 금융안정보고서, 2022.12.
_______(2023), 통화신용정책보고서, 06.
_______, 경제용어사전.
_______, 국민대차대조표, 각호.

_______, 자금순환표, 각호.

_______, 통계시스템. (http://www.bok.or.kr/portal/main/contents.do?menuNo=200096)

Allison, Graham(2015), "The Thucydides Trap : Are the U.S. and China Headed for War?" *The Atlantic*, September 24th.

Barnett, Michael and Raymond Duvall(2005), "Power in International Politics," *International Organization* 59(1), pp.39~75.

Bhar, R., S. Kim and T. Pham(2004), "Exchange Rate Volatility and its Impact on the Transaction Costs of Covered Interest Rate Parity," *Japan and the World Economy* 16, pp.503~525.

BIS, homepage. (https://www.bis.org/statistics/c_gaps.htm?m=2670)

Credit Swiss, *Global Wealth Report*, various issues.

Economist(2023), "Policy Today Is of a Different Sort : Pursued by Countries Already at the Technological Frontier, in a World of Complex Global Supply Chains," January 10th.

_________(2023), "Quantitative Frightening : The Federal Reserve's $2.5trn Question," February 9th. (https://www.economist.com/finance-and-economics/2023/02/09/the-federal-reserves-25trn-question)

Eichengreen, Barry, Hui Tong and Yeongseop Rhee(2007), "China and the Exports of Other Asian Countries," *Review of World Economics* 143(2).

Evenett(2019), "Protectionism, State Discrimination, and International Business since the Onset of the Global Financial Crisis," *Journal of International Business Policy* 2(1), pp.9~36.

Financial Stability Board(2022), *Global Monitoring Report on Non–Bank Financial Intermediation*, December 20th.

Friedman, Milton(1966), "The Case for the Negative Income Tax : A View from the Right," in *Proceedings of the National Symposium on Guaranteed Income*, December 9th, pp.49~55. Washington, D. C.

Goldman Sachs(2022), "The Path to 2075; Slower Global Growth, But Convergence Remains Intact," *Global Economics Paper* 2022/12/06.

Hicks, John (1967), *Critical Essays in Monetary Theory*, Oxford University Press.

IIF, *Global Debt Monitor*, various issues.

IMD, *World Competitiveness Yearbook*, various issues.

Kim, In June and Yeongseop Rhee(2013), *Overcoming Financial Crises : The Korean Experience*, SNU Press.

Kindleberger, Charles(1973), *The World in Depression 1929~1939*, Allen Lane.

Krugman, Paul(1994), "The Myth of Asia's Miracle," *Foreign Affairs* 73(6), pp.62~78.

Layne, Christopher(2011), "The Unipolar Exit : Beyond the Pax Americana," *Cambridge Review of International Affairs* 24(2), pp.149~164.

New York Times(2023), "The Alternative, Optimistic Story of Population Decline," January 30th. (https://www.nytimes.com/2023/01/30/opinion/china–world–population–decline.html?searchResultPosition=1)

Numbeo, homepage. (https://www.numbeo.com/cost-of-living/)

Nye, Joseph(1990), "Soft Power," *Foreign Policy* 80, pp.153~171.

__________(2010), "The Future of American Power : Dominance and Decline in Perspective," *Foreign Affairs* 89(6), pp.2~12.

OECD(2015), *The Future of Productivity*.

_____(2021), "The Long Game : Fiscal Outlooks to 2060 Underline Need for Structural Reform," *OECD Economic Policy Paper* 29.

OECD-APO(2022), *Identifying the Main Drivers of Productivity Growth*.

Park, Myungho, Sang Buhm Hahn, Yong Suk Jang, Sang In Kang, Wankeun Oh and Yeongseop Rhee(2010), *Glocal Economic and Social Trends : OECD and G20 Countries*, Random House.

Piketty, Thomas(2013), *Capital in the Twenty-First Century*, Harvard University Press.

PwC(2017), *The Long View : How Will the Global Economic Order Change by 2050?*

Rifkin, Jeremy(2011), *The Third Industrial Revolution*, Palgrave MacMillan.

Schwab, Klaus(2016), *The Fourth Industrial Revolution,* World Economic Forum.

Tocqueville, Alexis de(1835), *Democracy in America*, Paris : Librairie de Charles Gosselin.

Toynbee, Arnold(1884), *Lectures on the Industrial Revolution of the Eighteenth Century in England*.

World Bank, Open Data. https://data.worldbank.org/

찾아보기

ㄱ

ㄴ

ㄷ

ㅇ

ㅈ

ㅎ

이번 경제위기 다르다

초판 1쇄 인쇄 2023년 10월 20일
초판 1쇄 발행 2023년 10월 25일

지은이 김인준 · 이영섭
펴낸이 박기남
기획 · 영업 박정헌
펴낸곳 율곡출판사
08590 서울시 금천구 가산디지털1로 84(에이스하이엔드 8차), 803호
전화 (代) 02) 718-9872/3
팩스 02) 718-9874
홈페이지 http://www.yulgokbooks.co.kr
이메일 yulgokbook@naver.com
등록 1989.11.10. 제2014-000031호
ISBN 979-11-91812-56-5 03320

정가 25,000원